孤独的人是可耻的
人际交往的艺术

［澳］约瑟夫·P·福加斯（Joseph P. Forgas） 著

张保生 李晖 樊传明 译

Interpersonal Behaviour
The Psychology of Social Interaction

中国人民大学出版社
·北京·

写在前面的话

市面上有许多关于与人交际方面的书籍，其中大部分会向你提供一些解释一般人际关系问题的简易处方。这类书籍可能兼有知识性和趣味性，阅读时你会有充裕的时间来思考自己的人际关系策略。遗憾的是，这些书对人类行为所做的简化分析缺乏真实可靠的实验基础。当然，如果你把它们当做文学作品——有趣却不必真实，这种缺陷也就无关紧要了。

本书的写作则采取了与此完全不同的方式。它试图描述和概括已有的关于人类社会交际方面的科学知识，主要是概括和探讨有关的实验研究成果，介绍一些能够解释交际现象的模型和理论。社会心理学的确是一门相当年轻的科学，目前它的研究成果并不包括一般性理论的发展，更多的是具有搜集观察材料和探索规律性的性质，它们彼此之间也并不总是相协调。

尽管如此，我相信你在本书中读到的许多研究以及关于社会交际的论述并不比文学作品逊色。这些研究拥有科学可验证性的优点；只要重复一下实验，就能判定这些研究性结论是否正确。你将读到的许多研究成果很吸引人，有些会出乎意料，但也有一些让你觉得不那么意外。

本书还安排了大量的"活动"。这些活动大都是些小型的、容易完成的实践性功课，它们会使你在阅读中产生一种亲身体验和进入角色感。这些活动或者是简短的问卷，或者是一些启发思考的问题，或者是一些你不用花很多时间和精力就可以做的小实验或观察项目。在阅读本书的过程中，读到每一项活动都马上就有效地完成它，是不可能的。但当有机会时，一定要尽可能地阅读它们并尝试着做这些实践性作业。

本书的内容是按清晰的逻辑线索组织起来的。从对人知觉和归因入手，通过言语和非言语交流以及印象整饰策略，进入对社会关系和群体交际的论述。本书对亲密关系、群体行为进行了重点考察，并提出了社交技能训练和治疗的策略。

前 言

在我们的生活和工作中，具备有效地同他人进行交际的能力是至关重要的。本书论述的是人们日常交际所含技能的社会心理学。虽然大多数人际行为是不自觉的、无意识的，但其所包含的心理活动可能是极为复杂的。这里论述的问题包括我们觉察和解释他人行为的方式，我们对自己的同伴形成印象的方式，言语和非言语交流技能的使用及印象整饰策略，有价值的个人关系的发展和维护，社会影响过程，以及我们在群体中的行为方式。

这些研究课题在当代具有广泛而普遍的意义。人际交往问题为什么对越来越多的人变得那样具有诱惑力呢？近两三百年以来所发生的空前的社会、经济和政治变迁，无疑与工业化大众社会中许多人面临的社会交际问题不断增加有着密切联系。现在我们与他人的关系变得比以往任何时候都更加复杂、散乱和专门化了，越来越多的人尝到了孤独和寂寞的苦头，而建立有益的交往和富有建设性的个人关系又变得越来越困难。服务性的第三产业在所有发达国家的急剧增长还表明，"与人打交道的技能"在我们的职业生活中变得比其他技能更重要了。对众多的个人来说，与别人打交道的技能现在已成为其职业技能的基本成分。这种趋势在不久的将来很可能会加剧，因为技术进步正在使从事服务业的人数无限制地增加，而面对面的交际是这种职业所需要的主要技能。

尽管交际能力在现代生活中的重要性十分明显，但人们掌握的关于社会交际过程复杂性的可靠知识仍很贫乏。目前，管理、法律、护理、医疗、社会工作、推销和教育等许多专业课程，也吸收了社会交际心理学的内容。本书旨在向读者奉献关于当代人际交往社会心理学知识的一个具有可读性和简明性（虽经选择）而又比较全面的评述。

本书将向读者呈现两部分内容：

1. 交际过程：对人的知觉与人际交流。
2. 复杂的人际交往：个人关系的性质与发展、社会影响过程、群体中的交际。

周围文化在调节交际活动方面所起的重要作用也受到了高度重视。我们依据共同的文化模式和人物范型来观察、评价他人，并形成印象，我们的言语以及非言语信息的大部分意义取决于相关的文化传统，并且亲近关系是根据文化的要求建立、保持和终止的。正是在日常交际过程中，人类具备了概括并用符号来表达自己体验的独特能力，从而一起创造了共同的社会现实感。这种关于交际事件的共同表象反过来又指导着我们在相似交际情境下的行为。即使像自我概念和自尊这样根深蒂固的个人品质也有其社会根源，是对日常交际中他人看待和对待我们的方式的反映。

当然，大多数人对社会心理学已相当内行了，我们肯定都具有丰富的社会知识，这些知识在日常情境中完全有效地发挥着作用。但是，这种知识大部分是不系统的，甚至是盲目的。在这一点上，所谓社会心理学研究的巨大魅力实际上在于，它有助于我们重新认识自己身边习以为常的某些事情，即人们在日常生活中彼此相处的方式。

感谢为这本书的编写提供过帮助的人和机构。在吉森大学任社会心理学教授以及1984年在斯坦福大学做访问学者期间，我进行了大量的写作。感谢我在这两所大学获得的便利和帮助。克劳斯·菲德勒、雷纳特·明齐格、斯利法耶·莫伊伦和吉尔·休伊特为本书的写作提供了各种帮助，还有其他一些人阅读了本书某些部分并提出了意见。一些研究还获得了澳大利亚研究基金会和DFG德国研究协会的财政支持。尤其要感谢我的妻子利蒂希娅，她在各种繁忙的事务中抽出时间多次阅读并修改了每一章书稿。最后要谢谢我四岁的儿子保罗，他常以滑稽有趣的把戏打断我长时间的写作，给我带来许多欢乐和轻松的时刻。不用说，也许除保罗外，以上提到的人和机构对本书都不必承担任何责任。

约瑟夫·P·福加斯

目录 contents

第一章　社会交际心理学 / 1

什么是社会心理学？ / 2
社会心理学与日常生活 / 3
你应该害羞吗？ / 8
人性的秘密 / 10
科学地认识人们的交往活动 / 13

第二章　学会察言观色 / 15

知觉：物与人 / 16
谁是好的判断者？ / 18
什么是"准确的"判断？ / 18
察言观色要准确 / 19
个性品质的知觉要准确 / 20
情绪影响判断 / 24
定型：不准确性判断之源 / 25

第三章　按照期望观察人 / 27

观察者的眼睛更重要 / 28
"人人如是"说 / 28
将人"归类" / 32
那人具有多少"典型性"？ / 33
"典型"人物总是更易判断吗？ / 34
顽固的偏见 / 35

第四章　印象形成 / 39

个体的核心品质 / 40
环境影响印象形成 / 41
光环效应 / 42
最初和最终印象哪个更重要？ / 44
定型和偏见歪曲了你的判断 / 46
别让期望掩盖了真实 / 47
坏的印象太难改变 / 48
宽厚偏见 / 48

第五章　对人进行推论 / 51

人是有动因的行为者 / 53
准确地探究行为动机 / 55
人们如何看待成功和失败 / 56
什么是贫穷与富有？ / 56
人们如何判定责任？ / 57
人们更喜欢追求因果关系 / 58
对人与对己的判断标准不一致？ / 59
空间位置影响判断 / 61
人总是"自私"的 / 62
"公平世界"假说 / 63

第六章　理解我们自己的行为 / 65

贝姆：行为引出态度 / 66

你能进行客观自我觉察吗？/ 68
外部奖赏经常无效 / 69
人们经常自设障碍 / 70
习得性无助 / 71
心理抗拒 / 72
我们如何识别和解释自己的情绪？/ 73
了解自己的判断方式 / 74

第七章　使用语言的艺术 / 77

交流 / 78
语言是独一无二的吗？/ 79
我们是如何学会使用语言的？/ 80
语言、思想和文化 / 81
语言能决定世界观吗？/ 81
我们按照自己的说话方式来思考吗？/ 82
我该怎样称呼你？/ 85
特殊的"行话" / 87
在什么场合说什么话 / 88
说了等于没说 / 90

第八章　非言语交流 / 93

言语交流与非言语交流的异同 / 94
达尔文和表情研究 / 96
非言语交流的作用 / 97
对社交情境的控制 / 99
自我展示 / 100
传递情绪信号 / 101
交流态度 / 101
信道控制 / 102
非言语信息的分类 / 103

第九章　丰富的非言语信息 / 105

运用你的眼神：凝视和对视 / 106
瞳孔会说话 / 107
交际中该看多少？/ 108
敌意的凝视 / 110
距离产生"美" / 111
人际交往的界限 / 112
占据你的地盘 / 114
触摸和身体接触 / 116
说话的方式 / 118
以身体传意 / 120

第十章　给人以好形象：印象整饰 / 123

社交中需要"化妆" / 124
好的"化妆"者 / 125
展示何种形象 / 127
别人眼中的我 / 128
调整自我形象 / 130
"公开角色"的一贯性 / 132
奉承的艺术 / 134
赞许需要 / 136
准确感知日常交际活动 / 136
预测特殊的交际活动 / 138

第十一章 个人关系的形成 / 139

社会心理学研究的个人关系 / 140
社会性是人类所固有的吗？ / 141
人被隔离后会怎么样？ / 142
孤独 / 143
人为什么喜爱交际？ / 146
亲和与吸引 / 147
人际关系中的"趋利避害" / 149
"敌人的敌人是朋友" / 151

第十二章 个人关系的发展 / 155

个人关系发展的过程 / 156
我认识你，你不认识我：个人关系的第一级水平 / 156
表面性接触阶段：个人关系的第二级水平 / 158
亲密关系：个人关系的第三级水平 / 159
建立接触的第一步：接近他 / 159
背景相似才有共同语言 / 160
爱美之心，人皆有之 / 160
人以群分：态度一致性 / 163
需要的互补性：相异相吸 / 164
有才者更有魅力 / 165
低自尊的人更需要朋友 / 166
好品性赢得好人缘 / 167
交往中的平等 / 167
个人关系中的得失效应 / 168
自我表露的艺术 / 169

第十三章 亲密关系 / 173

爱情 / 174
喜欢和爱慕 / 174
有趣的爱情理论 / 178
越受阻越相爱：罗密欧与朱丽叶效应 / 179
亲密关系的发展阶段 / 180
文化对亲密关系的影响 / 181
亲密关系中的冲突 / 183
处理令人不满的事情 / 184
亲密关系的终止 / 185

第十四章 人际关系的社会影响 / 187

他人在场会影响行为吗？ / 188
别人的行为会影响你吗？ / 191
各种"跟随" / 194
行为蔓延 / 195
服从 / 195
领导 / 199

第十五章 群体中的交际 / 203

群体交际的"历程" / 204
从"个体"到"群体" / 207
群体的结构 / 207
交流的渠道 / 208
群体凝聚力和参照群体 / 210
群体决策和"集体思考"都是积极的吗？ / 212

"迷失"的自我 / 213

群体间的冲突与协作 / 214

群体更爱"冒险" / 215

"入伙"要谨慎 / 217

第十六章　社会交际的物理环境 / 221

社会交际生态学 / 222

静态环境的影响有多大？ / 223

动态环境的影响有多大？ / 226

挤迫与私隐 / 227

人际交往是一种艺术 / 228

社交技能缺乏如何判断？ / 229

成为社交达人 / 230

第一章

社会交际心理学

什么是社会心理学？

社会心理学与日常生活

你应该害羞吗？

人性的秘密

科学地认识人们的交往活动

本书论述的是个人在日常生活中与他人彼此交往的方式，这是大多数人都非常关心的问题。从睡眠中醒来后的大部分时间里，我们是和他人待在一起的。对大家来说，我们的交往和个人关系应该是有价值的、顺利的，这具有极为重要的意义。人际交往不仅仅是我们私生活的重要方面。在同人打交道的行业中供职的人数正在增加，对这些人来说，与人交际大概是一种必须具备的工作技能。随着服务性的第三产业的经济意义不断增长，与人交际的能力——拥有"与人打交道的技能"——在我们的工作中也将变得越来越重要。

关于人们对共享社会生活这一超复杂事务的处理方式的研究，主要属于社会心理学领域。本书将考察社会心理学家们长期积累获得的一些关于使社会交际得以实现的活动过程和技能的知识。我们要阐明这样一些问题，比如，人物知觉和对人的归因，言语和非言语交流的用途，印象整饰策略，人类社会关系的发展和特点，以及人际影响和群体中的行为。下面我们将从简要地考察社会心理学这门与人际行为研究最直接相关的学科开始论述。

什么是社会心理学？

自古以来，人类的社会行为一直是哲学家、艺术家和普通百姓最为关注的事情之一。在古代，柏拉图和亚里士多德等古希腊哲学家十分重视这样一些问题：社会生活何以可能？许多互不相同的个人何以会在社会中成功地生活在一起？什么是最能反映人的"真正本性"、最适宜于社会和谐共存的政权形式？诸如此类的问题也是今人所关心的，只不过我们不再寻求对它们的哲学回答，不再像古人那样相信存在着一个关于人类本性的唯一正确的解释，以及它将提供解开全部社会生活之谜的钥匙。

今天，我们试图依靠科学方法来探究这些问题。心理学的一个完整分支——社会心理学——便是一门致力于研究社会行为的科学。我们可以把社会心理学定义为研究人们相互交往的方式，以及人们的思想、感情、行为和动机实在地或潜在地受他人影响的方式的学科。

社会心理学不是研究人们交际活动的唯一分支学科。社会学家们在探索大规模社会系统运行方式的过程中，已对与交际相关的问题研究了数十载。其他学科的学者，如社会人类学家，也已对小规模群体的社会结构、风俗习惯和文化进行过典型研究。他们为我们揭示文化和交际活动的关系提供了许多有益的见解，这些见解使跨文化心理学家也从中受益。然而，社会心理学至少在两个方面区别于这些相邻学科。首先，与社会学或社会人类学的传统研究方法相比，社会心理学更注重定量描述和可控条件下的实验等研究方法。其次，社会心理学研究人类交际的心理方面，而不是社会或文化取向。我们感兴趣的是心理活动及其变项在人们相互交往中的作用，而不是认识和解释人们生活的大文化背景。当然，要把社会心理学与其相邻学科严格区分开来，大概是不可能的，因为它们既有差别，又有许多共性，并且在很多社会心理学家看来，较好地掌握社会学和人类学的研究成果是非常有必要的。在本书中，我们将特别重视文化和社会影响在人际交往过程中的作用。

"汉弗莱，你想要得到什么？"在某些困难的情境下，巧妙地处理人际关系已成为越来越多的人——经理、销售人员、人事官员、医生和服务业人员——的一种工作技能。

社会心理学与日常生活

也许人们会提出这样一个明显的问题："既然我们大家都已经很精于交际，社会心理学还能告诉我们哪些未知的东西呢？"为了成功地从事社交活动，我们必须能准确地观察、解释和预见他人的行为，并善于向他人表达我们的思想、感情和意图。

我们应该充分了解社会生活的准则，以便作为社会成员能够做出恰当的行为。这就把我们引到作为科学的社会心理学的第一个重要特征上来了。社会心理学大概比其他任何学科都更多地涉及人类普通的、日常的、看得见的行为，而在这些方面我们全都称得上是"专家"（参见活动1—1）。

活动 1—1

尝试带来改变

这个活动要求你去做一些极简单的事情。试着在公共场所（比如，街道上、商店中、酒店里等等）观察两个人之间的社会交际，大约观察5分钟。观察时，(1) 试着记录下这些人的一举一动，就当你是有生以来第一次看见这样的举动。(2) 然后，自问一下每种举动发生的原因。也就是说，试试用"新眼光"观察你以前见过多次的某些事情。在完成这个简单任务的过程中，你会体验出常识和科学知识的主要区别。

你所观察的人们，正在运用他们的常识进行交际。他们每分钟都在发送和接收言语和非言语信息，但却没有思考，甚至没有意识到自己的所作所为。他们对这些行为的认识是内隐的、不自觉的。作为观察者，你具有与以往不同的眼力。对你来说，交际成了研究的对象。由于你置身于局外，又运用了实证性的系统观察方法，你便能发现被观察者内隐的细微差别和规定性。例如，你可以发现受试者运用距离、方位、姿势或目光等非言语信号，向其同伴传达地位、兴趣或态度等信息的方式。你会发现他们是如何无意识地调整着所谈的话题，以及目光注视方向和姿势变化的方式。一旦观察者采取了不囿于常识的科学态度，就很容易从人们之间哪怕最简单、最平常的交际中发现规律性的东西。

人们为什么会坠入爱河？他们在什么情况下乐于相互帮助？他们怎样为各种非言语信息所影响？他们在什么情况下会服从、迎合或者反对别人？他们的个人关系是如何发展、变化的？……我们对诸如此类的问题都有一定的见解，甚至还掌握了一些事实根据。这些问题不仅是社会心理学的研究课题，而且也是我们大家每天都会关注的事情。社会心理学既然与社会生活中的日常问题联系这么密切，有时就不免受到一些误解或指责，比如说，社会心理学的结论和研究成果是对日常生活中显而易见的关系的简单重复，或者说，社会心理学的研究成果有时明显地背离了生活常识。那么，生活常识或"素朴"心理学与科学的社会心理学是什么关系呢？

首先，我们需要弄清，生活常识和科学绝不是两种相互排斥或背道而驰的认识途径。事实恰好相反：科学假说往往根源于常识，科学理论成果又反过来说明和改变着常识。这种相互依存的例子在社会心理学中比比皆是。我们大家都对日常交际中惯用的非言语交流方式有一种固有的认识和理解能力。我们无须先查阅浩繁的科学书籍，就能解释目光、手势、面部表情或语调等信号的含义。我们能"阅读"这些提示，不用想，就可以自动地理解它们所传达的兴趣、焦虑或幸福等信息。

但是，我们并非认识了非言语信息的一切方面，而且我们认识到的东西也并非都正确。社会心理学的任务是使这种"内隐的"知识"明显化"，阐明受控条件下的每一种非言语信号在各种场合所传达的确切意思。例如，目光在什么情况下传递着亲密信息，在什么情况下又传递着挑战和敌意呢？不同的文化群体在运用面部表情传达情绪时有无差别？什么样的语调会告诉我们一个人正处于焦虑和烦躁之中？

这些问题超出了日常交际所必需的知识范围。要回答它们，我们就必须运用系统性观察、访谈、问卷、实地研究等复杂的研究方法以及实验室实验等其他特殊方法。这种研究的成果反过来又作用于日常生活常识。

尽管科学和生活常识具有互补性，社会心理学仍常常被非难为"显而易见"或"不过是常识"。这是什么原因呢？我认为，主要问题是我们的常识既内容丰富，同时又很不系统，我们几乎对一切事情及其相反的情况都有常识性解释。这样看来，社会心理学家对社会生活领域所做的描述，没有多少能使我们觉得是完全出乎意料的。当这种并非显而易见的现象被发现时，常识往往会显出一种怀疑态度；当与关于社会行为的普遍性理论相冲突时，我们有很好的理由去怀疑我们的常识。常识很少告诉我们一定行为发生和实现的特殊条件，而且往往有许多错误。通过完成活动1—2，你也许会对这种冲突有所察觉。

活动 1—2

它仅仅是常识吗？

我们都有大量关于日常社会生活的常识。在这个活动中，你的常识将被付诸检验。请仔细阅读以下有关社会交际各个方面的问题，并对每个问题都尽量做出准确的回答。

（1）在兄弟姐妹中，哥哥（或姐姐）比弟弟（或妹妹）更爱/更不爱与他人交往。

（2）当为某件事而感到不安时，人们更愿意独处/和别人待在一起。

（3）欧洲人和新几内亚部落人使用非常不同/相似的面部表情来传达情绪。

（4）在向另一个人传达态度时，言语信号比非言语信号更有效/效果差。

（5）在判断他人方面，准确性是/不是某些人的个人能力。

（6）一个人的相貌影响/不影响他是否对其所犯的罪行负责。

（7）犯错误使一个能力高的人失去/更具魅力。

（8）大多数人认为，发表奇特见解的人不/很可能真信其言。

（9）如果你替一个人喜欢干的某件事承担后果，他以后会更多/更少地从事这种活动。

（10）人们会/不会拒绝执行实验者发出的向另一个人施以危险电击的命令。

（11）群体的决定常比个人的决定更/少走极端。

（12）要识破骗局，最好是多注意一个人的脸/手和腿脚。

上述问题正好是社会心理学和生活常识都要处理的一小部分典型问题。如果常识确实具有完满的指导作用，你应该能正确地回答出其中绝大多数问题。当你通过阅读本书而对现有的社会心理学研究取得了更详尽的了解时，就会知道正确的答案应该是：（1）更爱；（2）和别人待在一起；（3）相似；（4）效果差；（5）不是；（6）影响；（7）更具；（8）很；（9）更少；（10）不会；（11）更；（12）手和腿脚。最常见的问题是，常识使人感到每个可供选择的答案似乎都和相反的答案一样有道理：在一定条件下，两个答案可能都是"显而易见的"。这些事例说明，某些错的东西也完全可能被人们说成是"显而易见的"而加以接受。既然人们对同一情况可能做出各种反应，那么，认识哪一种反应最常发生以及在什么情况下发生，就变得极为重要了。这恰恰是社会心理学同生活常识的区别所在。

正像我们所看到的，科学研究不仅受到我们关于社会行为的"素朴"见解的激发，而且还有助于这种见解向前发展。在你阅读本书的时候请记住这方面的例子。在书中你常常会读到一些自己在交际过程中有过直接体验的现象。但是，研究者们的理论和解释高于我们的日常见解，因为他们试图提供更一般、更有效的解释。

新知

社会交际的过去和现状

社会交际的研究直到现代才成为一门科学，这应该是一个令人奇怪的历史现象。虽然哲学家、作家、诗人和画家们一直在不懈地记录和表达着人们在交际过程中产生的思想和感情，但直到近代，这种交际发生的实际过程并未被视为值得系统研究的课题。情况很可能是这样的：我们的时代是独特的，以前只是一个自然过程的人与人之间的交际，到现在已变成了一个问题，即人们探索和研究的对象。为什么大家对交际方式的兴趣越来越浓？我们的时代如何为大家提供不同于以往的交际可能性？让我们回顾一下历史，并将我们所处的社会环境与以往的时代做一个比较。

在人类的绝大部分历史中，人们是生存于诸如家庭、氏族、部落、中世纪乡村乃至小城镇的社会环境中。在那种环境中，他们几乎认识自己周围的所有人。在这种狭小的村社共同体中，面对面的社会交际是日常生活的基本方面。请设想一下这种占我们进化史大部分时间的、自然的人类生活方式吧！从出生到死亡的生命过程几乎全都是在同一个狭小的家族群体内度过的。这是一种由家庭成员、朋友和熟人居住于其中的环境。在日常活动中，你接触的都是熟人，大家彼此都非常了解——简直没有一个"新面孔"或陌生人。

这种交际环境与我们所经历的西方工业化社会大规模的社会生活形成了鲜明对比。我们置身于陌生人的包围之中，要在大街上或公共场所看见一张熟识的面孔真是件非常难得的事情。许多社会学家已对小规模村社向大规模社会的巨大变迁给人类交际带来的影响做过考察。在小村社或"初级群体"中，大家彼此都互相认识，经常见面，群体生活和个人生活实际上没有什么区别。社会交际是生活的中心，每个人都在数不清的场合中与他人建立关系，任何人都别想隐居起来或使自己与他人隔绝。在这样的环境下，与他人交往大概就像吃喝或呼吸那样自然——对大多数个人来说，它无论如何都不是什么难以应付的事情。

当然，初级群体中少数人之间的持续交往，并不像田园诗那般和谐。社会凝聚力和社会性适应的代价是社会奴役与个人自由的丧失。尽管今天嬉皮士等的群居村或村社中的生活也许唤起了某些人的怀旧感，但那些尝试过这种生活的人可以证实：这种小的初级群体往往比在陌生人社会中可能经历的任何事情都更加专制。

从小村社的灭亡到大社会的诞生是近代社会的发展历程，只有几百年的时间。历史学家们把法国大革命定为这一发展历程的转折点。直到18世纪，小群体、家庭、氏族或村社等原始的社会单位的统治，对大多数人来说仍具有至高无上的权威。法国大革命和启蒙哲学为这个历史性的转变奠定了基础。启蒙的理性主义哲学主张，个人只有从村社生活的奴役下解放出来，摆脱"初级群体"的哺养（和束缚），才能成为独立的、理性的和幸福的人。

人类大概花了数万年的时间来适应那种小的熟人群体的生活要求，相比之下，最近这几百年或许太短暂了，所以使得我们对社会关系中已经发生的巨大变革还不能适应。在这里，争论理性主义哲学、法国大革命的资产阶级政治理想以及工业革命的需求，哪一个是造成简单面对面交际的村社灭亡的主要原因，是没有意义的。重要的是，在过去两个世纪的工业化社会中，这种古老的社会生活结构在很大程度上已经消失了。我们现在全都面临着这样的任务，即在作为一个物种的我们尚未经历太多时间去适应的环境中，继续我们的社会生活。

过去的两个世纪中出现的那种大社会的社会生活有什么特点呢？我们的社会是由陌生人组成的，我们在街道上看见的是千姿百态的陌生面孔，一转脸就记不清了，我们同这些人甚至永远也不会说上一句话、交换一个手势。我们认识的那些人，比如朋友、亲戚或熟人，散布在各个地区和各行各业；我们只是周期性地见到他们，彼此的生活只有很小的交集。我们可以和他人在一起工作、娱乐、过家庭生活或满足业余爱好，但很难有哪一个人能够满足我们在所有这些不同的活动中的需要。我们都过着高度特殊化的、有着很大差别的社会生活，同某些人一起工作，同另一些人一起娱乐，又同其他一些人组成了家族和家庭。

我们在日常生活中接触的大多数人，比如商店售货员、公共汽车售票员、护士、职员或警察，对我们来说都是陌生人。我们不得不一次次地同这些人打交道，但我们却难得认识他们。我们许多人——心理学家、医生、护士、销售人员、教师、招待员或律师——还把自己的大部分工作时间花在与近乎陌生的人打交道上。几乎可以说，为了满足人类越来越易变、越来越非个人化的社会的众多需要，一个新的"职业交际者"阶层已经出现。

你应该害羞吗？

在这样的环境下，社会交际的确成了一种需要许多技能的艰巨工作。如果略微考虑一下，在同朋友聊天、和商店售货员闲谈、与情侣私语或向推销员购买汽车时正确的行为中所含的微妙性和复杂性，你就会清楚，社会交际真的变成了一种艰巨的任务，有时甚至成了一种负担。如果你不相信这一点，可以亲自尝试一下活动1—3的小实验。

活动 1—3

你懂交际规则吗？

首先，用在活动1—1中观察别人时所持的那种客观的态度，来观察一下你自己同下列人等交际的情况：（1）情侣；（2）最好的朋友；（3）商店售货员；（4）家庭成员。

记录下你在每一个交际情境中的全部重要的行为特征（比如，深情地注视着情侣的眼睛，自负而漫不经心地瞧着商店售货员，在朋友和你说话时不住地点头等等）。然后，把这些规则随意打乱，试试按这种新的、随心所欲的规则来进行交际（比如，深情地注视着商店售货员的眼睛，自负而漫不经心地瞧着你的朋友等等）。

在玩这些游戏的时候，你（和交际伙伴）所感到的不自在告诉你，一些非常重要的社会生活规则和习惯遭到了践踏。这说明，严格的交际规则总是存在的，你必须学会熟练地运用它们，并将其变成你的自觉行动。通过打乱这些交际中通行的惯例，你会认识到自己必须满足社会生活各种需要和习俗的行为是多么复杂和微妙。

我们需要懂得的交际规则是众多而庞杂的，如果打算成功地从事社会交际，就必须迅速掌握，并时刻毫不迟疑地、正确地应用这些规则。我们许多社会关系的广泛多样性和特殊性所要求的交际技能，比"初级群体"所要求的不知要复杂多少倍。所以，社会交际毕竟只是到近现代才成为"问题"，成为研究课题，也并不那么令人奇怪。人与人之间的交际越来越成为问题，还表现为在这方面遇到困难的人数在不断增加，许多人都有恐惧和羞怯的社会交往经历。

对大多数人来说，与人打交道有时候可能确实是件难事。大家几乎都发现，像工作面试、与上司交谈这样的接触，或与陌生者见面的前几分钟，会使人感到比平时紧张。而对许多人来说，简单与普通的交际也同样使他们感到为难或紧张。羞怯，作为这类反应的统称，被津巴多（Zimbardo）定义为："表示我们每个人的内力和社会外力合一而使自己与他人隔离的规范用语。在这个意义上，羞怯包括害怕（和怀成见于）不同的人及新的社会环境。"羞怯体验本身并非最近才有的现象。在100多年前，达尔文（Darwin）就指出："羞怯似乎取决于对他人之好坏评价的敏感，……有些人……是那样敏感，几乎任何人的一个微不足道的言行都足以激起他们的自我意识，……几乎所有的人在第一次向公众集会演讲时都极为胆怯，而大多数人一辈子也适应不了这种场面。"

在一项关于羞怯广泛性的研究中，津巴多发现，大约40%的美国成年人把自己描述为害羞的人。害羞人的比率在日本最高（60%），在以色列最低（30%）。羞怯对那些受其折磨的人来说是一种消极的体验，虽然局外人有时候认为羞怯——尤其女人的羞怯——是招人喜爱的。引起羞怯的最常见的情境包括与陌生人、异性成员交往，陌生的或非常庄严的情境，以及与较高地位的人交往。当然，这些交际中的绝大部分是非个人化大社会中的典型的日常社会交际。

考察羞怯的方式之一是将其视为缺少他人所具有的一定交际技能。这些技能可以是感知的（对他人和情境的正确知觉），也可以是认知的（形成正确和敏锐判断的能力），又可以是行为的（知道在一定情境下说什么和做什么），还可以是感情的（以适当的而非不适当的情绪做出反应）。人并非生来就害羞，并非生来就具有社交技能。我们在童年学会了必要的技能，成年后又继续改善着我们的交际策略。

人性的秘密

如上所述，关于人们交际方式的系统研究完全是在近代才开展起来的。当然，人们很久以前就对社会交际的性质问题发生了兴趣。古往今来，许多人都通过建立人性的一般理论模型，来寻求关于人类社交心理之谜的解释。对人类行为的最显而易见的（大概也是最无用的）解释，是简单地指出它乃是某种深层需要或驱力的表现；或者说得更好些，它反映了普遍的"人性"。奥尔波特（Allport）在回顾社会心理学的历史时称这种解释为"简单而有效"的理论。因为它们寻求以单一动因来解释全部社会行为。鉴于这些理论中有许多流传至今，在心理学中也仍有一些残留影响，所以简略地提一提其中的某些观点也许还是有启发的（参见活动1—4）。

活动 1—4

人们为什么要这样做？

阅读以下两段叙述，试判定文中人物如此行事的可能原因。

（1）午餐的时候，约翰尽量与不太熟悉的人坐在一张餐桌上。

（2）有一天去买东西的时候，安娜在超级市场同一位推着小孩的女人攀谈起来。

请在你认为最可能适合于约翰和安娜行为的解释上画√

他/她为何这样做？	约翰	安娜
为了寻求乐趣	___	___
为了显示更多的独立性和优越感	___	___
为了亲近他人	___	___
因为这样做好像很理智	___	___

以上就是对用别的方法不能理解或弄不明白的社会行为所惯用的简单而有效的理论解释方式。由于设定个人分别具有"享乐主义"、"利己主义"、"利他主义"或"理性"的动机，或者这些动机在一个人身上兼而有之，我们就可以根据这些一般人性理论来解释社会行为。正像你已经发现的那样，用这种方法去解释约翰和安娜的行为也还是讲得通的，所以直到20世纪初，社会哲学家们还常常用这样的方法来解释人们的社会行为。

享乐主义，或关于人类具有趋利避害倾向的假定，自伊壁鸠鲁（Epicurus）以来一直是一种关于人类社会行为的有影响的解释。当然，人们并非只求眼前的最大快乐与最小痛苦——不然，就不会有人去看牙医或去大学听那些可能令人生厌的课程了。约翰·斯图尔特·穆勒（John S. Mill）、杰里米·边沁（Jeremy Bentham）和赫伯特·斯宾塞（Herbert Spencer）等哲学家进一步发展了这种观点，提出了一种人们在现时和未来情境下，计算每一行动的实际和预期代价与利益的复杂的"微积分学"。看牙医也可能因此而被视为一种享乐主义行为，因为它降低了受长久牙痛之苦的可能性！

这种观念已渗透到心理学思考之中。用奖赏、强化或惩罚等概念来解释社会行为的行为主义者，是简单而有效的享乐主义理论的主要追随者。许多关于社会交际过程的理论也采用了同样的观点。按照这种观点，人们只有在实际或潜在利益大于成本的情况下，才会彼此进行社会交际。

除享乐欲外，对权力、统治和权威的追求也可充当社会交际的简单而有效的解释。尼采（Nietzsche）是这种哲学的著名代表。意大利文艺复兴时期的作家马基雅维利（Machiavelli），由于在其论述获取和保持权力的最佳（和最愤世嫉俗）方式的《君主论》中向统治者提出详尽的忠告而闻名于世。

第三种可能性是以普遍存在的利他主义倾向来解释人类行为：人们也许受尽可能与人为善和互相帮助的愿望支配？作为对社会行为的一种简单而有效的解释，利他主义有许多可取之处。解释人们彼此合作、相互帮助乃至为他人做出牺牲的原因，可能比解释侵犯和暴力行为更难。遗憾的是，与进化论思想相结合的利他主义，在很大程度上曲解、背离了这种关于人类明显无私的社交倾向的观点。进化论者认为，帮助与我们关系最近的人（家庭成员、朋友、亲戚），实际上是在帮助与我们基因特征相似的人存活。因此，在生物学意义上，自我牺牲行为也许是自私的，因为它最终有助于那些与我们有关系的人的生存。

至少从法国大革命时起，另一种简单而有效的理论——理性主义越来越得到人们的认可。这种理论主张，人类本质上是理智的和理性的决策者，通过理智地考虑和权衡可供选择的方案来调节自己的社会行为。许多关于交际过程的有影响的学说是以这种含蓄的假说为基础的。归因理论主张人们像"素朴科学家"那样行事，试图以推测他人行为的原因作为建立自己社会生活的秩序性和可预测性的方法。这种人类行为理论还在认知科学中找到了许多追随者，他们相信，通过给计算机编制程序使其做出与人类相似的决策，我们就可以逐渐理解人类行为的基础。

大概是作为对理性主义支配地位的回应，20世纪初，一种强调情绪和非理性而不是用理性思维来解释人类行为的观念开始复兴。其中最重要的是弗洛伊德（Freud）的心理分析学说，它试图用情绪和动机能量的无意识涨落来解释一切人类行为。尽管弗洛伊德的大多数主张被证明是经不起实验评价的，因而不是科学心理学的组成部分，但他的许多思想和概念却继续发挥着重要作用。他用以描述处理威胁信息的机能、动机特征的自我防卫观点，在交际过程研究中有着广泛的应用价值。许多妨碍着我们观察和解释他人的偏见，也许就是由于这种自我防卫曲解造成的。

"神父，你认为生活是苦海无边的吗？"人们自古以来就在寻觅能解释人类一切行为的简单而有效的理论——享乐主义、利己主义、利他主义或理性主义的解释至今仍打着各种各样的幌子出现，并时常潜藏在心理学家们的学说之中！

科学地认识人们的交往活动

19世纪下半叶出现的科学心理学,打破了这种简单而有效的学说的统治。1908年,两本预示着这门学科未来发展的社会心理学教科书问世了。威廉·麦独孤(William McDougall)的著作采取了个体的、心理学的视角,主张好奇心、敢于自表和排斥等种种内驱力是社会行为产生的根源。由罗斯(Ross)所著的另一本教科书则更具社会学取向——他认为,模仿、建议和从众等社会性活动是促成我们交际行为的动力。到1924年,作为实证科学的、从个体角度探讨社会行为的社会心理学学科正式产生了。因此,如果说有关交际活动的大多数证据都源于这种心理学传统,也并非不可思议。

从那以后的几十年是社会心理学研究迅速发展的时期。强调外部赏罚在行为调节中的作用的行为主义,直到不久前还是一种占统治地位的理论取向。赏罚的确能轻而易举地操纵许多简单的和相对来说无足轻重的行为。例如,弗普兰克(Verplanck)指出,在交谈中,每当对方发表一种意见时,只需以"我赞成"或"你是对的"等鼓励的口吻来不断给予强化,就能使"发表意见的行为"显著增多。但是,行为主义者一般都会忽视影响社会行为的能动的内心活动。

另一个学派——格式塔心理学(Gestalt psychology),试图通过强调内部心理活动和表象决定着我们观察和解释世界的方式,来修复平衡。所罗门·阿希将这种观点应用于对人知觉问题的研究,指出我们在形成关于他人印象的时候,自动地创造了有意义的整体意象。勒温(Lewin)在他的场论中运用了同样的原则,他认为,我们在一定时期主观地观察和体验自己周围环境与行为可能性的方式(自己的"心理生活空间"),是社会行为主要的决定性因素。

在最近几十年中,认知取向已逐渐跃居统治地位。这种模式的基本假设是,要理解社会行为,我们就必须能够准确地分析作为社会行为者的人的感知、认知和信息加工策略。当代关于对人知觉和归因的研究,是对这种理论研究状况的一个很好的说明。根据这种观点,对人知觉基本上是一种甚至能用简单数学原理模拟的信息整合过程。最近几年,关于我们的人物记忆方式的研究("对人的记忆"),也已对这个领域产生了重要的影响。

当然,我们还能在此列举出许多别的理论和方法。这里主要想说明,社会心理学是一门学说多元的科学：没有哪一种关于人类行为的观点取得了绝对的垄断权。理论具有帮助我们整理已收集到的经验观察材料的功能，从而可以引导研究者们在以后的研究中找到正确的答案。当我们逐步深入到某些研究过程的细节时，理论的这种整理功能就会变得更加明显。

第二章

学会察言观色

社会旨在捣除
一丘之貉

知觉：物与人

谁是好的判断者？

什么是"准确的"判断？

察言观色要准确

个性品质的知觉要准确

情绪影响判断

定型：不准确性判断之源

为了成功地进行社会交际，我们必须先正确地观察自己接触的人。对人的感知是我们在日常生活中遇到的最重要、最复杂的任务。我们何以断定一个人是真的友好还是逢场作戏，自负还是自信，诚实还是奸诈，无责任感还是有事业心？人们所做的或所说的几乎每件事都能以种种不同的方式来解释。可是，如果我们想要成功地与别人交际，就应该能正确地解释、理解和预见他人的行为。

请设想一下，假如一个人对他人所做的大多数判断都是错误的，那会发生什么情况呢？那样的话，他对别人的期待就会常常出现偏差，他的交流也会受到误导。同这样的人进行交际将会变得极为困难和费力，甚至变成不可能的事情。这样的人最终肯定会与世隔绝，不能与他人建立起有意义的人际接触。认识别人和自己本来面目的能力需要经过很多实践、掌握很多技巧才能具备，因而对所有的人来说都是一种非常重要的能力。我们如何实现这个任务呢？这是对人知觉研究所要回答的中心问题。

对人知觉还可以被视为人们交际之最初的、关键性阶段。在同别人建立有意义的关系之前，我们必须先对他们进行观察和解释。此外，在交往过程中，我们还要继续对自己结交的人进行考察。这种考察是对人知觉的另一个重要方面。一切社会交往的最终结果，是对我们与之交往的人形成一定的印象、期望和预见。因此，对人的感知在社会交际的起始、持续和终结阶段都起着重要作用。

知觉：物与人

社会知觉，比如对人的知觉，在很大程度上不同于对物体的知觉。首先，对物理对象的知觉（物理知觉），主要是对可以直接观察到的"表面"特征（体积、颜色、重量、味道等）的知觉；而对社会对象如人的知觉，主要不是关注可直接观察到的特征，而是必须进行推论的特征（如智能、态度、品质等）。这意味着，对社会知觉进行判断要比对物理世界的判断复杂、困难得多。正因为如此，我们在观察人的时候常常比在观察物的时候更容易犯错。

假如我们一发现对人的判断是错误的，就能迅速纠正，那就不会惹太大的麻烦。但由于个人特性具有"隐蔽性"，同物理知觉的错误相比，对人知觉的错误（如认为一个人是自信的，而事实上他不是这样）极难查验，更不必说去改正它了。要知道，如果我们在确定一块石头或一件家具的尺寸时出了差错，那这个差错在我们复查时会变得十分明显，并能经过更仔细的观察来改正。但当判断的对象换成人时，情况就不同了。社会知觉主要靠推断来发现对象的隐蔽性质，物理知觉则不是这样。

对人知觉除了在判定其内部特性方面存在着困难外，还有一个更令人头痛的问题。这就是在对人做出判断的时候，我们都难以充当不偏不倚的观察者的角色。在一般情况下，我们内心中已有的感情、态度和动机从一开始就影响着自己的判断。比如，对自己和被评判者之间的共性与差异的觉察，就可能成为产生偏见的重要根源。我们更可能从与自己相同的人身上看到优点，而在与自己极不相同的人身上发现缺点。

> 物理知觉和社会知觉不同。观察物体显而易见的特征时，其错误能通过重复观察而得到修正，但由于社会感知是对人们内部的、隐蔽品质的感知，因此其错误很难发现和纠正。

我们经常倾向于以一种有成见的方式看待特定阶层的人。就此而言，几乎没人能对自己的上司、双亲、情人乃至下属获得完全客观的看法。心理学家们将这种畸变称为"动机偏见"。对人知觉中的这种个人成见，增加了检查和纠正观察错误的难度，因而对我们判断的准确性是一种严重的威胁。有时候，这种个人成见甚至能引起自证预言：由于把上司看成能使自己在一定程度上对其言听计从的权威，而往往真的使他变成了一个权威！尽管存在着这些困难，我们大多数人在大多数情况下，还是能够对大多数人做出合理的观察。那么，我们怎样获得这种非凡的本领呢？

谁是好的判断者？

在日常交际过程中，我们容易想当然地认为对他人做出的评价大体上是正确的。然而，实际情况果真如此吗？我们大多数人都能非常准确地观察人吗？是否有在准确地判断他人方面具有超群的才能的人？能把人们训练得更善于相互判断吗？诸如此类的问题，是对人知觉研究所要探讨的首要问题。因为对人的判断在日常生活中非常重要，所以准确性问题的研究具有突出的实践意义。在当代社会生活中，依靠对人的知觉判断做出重大决策的例子比比皆是。请想想我们都易于相信证人的证词，陪审团成员或警察的裁决以及调查组的报告这类事例吧！这种知觉有多大的可靠性呢？完成活动2—1，可以使你更直接地体会到这些问题的存在。

活动 2—1

什么样的人是好的评判者

请回答下列问题，并简要说明你认为自己的回答之所以正确的理由。

（1）你相信有些人在判断人方面能力超群吗？

（2）如果相信，那你认为"好的评判者"有哪些特征呢？

（3）我们何以确定一种方式对人的知觉判断是否真的准确呢？举个例子，如果我们判定一个人是"友好的"、"自信的"和"热情的"，那么，我们怎么能断定自己的判断是正确的呢？

把你的回答写在纸上，在阅读本章后面的内容时，看看你的想法被有关研究肯定了多少。

要客观地研究对人判断的准确性问题，需进行三个方面的考察：（1）将一个人——通常称为"对象"或"刺激物"——呈现给判断者的方式；（2）判断者基于对那个人（对象）的知觉而做出的反应；（3）能够确定其判断准确性的可靠的衡量标准，或"评价尺度"。

什么是"准确的"判断？

研究准确性问题时所遇到的主要困难之一是确定何为被判断者的真实特性，与此相对照，可以评价我们知觉的正确性。换个问法，即什么是对一个人的真实"准确"的描述。实践证明，这个问题比我们大多数人所预想的都更难回答。因为大多数关于人的判断是对人的不能直接观察到的特性（如友好、自私、外向等品质）所做的判断，那么我们怎么能绝对地断定一个人的真正特性呢？我们应该采用客观性心理测验吗？我们应该去询问对象本人吗？我们要去询问他的好朋友吗？这些方法都可以使用，但每一种方法又都有严重的局限性。测验并非完全可靠、有效；人们的自我判断并非就没有偏见，朋友之间未必就十分了解，而对某些特性的了解也许就更可怜了，大概像对完全陌生的人一样少。我们面对的问题是，也许根本就没有绝对正确和准确的方法可充当描述人的可靠尺度。对人的大多数特性，我们只能以近似的言辞来加以描述。也就是说，在测量对人知觉的准确性时，我们往往不得不使用自己也知道不准确的尺度。

察言观色要准确

判断人们永久一贯的个性品质是相当困难的，而如果要准确地观察自己同伴现时的、短期内的情绪反应，往往还是有效的。弄清楚我们的谈话对象此刻是兴致正浓还是感到厌倦，是心情愉快还是充满悲哀，是紧张还是轻松，有时也许比知道他一般来说是位性格外向、乐于助人、羞怯或者专横的人更重要。设法推测人的现时情绪状态是对人知觉判断的一个特殊问题。人们通常多么擅长于完成这一有限的对人知觉的任务呢？

面部表情大概是我们察觉个人情绪的最重要的信息源。达尔文是最先用实证方法研究人和动物的情绪表达的研究者之一。几位后继研究者提出了两个具有内在联系的问题：（1）能在多大程度上通过面部表情来准确地察觉一个人的情绪状态？（2）这些面部提示在不同的文化中是否相同？早期的研究所采取的是一种简单方法：受试者只能借助照片来判断一个人的情绪，而照片是在那个人处于兴奋状态时拍摄的。例如，在兰迪斯（Landis）的一项研究中，让对象处于一些令其情绪兴奋的情境——比如，观看色情照片，接受电击，听着音乐，用手摸着水桶中的青蛙，看着剁掉一只活老鼠的头等等，并对其进行拍照。他发现，判断者一般不能很好地察觉照片上对象所表达的情绪，而对象本人也往往以种种不同的表情来对同一情境做出反应。

在一项类似的研究中，谢尔曼（Sherman）要求受试者对一些婴儿照中所表达的情绪做出判断，这些照片是在婴儿饥饿、惊恐、生气或疼痛时拍摄的。同样，大多数判断是极不准确的。这两项研究存在的共同问题是：既然确实不知道对象当时真正的情绪体验，那么我们怎能检验对他们面部表情的判断是否准确呢？要知道，同样的情境（如听音乐、受电击、挨饿或观看剁老鼠的头），在不同的人身上可以引起极为不同的情绪反应（如恐惧、沮丧、兴奋、气愤等）。这些研究给我们的重要启示是，人们很少以单一而至纯的情绪来反应复杂的情境。相反，人们可以体验到并表现出几种混杂的情绪。那么毫不奇怪，受试者在对这些情绪的发生情境没有更多了解的情况下，就不可能鉴别出这些复杂的情绪信息。

伊泽德（Izard）和埃克曼、索伦森和弗里森（Ekman, Sorenson & Friesen）选择了一些以纯粹的形式表达最基本情绪（高兴、遗憾、气愤、恐惧、厌烦、惊奇等）的面部照片，发现大多数受试者马上就能极其准确地辨别其面部表情所传达的情绪。另外，埃克曼还发现，来自不同文化环境的受试者（如新几内亚的部落人）也能准确地察觉那些高加索人的面部照片所传达的情绪。以上均说明，人们很善于从面部提示中辨识出基本的、纯粹的情绪。但在实际情况下，我们的面部反应往往是非常个性化的、混合而复杂的，所以不可能取得像判断"纯粹"情绪表情时那样的准确度。

然而，在现实生活交际中，我们并不仅仅靠面部表情来判断一个人的情绪状态。周围的情境、以往的交际经历和交流体验，都给我们提供了有助于解释混合的、转瞬即逝的面部表情的附加提示。看来，我们在现实生活交际中译解情绪信号的准确性，一般比谢尔曼和兰迪斯早期研究中所提出的准确性要高，这仅仅是因为我们比他们的受试者对周围情境的了解要多得多。从面部表情察觉人的情绪，在对人知觉中尚属比较简单的工作。然而，我们经常还必须对人的意图、性格品质和未来可能的行为做出判断，而这些判断往往更加困难。

个性品质的知觉要准确

对人的知觉判断，其目的不仅仅是识别某个人脸上的短暂情绪，而是要正确察觉人们长期一贯的个性特征。我们已经知道，准确性研究的一个重要问题是确定何为"真实"特性，与之相比较才能检验人物判断是否正确。一个更大的问题是，人们在不同情境中的行为并不是一致的。一个人在某种情境下是友好的（比如，在工作中，在各种聚会上），而在另一种情境下则可能极不友好（比如，对姻亲和邻居）。

谁的知觉准确呢，是同事们公认的他友好，还是姻亲们感到他不友好？

研究表明，其实我们的"个性"并不是永久不变的，而是在一定程度上依我们对自己所处情境的判断而转移的。我们甚至对自己非常了解的人的特性也能做出极为不同的判断，这取决于我们是在一次聚会上，还是在某个人的家里，或者是在学术讨论会上见到他们。此外，我们对他人的知觉还常常取决于那些人与我们自己有多少共同点，以及有多大差别。下面的活动将向你提供一些有关我们自己的判断与他人的判断之间关系的观点。

活动 2—2

你对人的知觉准确吗？

通过完成这个活动，你会对人物知觉的准确性研究中包含的问题有所感受。在下表中，要求你做出若干人物知觉的判断。在第一栏"朋友"里，按左边评分量表中的每一项给你的一个朋友或熟人打分。在第二栏"自己"里，按完全相同的项目给自己打分，不过打分时要遮住你对"朋友"的评分。在第三栏"朋友的自我评分"中，请你的朋友按同样的项目给他自己评分，不要向其暴露你的评分。把这些信息收集整理一下，你就可以用一定的方式分析自己得到的数据了。

在所有情况下均以高分减低分

评分量表（1＝非常真实；5＝极不真实）	朋友（1）	自己（2）	朋友的自我评分（3）	准确性（1）－（3）	实际差异（2）－（3）	察觉差异（1）－（2）
1. 读书多						
2. 专横						
3. 常谈政治						
4. 友好						
5. 衣着漂亮						
6. 诚实						
7. 喜欢跳舞						
8. 有能力						
总分				□	□	□

（1）按对人知觉研究通行的做法，你可以计算出你对他的知觉的准确性。以你朋友的自我评分为基数，加上第一和第三栏两组评分的差（先用高分减低分，然后用基数加上这个差），这就是你的准确性得分。

（2）你还可以分别考察你对行为特性判断的准确性（量表1、3、5、7项）与人格特征判断的准确性（量表2、4、6、8项），方法是分别算出量表中的这两组准确性分数。通常，人们更善于察觉具体行为的特性，而不太善于察觉那些需要推断才能获得的人格特征。

（3）接着，你不妨考察一下你和你朋友之间的实际差异，方法是计算你的自我评分与他的自我评分（第二和第三栏）之间的差额。

（4）最后，通过计算你的自我评分和你给朋友的评分（第一和第二栏）之间的差额，你还能分析你朋友和你自己之间的可察觉的差异。

有几个问题可供你完成这个活动之后考虑。你对将你朋友的自我评分作为你的准确性基数感到满意吗？你能想出其他适用于量表中每一项的评价尺度吗？你能发现你的自我评分和你给朋友的评分之间有何联系吗？与对人格特征的判断相比，你对行为特性的判断是不是更准确些？哪些东西可能会影响你判断的准确性？你可能会发现，对人知觉的准确性研究中的问题比我们刚接触它时显得更复杂了。

考虑到上面概述的各种问题，我们能就对人知觉判断的准确性发表什么意见呢？关于对人知觉的准确性的广泛研究，学者们得出了大抵互相矛盾的结论。例如，弗农（Vernon）发现，有些人评判自己的朋友很准确，有些人则更善于判断陌生人，还有些人最有自知之明。另有研究报告说，一个人的移情能力与对人知觉的准确性密切相关。塔夫脱（Taft）考察了以往的大量研究，几乎没有找到对人知觉准确性的普遍性特点。人们在不同的研究中对什么是好的判断众说纷纭：有人说好的判断是具有较高艺术性和理智性的判断；有人则说好的判断具有更高的学术性；还有人说好的判断具有较强的情绪调节和整合功能，做出这种判断的人需具备某些戏剧和艺术方面的修养或知识，并且工作于非行为科学研究领域。

最后这个发现并不像它乍看起来那样令人惊讶。比如，有一定心理学素养的人倾向于过分注重个体间的差异。结果，他们往往夸大对象（个人）之间的差异，并倾向于夸大观察上的差异。这造成他们在判断的准确性上得分很低。影响准确性的其他因素还包括：判断者和对象之间的熟识程度，一定的判断所需的推断（推测）总量，以及被判断的特定对象的复杂程度。如果被判断的人是自己相当熟识的，其特征是可以直接观察到的而不必借助推断，并且对象简单而不复杂，那么判断的准确性就会提高。

这些都不是什么出人意料的结论。对"准确的判断"所做的研究其结果常常令人失望，这至少在一定程度上是由于对问题的规定不恰当。做出"准确的"判断究竟是指什么意思？按照克伦巴赫（Cronbach）的看法，对他人进行判断的准确性并不是人的一种单一、独立的特性，而是由几种往往互不相关的技能和因素构成的。善于察觉群体一般特性（定型准确性）的人，却往往不能很好地区分该群体中的单个成员（差异准确性）；反之，则不能很好地察觉群体一般特性。

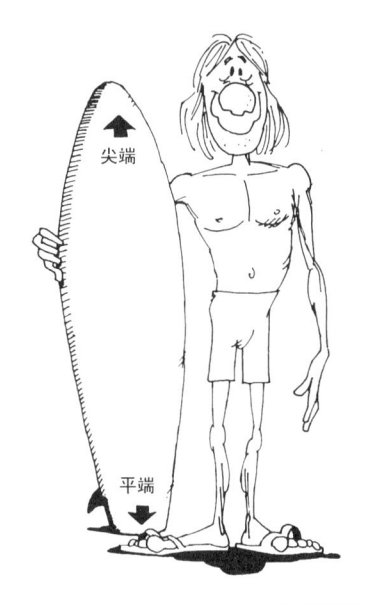

布鲁斯是名冲浪运动员。仔细观察一下他，你能说出他属于哪种类型的人吗？我们许多对人的知觉判断是依据自己头脑中已有的人物范型（刻板印象）而做出的。你对布鲁斯也许一无所知，但对冲浪者却颇为了解，据此猜出布鲁斯的其他特性应该不太难。这种刻板印象既有助于又有碍于我们判断的准确性，作用究竟如何，取决于自己对人物范型是否有偏见。

判断者们在应用各种评定量表时也存在着差异。例如，有些人在判断中倾向于走中间路线，另一些人则喜欢走极端。这些区别也影响着一个人在实验中的准确性得分。根据你在前面活动中的打分，你自己属于哪一种判断者呢？你能发现仅仅由于你在这个活动的评分上或多或少地走了极端，而使自己的判断准确性增加或降低了吗？在评判朋友的时候，你在多大程度上依靠了群体的典型特性（定型准确性），又在多大程度上依赖于个体特性（差异准确性）呢？正像你可能看到的，对人知觉的准确性绝不是一种简单的技巧，而是一种取决于复杂多元变项的活动过程。

正因为如此，对人们进行的旨在使其成为准确观察他人者的训练，往往会起到反作用。这种训练通常只注意差异准确性的培养，强调个体差异。结果，受训者（就像心理学家们一样）总倾向于夸大人们之间的差异，比实际存在的差异更极端。这有助于解释某些研究中提出的令人难以理解的结论，即特殊的训练和过详的信息，减少而不是增加了对人知觉判断的准确性。克劳（Crow）发现，在判断人方面，受过特殊训练的医科学生比从未受过任何训练的学生更缺乏准确性。前一组人倾向于过分强调个体差异（过度差异性）。盖奇（Gage）指出，只根据非常一般化的信息对人所做的判断，比同该人直接接触一段时间之后所做的判断更准确。这种判断的准确性之所以减少，仍然是因为经过一段时间的个人接触之后，个体特征被夸大了。

根据后来的研究，特别是对克伦巴赫的准确性成分逐一进行的分析，似乎任何跨对象的一般准确性都主要取决于范型准确性（辨识人物"类型"一般特征的本领）。这似乎很难令人理解，因为我们通常总是把准确性同对被观察者独特个人特性的精细了解联系在一起。显然，情况完全相反：如果我们把注意力更多地放在正确地辨识个体对象隶属群体的一般、典型的特性上，而不过多地纠缠特定个体的特殊、单一的特征，那么我们的判断会变得更准确。人们还发现了许多其他影响对人知觉判断的准确性的因素。

情绪影响判断

人们判断的准确性还受到判断者暂时反应的影响。这听起来似乎是奇谈怪论，一个人做出判断时的感受对他判断的准确性有着重要影响。似乎人情绪好的时候更可能看到别人好的、令人满意的特性，而情绪坏时则相反。研究发现，处于良好情绪状态中的人们对模棱两可的面部表情会做出更加肯定的评价；而当人们情绪较坏时，则会对同样的表情做出更加否定的评价。克拉克等（Clark et al.）发现，自身正处于兴奋体验中的人更可能认为别人也处于"兴奋的"情绪中。这种影响并非仅限于对人的判断，对物品（如耐用消费品）或自然风景照的评判，同样会受到人们当时心境的影响。

施瓦茨（Schwarz）在一系列有趣的研究中发现，好天气，偶然拾到一枚硬币，待在一间舒适、安逸的屋子里，或听到你崇拜的足球队赢了球……诸如此类对情绪的表面性影响，都会有效地改变人们对自己的幸福、工作、居住乃至一般生活的满意程度的评判。

人们在掌握了客观证据（比如，有关对象社会行为的录像），并借此来进行判断的时候，情况又会怎么样呢？他们还会根据自己的心境来歪曲其判断吗？福加斯、鲍尔和克兰茨（Forgas，Bower & Krantz）把若干对实验对象进行简单或复杂晤谈的情境拍摄成录像。第二天，用催眠术使这些人进入或愉快、积极的状态，或愁闷、消极的状态，然后让他们看前一天的录像，并要求他们按录像所展示的社交技能来评判自己及其同伴的行为。那些看录像时心境好的受试者，从中看到的几乎都是自己及其同伴的积极美好的行为，对那些消极的行为却视而不见；而那些心境不好的受试者，总觉得自己的行为怎么看都不顺眼，但对自己同伴的行为却不那么苛刻。

该怎样解释这种由情绪诱发的人物知觉判断的歪曲呢？社会性知觉兼有选择性和推断性：我们只能将注意力集中在全部信息的一小部分上，我们看到的东西在一定程度上取决于自己头脑中当时已有的概念、观念。根据戈登·鲍尔（Gordon Bower）的网络模型，我们的心境通过有选择地诱发那些预先和情绪密切联系起来的范畴，影响我们用来解释社会行为的构念。

当你心情愉快时，较肯定的、愉快的思想、构念和个性就会被诱发起来，所以你就倾向于用这些构念来解释他人的本来可以做多种解释的社会行为。结果，你就会从他人或自己的行为中看到肯定的、令人愉快的情况。在你心情不愉快的时候，看到的情况则正好相反。

同样，对于意义不明确或中性的非社会性刺激物（比如，照片或风景），人们也会按照与情绪相一致的方式观察它。克拉克和伊森（Clark & Isen）指出，心境影响着对自然景物的评判。从一定意义上说，对人的知觉更加复杂、更模棱两可，人物判断对情绪的依赖性很可能更严重，从而给人物判断的准确性造成了重大威胁。

定型：不准确性判断之源

如前所述，辨别一个人隶属的群体的特征，可能对提高人物知觉判断的准确性有很大帮助。我们全都需要并应用这种简明的人物群体形象来帮助自己对周围的人进行分类。但是，我们关于群体典型特征的观念可能常会歪曲其本来的面目。即使我们获得了真正能表明群体——比如，"意大利人"、"黑人"、"足球运动员"、"冲浪者"或"匈牙利人"——特征的非常准确的观念，在这种不太可能发生的情况下，这些特征也不一定就适用于我们所遇到的一切独特的个人。定型不仅有助于而且也有碍于我们的人物知觉判断。

著名专栏作家沃尔特·李普曼，是最先使用"刻板印象"这个术语来指称人物分类的学者之一。最常见的以及最潜移默化的刻板印象是与人种、种族和民族等特征相关的，在美国、澳大利亚和加拿大等多人种国家尤为显著。卡茨和布雷利（Katz & Braly）的一项著名的研究发现，美国人对土耳其人、黑人和犹太人怀有明显和非常消极的刻板印象。在澳大利亚，人们对待土著居民和某些移民群体的态度也同样受到定型的影响。定型也许还影响着我们对被定型的群体成员之间的区分能力。你发现把其他民族的不同成员区分开，要比区分开本民族的不同成员更困难吗？从某种意义上说，群体刻板印象非常强烈，它会使人难以察觉其他群体成员在外表、面容等方面的个体差异。证人们总能记得住一个人所属的民族或种族，却往往不能回忆起他的个人特征。布里格姆和巴克奥伊茨（Brigham & Barkowitz）还指出，白人受试者认为识别白人照片比识别黑人照片容易些，黑人受试者则遇到相反的问题。对他们来说，所有的白人的长相似乎都一样。

种族和民族的定型往往与强烈的偏见联系在一起。不用说，这种偏见给客观地进行人物知觉判断造成了极大困难。一些证据表明，在一些分裂社会中，如北爱尔兰，孩子们很小就在家庭影响下形成了带有偏见的刻板印象。正是由于定型的性质，带有偏见的知觉极难改变：只要我们努力寻找，几乎总能在复杂多样的人类行为中找到一些证实自己偏见知觉合理的证据。正像我们将要看到的那样，人物知觉与我们期待在他人身上找到的特征之间的联系，几乎与我们期待中的对象真实特征的联系一样紧密。

与准确性作对的偏见。偏见和定型总是相伴而行。囿于一种群体偏见的人对他们心怀偏见的对象所做的判断是不可能准确的。

第三章

按照期望观察人

观察者的眼睛更重要

"人人如是"说

将人"归类"

那人具有多少"典型性"?

"典型"人物总是更易判断吗?

顽固的偏见

前面已经谈到，我们对人物判断的准确性往往是值得怀疑的。不同的观察者可能会对同一个人做出完全不同的描述，而同一个判断者又常常按照几个相同的特征来描述众多不同的人物。为什么会出现这种情况呢？最可能的解释是，我们在判断他人的时候都应用着自己头脑中特有的关于人的知识。换言之，我们依据的是自己积累的关于在观察人的时候如何组织个人特征的经验和观念。那么毫不奇怪，甚至在判断极为不同的个人时，我们也常常采用自己认为很重要的一些人物特征模式。下面将考察这种个人知识和期望之所以影响我们观察人的方式的某些原因。

观察者的眼睛更重要

对他人的知觉是一个非常活跃的、建构性的过程。在这个过程中，观察者的知识和经验有时比被观察者（对象）的实际特性具有更重要的意义。正如琼斯和尼斯比特（Jones & Nisbett）所说："品质更多地存在于观看者的眼睛里，而不是行动者的心灵中。"关于人的知识不断积累的结果，便是我们全都具有自己的"内隐个性观"，这种观念可以定义为：我们积累的关于他人属性和品质的构成方式的假设和期待的总和。

我们可以相当容易地举例说明这种观念。你认为一个聪明人很可能也是慷慨大方的吗？在你看来，顺从的人通常也是有礼貌的吗？你对诸如此类问题的回答，反映着你的内隐个性观，即你对个人特征之间的预期联系的独特假定，这些观念和假定根植于你与人们交往的独特经历和经验。完全客观的观察者或新生儿（假定他会说话）是无法回答这类问题的。从逻辑上看，一个人（对象）的两种品质是否真有联系，是不能凭观察者以往的经验证实的！

"人人如是"说

乔治·凯利（George Kelly）是最先研究这种关于人的内隐观念的心理学家之一。他认为，我们每个人都表现得好像自己是"素朴科学家"，试图去解释和预见自己周围的人和事件。按照凯利的观点，我们创造了把自己的经验系统化的认知"构念"，我们通过这种构念来观察世界。"人通过自己创造的半透明的模式和模板来观察他的世界，并试图以此来裁剪组成世界的全部现实。……我们把这些用来剪裁或评价现实的模式称为构念。它们是解释世界的方式。"构念是高度个人化的。一些人可以按照"喜欢我—不喜欢我"的个人构念来观察他人；而另一些人则可以根据诸如"对我的前途有益—对我的前途有害"、"自信—羞怯"、"武断—怯懦"等特性来观察他人。

我们一旦建立起一种个人构念系统（人人如是），便力求巩固它，并试图把新经验纳入已有的构念模式。一个人所使用的构念数量可以表明他的认知复杂程度，或者说他对人进行区分的敏锐程度。凯利还创立了角色积贮测验这样一种实验方法，以此引出并测量人们的构念系统。这个测验要求受试者描绘出两个最熟识的人（如自己的父亲和母亲）的彼此相似的方面，以及这两个人与第三个人（如自己的兄弟姐妹）的差异，并通过这种方法引出受试者的构念。这一长串问题通常可以诱使一个人回答出他用以区分重要人物的若干"构念"或特性。

还有几种分析构念模型的统计方法。这些方法为研究者考察一个人的构念系统——即他对别人的看法的性质、复杂程度和精密性——提供了条件。凯利的理论和个人构念积贮格法，在社会心理学和临床实践中都具有重要的应用价值。关于心理疾病患者对社会以及社会生活中重要人物的看法的分析，在临床诊断及处理种种心理学问题时具有十分重要的意义。通过完成活动3—1，你对此方法的用处会有更好的了解。

许多有关内隐个性观的研究继续了乔治·凯利的工作。为了说明这种对人的先入为主的观念在对人知觉判断中所起的作用是多么重要，我们来考察一下多恩布希、黑斯托夫、理查森和马齐（Dornbusch, Hastorf, Richardson & Muzzy）1965年的一项有趣的研究。研究者们只是要求一组野营的儿童用自己的语言来描述其他人。如果其判断真的反映了被描述儿童的特征，那么，我们就可以预测到许多不同的观察者可能会以相似的方式描述同一对象，而每个判断者对不同人的描述也会是不同的。但实际情况却完全相反。大多数孩子用很少几个相同的特征来描述其他孩子，而他们对同一个孩子所做的描述大相径庭。显然，孩子们在评判别人时，使用了自己已有的关于"重要"特征的观念（他们的"内隐个性观"），而不是关注真正存在的差别。许多研究证据表明，成年人在评判别人时也有同样的倾向（参见活动3—2）。

在完成该表格之前，请仔细阅读后面的说明。

活动 3—1

积贮格法

写出下述每种人的真实姓名：

我自己	配偶	父亲	母亲	好朋友	熟人	老教师	新敌人	构念
×		×		×				
	×		×		×			
			×				×	×
×					×	×		
			×	×			×	
×	×					×		
×		×	×					

按下述步骤完成上面的个人构念积贮表格。

（1）先在每一栏顶部所列人物下面的空格中写出其真实姓名。从现在起，把他们当做确定无疑的个人而不是抽象的范畴来考虑。

（2）在每一行中有三个"×"。你的任务是，仔细考虑"×"标出的三个人，判定其中两个人彼此相似而与第三个人相异的特性。将表示这种特性的词语写在右边标有"构念"的空格里。

（3）接下来，按 7 分制给每个人的一定构念打分，以指明你认为每个人在多大程度上具有这种特性。举例来说，如果他们完全不具有这种特性，你就给他们打"1"分；而如果他们身上的这种特性很强，你就该给他们打"6"或"7"分。

至此，你的角色构念积贮表格算是填完了，下面可以用多种方法来分析你的判断。先简单考察一下右边写出的构念，这些构念反映了你通常用来判断人物特性的一些典型观点。当然，这是个非常"小"的格，只反映了你个人构念系统的一小部分。

接下来，你也许想考察一下自己的内隐个性观，即由这些判断所表明的你头脑中任何两个构念之间彼此联系的方式。这可以通过计算你对每个人的任意两个构念评分的差分，得到每对可能的构念之间的"相似性分"。

你还可以分析一下自己对所列人物相互关系的看法。你能计算出其中任意两个人之间的"相似性分"，方法是把你给任意两个人的每一构念所打的分数分别加起来，得出他们之间的绝对差分。根据这些信息，就可能建立起你的"人物空间"模型，该模型反映了你对这些个人彼此关系的看法。

当然，运用统计法可能会做出更精确的分析。但这个小示范也会使你对这种方法有所感受。这种简单的方法可以让你十分惊奇地透视到自己的内隐个性观以及你对熟人们的知觉。

活动 3—2

乔是一个什么样的人？

下面你将看到对一个人——乔的简述。请仔细阅读这个描述，然后对照后面的量表确定乔是一个什么样的人。

"乔推开餐馆的门，等一对夫妇通过后才走进去。在餐馆里，他客气地请侍者为自己安排座位。但刚坐下，女友就来了。他马上站起身，帮她脱掉外套并挂在衣架上。然后扶着女友的椅子请她入座。"

在你看来，乔是一个什么样的人？请使用如下5点量表指出你对乔的知觉（将合适的选项的序号填入后面相应的空格内）：

1＝乔一点儿也不像这样
2＝乔不太像这样
3＝不能断定
4＝乔有点儿像这样
5＝乔十分像这样

理智	＿＿＿＿	性格外向	＿＿＿＿
善良	＿＿＿＿	有能力	＿＿＿＿
热心	＿＿＿＿	漂亮	＿＿＿＿
礼貌	＿＿＿＿	武断	＿＿＿＿
有权威	＿＿＿＿	冲动	＿＿＿＿
可爱	＿＿＿＿	随和	＿＿＿＿

下面先接着读本书后面的内容，然后再回过头来检查你的判断。

在对人知觉判断的过程中，我们几乎总是面临着仅靠十分贫乏的信息来形成完整印象的问题。我们通常凭借自己的"内隐个性观"来断定哪些特征重要，去推测一个人少得可怜的可见特征在多大程度上可能与其他不可见的特性联系在一起。如果看到某人很客气，如上面那个故事中所讲的乔，我们就可能推测这个人也许是善良的、热心的、可爱的、随和的等等——虽然我们一点儿也不知道乔实际上是否真有这些品性。在上面关于乔的简短描述中，除了他在某一公共场所表面上有礼貌的举止外，我们实际上并未得知这个人其他任何方面的事情。然而大多数人却感到可以十分有把握地判定乔具有善良、热心乃至理智等特性，尽管我们丝毫也没提供有关这些特性的信息。你可以试着请别人去完成以上活动，你会发现，几乎没有人会因为提供的信息不充分而拒绝对乔这个人做出判断！

现在看一看你在前面所做的判断。如果你不只是判定乔有礼貌，而且还对乔的任何别的特性做出了评判，那你必定是根据自己关于人的内隐观点来进行评判的。

你对乔其他方面品质的评判越极端，说明在你的内隐个性观中礼貌和其他品性的联系越强。你或许相信有礼貌的人也是善良的，或许认为有礼貌的人一般是不善良的。不管你怎样认为，你的判断实际上主要表明的是你和你自己的关于人的观点，而不是乔如何如何，因为关于乔，我们除了知道他有礼貌外，其余的毕竟一无所知！

> 这个男人可能是一个情场高手吗？我们的内隐个性观允许我们根据已知的特性来判断其未知的特性。在大多数人看来街头小贩与"情场高手"之间不可能有什么关系，却又说不清为什么。

将人"归类"

我们关于人物的内隐知识并不局限于对各种品质伴生关系的预想。我们对自己遇见过的人物类型的认识，为我们提供了另一种信息源。我们可以把一个人简单地描述为"积极分子型学生"、"执行型女人"或"模范青年讲师"，这类描述简洁的语言传达了非常丰富的意象。通过把人划分为不同的"类型"，我们能使自己积累的人物知识更加系统化，并极大地简化对人的知觉工作。这种"类型学"使得人们能够根据熟知的常见"型"特征来描述未知的个人。当人物"类型"是由显而易见的种族或民族特征来规定并为他人所广泛承认时，我们便可将其称为定型（见活动 3—3）。

活动 3—3

你考察人物类型的方式是什么？

在一张纸上写下你所熟悉的人物——同事、朋友、熟人等等——所属的各种类型。试着为每一种"类型"提供：（1）一个概括性名称；（2）有关这种类型的最重要特征的详细描述。试描述至少5~8个你所熟悉的人物"类型"。接下来，试反复思考一个你认为十分典型的代表人物。读一遍你所写的东西，看看能否从你所列的类型中发现自己考察这些个人原型的方式。

在日常的对人知觉的活动中，我们遇到最多的问题是分类问题。要想迅速地对一个初次见到的人形成准确合理的印象，先试着确定此人属于哪一特定群体或类型，通常是一种最佳策略。你也许还记得，人们把正确识别人物类型看做对人知觉准确性的一个重要成分。由于把人正确地划分为不同"类型"，比如"外向型"、"激进学生型"、"女权主义者"、"冲浪者"或"时髦型"，我们便大大简化了自己判断这些人的工作。那么，这种人物类型划分会产生什么样的后果呢？

那人具有多少"典型性"？

分类的一般规则适用于任何观察人的活动。我们在自己的生活中获得了大量关于"人物类型"的知识，这些"类型"后来又被我们用于对新遇见的人进行分类。那些影响着我们对人进行判断的个人类型，通常被称为人物范型。人物范型是关于我们在自己的社会环境中所熟悉的人物类型的心理图式。范型是人物特征的理想化组合，是所探讨的人群的"完美"范例。当然，并非每个人都能被同样恰当地装入一个范型：范型化是一个度的问题。一些人是"工作狂"、"性格外向的人"或"搞恶作剧的人"这类范型中的"十足"典型，另一些人也许只具有其中某些品性而不具有另外一些品性。后者不是该范型中的"十足"典型：他们是弱范型化的。

对内隐个性观的研究关注的是品质或构念之间预想的联系如何影响我们对他人的判断，而关于人物范型的研究则表明，我们对人物的认识还受到被判断者范型化程度的影响。例如，如果你在超级市场上遇见一个人，这个人具有典型的"家庭主妇"或"流氓无赖"的全部明显特征，你大概会发现，对这个人形成印象或记住他是很容易做到的。相比之下，如果遇见的人没有使你想起任何特定的人物群体，或者他具有许多混合的特征（非范型化），那么你就会发现，印象形成会变为一件十分困难的事情。

因此，一个人"范型化"程度的强弱取决于他具有某种范型规定特征的多寡。换言之，有程度不同的"家庭主妇型"或"流氓无赖型"，一些人是典型的"家庭主妇"或"流氓无赖"，另一些人则不那么典型。范型化程度越强，对该人形成印象并记住他就越容易。这也可由实验得到证明。坎托和米谢尔（Cantor & Mischel）设计了人物描述实验，被描述的人物要么与典型的"性格外向"或"性格内向"等个人范型相符，要么与之不相符。受试者必须对这些人形成印象并记住他们。实验结果表明，与范型相符的人物描述一般比不相符的描述更容易为人们所记住。

"典型"人物总是更易判断吗？

不过，实际情况比上述实验结果要更加复杂一些。对典型人物真的更容易记住并形成印象吗？请想想我们所举的在超级市场上遇见典型家庭主妇的例子。当拐到下一排卖谷类早餐食品的货架时，你遇见了另一个极不范型化的女人。事实上，她使你想起了几个相互冲突的范型：她的举止像个家庭主妇，但却身着奇装异服，穿一双四轮旱冰鞋，戴着昂贵的珠宝首饰。对这样一位奇异的、非范型化的女人真是更难记住并形成印象吗？完全相反。众所周知，当一个人完全出乎我们的意料时，有时候也许更容易形成判断。

范型说存在的问题是，它注重对人知觉的理性、认知方面。对人的判断和分类基本上被视为信息加工和记忆问题。但实际上，对人知觉判断包含着更多方面的问题。我们对自己所遇到的人几乎总是抱有某些感情、情绪、态度或期望，它们都干扰着单纯的信息加工过程。坎托和米谢尔提出的范型说忽视了对人知觉判断的非认知的、价值的和情感的特性。与坎托和米谢尔（1979）的研究结论相反，其他一些研究则认为，判断者记得更牢的是与范型不相符的、非范型化的人——表现反常、具有出乎我们意料的特征的人，而不是范型化的人。那么，回到前面所举的例子上来，我们大多数人很可能发现，对上面提到的非范型化的穿四轮旱冰鞋的家庭主妇是极容易形成印象的。

能以某种方式来调和这些相互冲突的研究发现吗？在什么情况下对范型化的人更容易形成印象，在什么情况下对脱离社会常规的、非范型化的特征更容易做出判断呢？人们对某种范型的情感反应也许在启用这两种印象形成策略的过程中发挥着极其重要的作用。就是说，我们对一定人物类型的感情可能决定着是范型化的人还是非范型化的人更易于察觉和记忆。

这项研究证实了我们的预料：一种范型具有什么样的情感特点，决定着范型化的人还是非范型化的人更易为人们所描述。

> 一位艺术家对三个不同"学生类型"的印象。如果你是个全日制大学生，那你本人也许很熟悉这些学生"类型"。这是由悉尼一所大学的学生受试者报告的实验结果。

顽固的偏见

人物分类甚至会产生追溯效应，这是由斯奈德和尤拉诺维茨（Snyder & Uranowitz）的一项有趣的研究所证明的。在这项实验中，受试者被要求阅读一篇有关一个名叫 K. 贝蒂的女人的广泛而详尽的描述，内容包括她的童年、教育、友谊、职业选择等。受试者读完这个传记后，其中一部分人被告知说，贝蒂过着同性恋生活；另一部分人则被告知她过着异性恋生活；还有一部分人什么都未被告知。提供这些信息，是为了使受试者将 K. 贝蒂"划入"普通异性恋"类型"或同性恋"类型"。一周后，要求受试者尽量回忆 K. 贝蒂的详细情况。结果，那些得知贝蒂是同性恋的受试者，与其他两组受试者相比，对她的生活做了重新解释，并"回忆起"更多表明她是同性恋的事件。斯奈德和尤拉诺维茨认为，这些偏见表明，所激起的强烈人物分类对记忆造成了追溯性干扰。

正如贝莱扎和鲍尔（Bellezza & Bower）所指出的那样，解释这种干扰的难点在于，尚没有已知的记忆过程能够解释，一旦信息被牢牢记住（即受试者读了原初传记）后，它们是如何被修改的。我们一旦"贮存"了有关 K. 贝蒂的信息，以后的信息并不能真正打乱那个记忆痕迹。受试者不是更好地"回忆起"与分类相符的特征，而是由于受到后来接收的范型标记的诱导作用，猜测出更多与"同性恋"或"异性恋"有关的事件，这可能是最好的解释。值得注意的是，受试者竟能如此"编造"出属于一种范型的个人特征，而未意识到他们并没有真凭实据来证明自己的判断。

> 对非典型化的、具有与范型不符特征的人更难形成印象吗？这主要取决于人们对他人的感受；我们对"典型"家庭主妇的特征知之甚多，但上面说的穿四轮旱冰鞋的"非典型的"家庭主妇可能尤其令人难忘并给人以更丰富的信息刺激！

作为社会心理学家，我们更感兴趣的不是内在记忆机制的性质，而是"同性恋"或"异性恋"、"性格外向"或"性格内向"、"合乎潮流"或"僵化保守"等分类标签与对印象形成具有如此有力的影响这一事实，即使它们是在其他全部有关资料已被加工整理后才被传达的。人物分类所产生的影响可能是潜移默化的，一旦我们将某个人划归一定的类型，便总是倾向于有选择地寻找那些能证实自己的分类的信息，而不去理会那些与我们的分类相悖的信息。

这些研究成果在日常的对人知觉的情境下具有重要的意义，尤其那些会与大批陌生人员交往的人们（比如，售货员、护士、医生等等），总是以把交往伙伴划入"类型"的分类作为自己印象形成策略的基础。向任何一位护士询问她在医院中遇到的与之打过交道的人物类型，她都能为你提出一个极其详尽的分类。约翰·门伊哈特（John Menyhart）在悉尼一家康复医院指导的一项研究恰好涉及这个问题，研究发现，即便实习护士也能很快对医院内的人建立起一套明确的分类方案。

为了减轻我们对每个新遇见的人进行独立评价时的信息加工负荷，走这样的捷径是必要的。但它也可能经常形成错误印象。如果你的日常工作本身就需要同许多人接触，那么这有助于你记住即时的分类本身具有危险性。人物分类会使你看不见那些无法纳入某一范型却又实际存在的特征，并使你在相反的证据面前仍坚持自己的最初印象。既然人物分类是我们有限信息加工能力的必然产物（请设想一下，如果不求助于简明的分类，我们就不得不分别对人物的每个信息都加以处理），那么我们必须学会按以后的经验来修正自己头脑中已有的人物分类。

如果你处在观察的另一端，即处于访谈或初次见面等情境中被别人评价的位置上，那你还可以利用这种普遍的分类倾向。如果能让观察者一开始就启用好的人物范型来评价你，那么该范型就能有效地支配他以后对你的印象。

第四章

印象形成

个体的核心品质

环境影响印象形成

光环效应

最初和最终印象哪个更重要?

定型和偏见歪曲了你的判断

别让期望掩盖了真实

坏的印象太难改变

宽厚偏见

在前面的记述中我们看到，对人知觉过程中存在的疑难问题比我们通常所预想的要多得多。不仅我们的人物判断常常是错误的、不准确的，而且我们自己的期望和观念也常常在印象形成中起着比被判断者的真实特征还要重要的作用。由于存在着这些问题，社会心理学家们近年来渐渐转向了对我们形成人物印象具体方式的研究。与前几章关于在判断他人时看见什么（对人知觉的内容）的考察不同，本章的讨论将转入与我们对他人形成判断的方式（对人知觉的过程）有关的问题。

全部印象形成研究所要解决的问题都是一样的。我们何以能够凭借通常支离破碎的信息而对一个人形成完整的印象呢？把我们通常具有的关于人的这些相互孤立的知识集合起来的过程，包含着哪些心理活动呢？例如，你也许很了解安娜这样一个熟人，"她身材高挑"，"一头棕色秀发"，"很友好"，"长着一双棕色的大眼睛"，"体态优雅"，"工作努力"，"是个女招待"。你怎样构造出安娜是个漂亮、文雅和称心如意的伙伴这一整体印象呢？解释这种印象的形成有几种可供选择的模型。我们可以靠几种真正重要和信息丰富的"中心"品质来构造印象，而把其他特性同化在中心品质之中。另外也可以选用某些类似算术程序的方法，把我们所接收到的人物的各方面信息平均或相加。下面我们就考察一下支持这两种模型的论证。

个体的核心品质

格式塔理论（即整体知觉理论）出现于 20 世纪上半叶，是一种反对以行为主义者和结构主义者的理论为代表的破碎的、原子论心理学方法的理论。早期的格式塔理论家［沃特海默、考夫卡和柯勒（Wertheimer, Koffka & Koehler）］所关心的主要是知觉，而且就像该理论的名称所表明的那样，认为人们是"按程序"来觉察不可分割的整体形状，而不是接收支离破碎的信息。那时，知觉心理学中的主要问题是如何解释"似动"现象：为什么几个静止影像连续不断地呈现时，我们会将其感知为运动画面？格式塔理论家对此所做的回答就像其基本原理一样简单：没什么可解释的，因为觉察并反应有意义的完整形象和形状，或称为"格式塔"（不能将其拆分成它的构成要素），不过是人类的固有本性。

所罗门·阿希大概是社会知觉研究领域中格式塔运动的最重要的代表人物。与其他格式塔理论家一样，他潜心研究了观察者利用大量零散信息形成完整人物印象的方式，这个问题至今仍处于印象形成研究的核心位置。阿希认为，印象形成并不简单地是对象个人的各种品质在观察者内心中平均拼合的结果。相反，它是个整体过程，在这个过程中某些"中心"品质对印象具有不均衡的影响，并成为对象的所有其他信息借以组成完整形象的支撑点："受试者企图通过这一或这些品质而抓住人物的核心。"

为了检验这个假说，阿希发给受试者一套描述对象个人特性的形容词，然后让受试者按另一套个性品质形容词来指出自己对该对象的印象。他向一部分受试者把对象描述为"聪明、灵巧、勤奋、热情、果断、务实、谨慎"，另一部分受试者读到同样的描述，只不过其中的"热情"被换成了"冷淡"。按照印象形成的算术理论，七个形容词中仅有一个被替换，这只能对最后印象的性质产生很小的影响。

但阿希发现，单独一个中心品质的代换，如把"热情"换成"冷淡"，事实上对印象有很大影响。具有"热情"品质的对象所得到的判断，完全不同于具有"冷淡"品质的对象。阿希在一项可控实验中采用了相同的步骤方法，但这次改换的不是热情—冷淡这两个中心形容词，而是两个边缘品质（文雅—粗鲁）。结果表明，这些非中心品质的替换，只对印象产生了非常微小的影响。

阿希的研究结果引起了人们极大的兴趣，也招来了相当多的批评。我们能在多大程度上从七个形容词组成的判断中概括出对现实中的人的一般知觉？对阿希研究的一个普遍的批评是指责其使用了极不现实的刺激物和判断。凯利（1950）在更接近现实的条件下重复了阿希的实验。他预先向心理学专业的学生描述了一位客座讲师的情况，描述中采用了与阿希实验一样的形容词替换。给一半受试者发的描述词表中有"热情"这个形容词，另一半受试者接到的词表中则有"冷淡"。待这位讲师真的来到课堂上讲了20分钟课后，要求学生按若干量表对他加以评价。结果表明，在这种极其现实和复杂的情境下，仅一个形容词的替换对判断也产生了深刻影响，预先收到"热情"描述的学生，与收到"冷淡"描述的那组学生相比，不仅对这位客座讲师做出了更好的评价，而且还表现出更乐于同这位讲师交往。

环境影响印象形成

我们所接收的人物信息总是在特殊的语境中获得解释。人们观察到的品质或特性的意义不是一成不变的，而是在一定程度上随背景、情境、场所以及我们已有的关于某个人的信息而变动的。甚至像交际的物理背景这样明显无关的信息，也会影响我们解释人们行为的方式。在一项研究中，我们拍摄了正在进行各种各样亲密交谈的几对年轻伴侣的照片，然后，运用摄影程序技术把这些人物形象叠印到各种物理背景（如剧院休息厅或街景）图像上。结果表明，随着物理背景的变化，人们对同一谈话活动中的同一批人却做出了完全不同的判断。与冷淡、不亲密的环境相比，这些青年伴侣在热情、亲密场所中传达的关于自己的信息具有更大的影响力。

光环效应

光环效应是印象形成中产生偏见的一种特殊情况，指判断者具有这样一种倾向，即一旦认定人们具有某些好的（或坏的）特性，便认定他们的其他与这些特性毫无关系的特性也可能是好的（或坏的）。如果你对曾帮你卖了汽车的同事评价很好，那么，当有人问你此人是否是组织办公室派对的合适人选时，你很可能回答是。这样回答并非因为你了解他在这方面的能力等有关情况，而是因为你一般会从好的方面去想他。光环效应的一个有趣实例是，外在的身体长相往往对推断内在个性特征起基础作用（参见活动4—1）。

活动 4—1

怎样对待蕾切尔？

以下是关于一个小孩的故事情节简述。读完这个故事后，请回答后面的问题。

"蕾切尔是一个长相甜美的3岁小姑娘。她有一头美丽的金发和一双可爱的蓝眼睛。有一天，她在和邻居家4岁的小男孩玩耍时，用一块石头打伤了他的胳膊，那个小男孩伤得很厉害，被送往医院。"

假设你当时恰好目睹了这起意外事件。你认为在这个事件中：

蕾切尔是有意伤害那个小男孩吗？	是 1—2—3—4—5 否
她应该受惩罚吗？	是 1—2—3—4—5 否
她会再闯这种祸吗？	是 1—2—3—4—5 否
她很可能是个聪明的孩子吗？	是 1—2—3—4—5 否
你会允许自己的孩子和她一起玩吗？	是 1—2—3—4—5 否

先接着读下面的内容，然后再回过头来考察一下自己的判断。

戴恩、伯施艾德和沃尔斯特（Dion，Berscheid & Walster）让受试者评价一些人物照片。照片上的人有的长相漂亮，有的不漂亮或相貌一般。评判所依据的是若干与相貌完全无关的受测属性（如人格、社会地位、智能等）量表。结果，长得漂亮的人总是比相貌平平的人得到更好的评价。判断者仿佛是期望漂亮的人在智能等与相貌完全无关的品质方面也优于他人。另外还有研究表明，长相漂亮的人（乃至孩子）犯了错误，所受的谴责也比长相不佳的人要轻。

现在查看一下你在上面活动中对蕾切尔的判断。你是不是仅仅因为她被描述为一个非常漂亮的小姑娘，而对她比较宽容？

十分有趣的是，不仅相貌漂亮这种至少还比较持久的人物特性可以产生光环效应，而且连一个微笑这样短暂的表现也可以引起同样的效应。在最近的一项研究中，福加斯、奥康纳和莫里斯（Forgas，O'Connor & Morris）向人们提出了一些与你回答的有关蕾切尔的问题相似的问题，要求受试者对一个据说在考试中作弊的学生的错误性质做出裁判，并决定应该给予何种最适当的处罚。在进行实验时，除了向评判者描述事情的详细经过外，还附上该学生的照片，照片上的他或面带微笑或呈现出不微笑的中性表情。同看到不微笑照片的受试者相比，看到微笑照片的受试者认为那个学生对其过错应负的责任较小，提出的惩罚方案也较轻！

> 光环效应。我们往往会设想，某一方面有优点的人（比如，体貌方面好），在其他方面（比如，与体貌完全不相干的动机或能力方面）也比较好。

哈拉里和麦克戴维（Harari & McDavid）的研究发现更使人感到惊奇。他们让一些小学教师给据说是四五年级孩子写的作文评分。这些孩子只由他们的教名来区分，例如"戴维"、"迈克尔"（常见的、受好评的名字），或"休伯特"、"埃尔默"（不常见的、无好评的名字）。尽管这些短文都是一模一样的，但"埃尔默"和"休伯特"的作文平均得分几乎都比"迈克尔"和"戴维"的得分少。

威尔逊（Wilson）还举了另一个有关光环效应的事例。他分别告知自己的受试者——澳大利亚的学生，要来给他们授课的一位客座讲师是另一所大学里的教授、高级讲师、讲师、助教或学生。待这位客座讲师授完课后，威尔逊要求学生们除了回答别的问题之外，再估计一下这位客座讲师的身高以及平时给他们授课的讲师的身高。结果，把这位访问学者当做教授的学生对其身高所做的估计，差不多比相信他只是一个大学生的判断者的估计要高出6厘米。而在估计平时授课讲师的身高时，却没有表现出这种偏见。有鉴于此，看来像学术职称这样有关社会地位方面的好特性，会对身高等关于生理特性方面的判断产生光环效应。这种光环效应也许还可视为反映了我们大家共享的一种普遍"内隐个性观"——即相信良好特性一般更可能和别的良好特性而不是和坏特性联系在一起。

最初和最终印象哪个更重要？

最初或最终印象对我们的人物判断有更重要的影响吗？除了光环效应外，我们从一个人那里接收到的信息的次序对其在印象形成中的相对"权重"也有很大影响。我们大多数人都会觉得，好像第一印象远比以后的印象重要。在第一次和别人——比如约会的对象、潜在的朋友或未来的同事——会面时，我们都会特别关心自己的表现，想尽各种办法来显示自己的美貌、友好和聪明。

所罗门·阿希是最先探究这种次序效应的人之一。在一项研究中，他向受试者提供了一个假想中的人的两组不同的描述。第一组描述为："聪明，勤奋，易冲动，爱挑剔，固执，嫉妒"。第二组描述所用的形容词与第一组完全一样，但却改变了次序："嫉妒，固执，爱挑剔，易冲动，勤奋，聪明"。你在读这两组描述时，会对这个人产生两种不同的印象吗？阿希的受试者们的确产生了不同的印象。他们对处于第一种情况下（聪明等）的那个人的评价，远比对第二组形容词（固执等）所描述的那个人的评价要好得多。这个研究清楚地证明，先接收的信息也许对判断起着不成比例的巨大作用，即所谓首因效应。

阿希认为，这种现象产生的原因是由于后面形容词的意义被改变以与前面几个形容词更相一致。这种意义同化假说当然是与格式塔理论完全相符的。根据这种假说，个性品质的意义不是一成不变的，而是依组成完整个人的其他品质而改变的。

阿希的研究再次受到批评，理由是评价几个形容词完全不同于判断更加复杂的刺激物。卢钦斯（Luchins）创造了更加现实的刺激物，他给受试者两段关于一个名叫"吉姆"的人的活动的详细描述。在第一段描述中，吉姆被说成一个友好、性格外向和爱交际的人；而在第二段描述中，吉姆却又成了一个害羞、性格内向和常常不友好的人。受试者或按性格外向—内向的次序，或按性格内向—外向的次序来读这两段描述。结果再次发现了强烈的首因效应的存在：受试者先读哪一段描述，对其形成什么样的印象起了决定性的作用。

琼斯等（Jones et al.）的研究创造了更具现实性的情境。在这项研究中，受试者所观察的是一个正在参加包含30个测验问题的人。在一种情形下，这个人一开始表现非常好，正确回答了许多问题，但在测验的后半部分他的表现下降了。另一种情形下发生的事情则完全相反：那个人开始时回答得十分糟糕，但在测验的后半部分却表现得极为出色。实际上两个人的成绩是一样的，每个人都正确地回答了30个问题中的15个。然而观察这些测验过程的受试者们却认为，开始阶段回答问题出色的人比起步阶段落后的那个人聪明，在后半部分测验中的表现也更好一些。

奇怪的是，如果告诫受试者说在获悉全部有关信息之前不要下判断，或者在第一套信息的展示和第二套信息的展示之间有一个停顿或被某些别的活动打断，那么这些强有力的首因效应是极易消除的。在这种情况下则出现了近因效应，即最后展示的信息会支配印象。对近因效应最常见的解释涉及记忆问题。如果判断者根据以前得到的信息尚未对一个人做出明确的判断，那么新近获得的零星信息仅仅因为其可能被人记得最清楚，就会对印象形成产生最大的影响。近因效应在人们被告诫或指示对所有信息都应给予同等重视时仍会产生。

有一种解释说，首因效应仅仅是因为人们对后面信息的注意比前面的信息要少。所以，当受试者在实验中被打断或被告知应对全部信息给予同等注意时，首因效应便消失了。

亨德里克和科斯坦蒂尼（Hendrick & Costantini）仅仅通过要求受试者大声读出有关一个人的每条描述，就轻而易举地创造了这种条件。在这种条件下，人们对前面信息的注意力与对后面信息的注意力一样集中。正如所料，没有发现首因效应，却产生了轻微的近因效应。总之，似乎完全可以说，在大多数日常情况下第一印象的确是非常重要的；但通过打断信息展示过程或以其他手段让判断者对前后信息都

> 第一印象的力量。第一印象往往能对我们的人物印象产生决定性影响，除非特别用心地去摒除这种偏见。

给予同等关注，这种偏见又是极易消除的。如果不能控制对你进行判断的人，那么在重要的会见中，你最好还是倾尽全力给判断者留下最佳的第一印象吧！

定型和偏见歪曲了你的判断

你也许还记得，我们在前面讨论过人物范型和定型在影响对人知觉判断的准确性方面所起的作用。正确认识一个人所属群体特性的能力，可以使印象形成活动变得十分容易。社会知觉的确总是包含着这种分类活动。我们看见一个人的时候，头脑中常常会浮现出这个人所隶属群体典型成员或"范型"的意象。我们一旦把某个人同这种典型或类型联系起来，就会自觉不自觉地设想他具有许多与该群体典型成员一样的特性。这也许会使对人知觉判断产生严重偏差。

雷兹兰（Razran）报告了一项十分清楚地说明这种偏差存在的研究结果。他让受试者根据屏幕上的影像，对30位女大学生的可爱、聪明、有抱负、有个性和漂亮这些特性进行评定。两个月后，再次让受试者评价这些照片，其中掺进了几张其他人的照片。不过这一次还将这些姑娘的姓名告诉了受试者，这些名字是实验者编的，编得让人一看就知道有些姑娘是爱尔兰人、犹太人、意大利人或英国人。这些群体的定型对判断的影响之大简直令人吃惊！例如，与上一次对相同几位姑娘的判断相比，人们这一次认为犹太姑娘更聪明、更有抱负，但却不如以前可爱。显然，通常被人们认为是典型犹太人的特征，在对这些个人的印象形成中成了受试者必须加以考虑的因素。

定型通常是根据显而易见的特征而形成的，比如，在雷兹兰的研究中，受试者依据的是对象的肤色、长相、口音或姓名。从一个人的穿着打扮常常就足以引出刻板印象。在英国人的一项研究中，一位男演员或打扮成中产阶级模样（戴黑色礼帽等），或穿上工人阶级的服装，到火车站去问路。结果，人们对这两种装扮的反应存在着戏剧性差别，大家更乐于向中产阶级人士提供较多的帮助。

纳入已知"典型"的人物分类，对观察者而言并不必然意味着成见或有意的偏见。我们所接触的信息是纷繁多样的，因此，将我们周围的事物简化、条理化地纳入自己所熟悉的类型，对于认识这些事物确实是十分必要的。你或许还记得，这个观点不仅是乔治·凯利个人构念理论的基础，而且也是当代对人知觉研究的主流。但这种分类也可能是对他人下判断时产生偏见的一个深刻根源。通过不断认识分类影响判断的方式，我们也许能越来越有效地控制偏差的产生。

别让期望掩盖了真实

我们关于世界的知识不仅是以人物类型，而且还是以事件类型的方式来组织的。关于典型的、预期的事件序列的表述，又称做"样板"，也可以影响对人的知觉判断。欧文斯、鲍尔和布莱克（Owens, Bower & Black）的一项实验极好地说明了这种效应。鲍尔让受试者阅读了一份只有 5 段文字的人物材料，其中的人物是一个叫南希的女人。这几段文字描述了她的日常活动，比如，买东西、煮咖啡、上课、看医生或赴舞会。不过，有一半受试者的阅读材料前面还加了三句话："南希醒来时觉得要呕吐，她不知道自己是否真的怀孕了。她该怎样告诉教授自己一直在看医生呢？而且钱也是个问题。"

第二天，研究者要求所有受试者尽可能回忆南希的日常活动。那些读了有关南希怀孕简短引言的受试者们倾向于"记起了"与"典型"的不愿怀孕的样板相符的细节情况。看起来，对有关不愿怀孕的情形所存有的强烈看法和期望（一种"样板"），影响着对有关南希的信息加以解释和回忆的方式。这种效应与我们上一章论述的由斯奈德和尤拉诺维茨用实验说明的偏差情况是十分相似的，在那里，受试者的印象在很大程度上依赖于所读到的一位姑娘的性倾向（同性恋与异性恋）方面的信息。

坏的印象太难改变

我们在对一个人形成印象的时候，是将肯定信息和否定信息同样看待的吗？发现一个人勤奋或者懒惰、聪明或者愚蠢、可爱或者不可爱，这对你具有同等的积极或消极影响吗？研究表明，否定性信息往往在决定印象方面起着极其巨大的作用，并且坏的第一印象比好的第一印象更难以改变。这种偏见可以从关于一个人的积极和消极提示的相对信息价值方面得到很好的解释。好的行为和品质总是和社会要求相符的，所以相对而言传达的关于某个人的信息较少：他只不过是像我们所期待的那样而已。我们都被期望彼此之间做出正确的行为、说正确的话。

然而，坏的行为通常是与社会公认的准则相背离的，因而很可能揭示了真实的、内容丰富的个人特性。因此，关于一个人的坏信息常常被视为该人"真实"特性的特别可靠的标志，从而对印象起着巨大作用。

这是一个好人吗？宽厚与否定性偏见相对立。由于文化规范的压力，我们一般总是把人往好处想，而不是往坏处去想。但是，一旦我们获得了某人坏品性的直接证据，它就会对印象产生极大的影响。

宽厚偏见

在缺乏明确否定性信息的情况下，我们一般总是期望人们具有好的而不是坏的品质，这就是我们通常所具有的"宽厚偏见"。正像坏行为由于不可能为社会文化习惯所维护而对印象具有极大作用一样，在缺乏坏消息的情况下，人们倾向于遵循同样的习惯而设想他人具有好品质。正是由于这个原因，候测的知名人物在接受盖洛普民意测验时，有75%以上的人受到好评，而不是像有人预料的那样只有50%。除非掌握了有关坏品性的明确证据，否则我们都不愿对别人做出坏的评价。

这种普遍的宽厚效应还可以解释这样一些问题，比如，为什么学生非常乐于对他们所上的课程进行激烈的批评，而没有把同样的批评扩展到炮制那些课程的教授身上？只要未获得有关愚蠢或疏忽的确凿信息，人们总是设想他人具有良好的动机！就连社会心理学家们也不能摆脱这种宽厚偏见。例如，在大量关于体态吸引力的研究中，没有吸引力的对象从未被描述为"丑陋"。在没有任何理由做出坏评价的情况下，我们都不愿使用过重的或挑剔的词语。

第五章

对人进行推论

……一定是个陆军士兵吧？

人是有动因的行为者

准确地探究行为动机

人们如何看待成功和失败

什么是贫穷与富有？

人们如何判定责任？

人们更喜欢追求因果关系

对人与对己的判断标准不一致？

空间位置影响判断

人总是"自私"的

"公平世界"假说

我们从前几章的论述中得知，社会知觉基本上是推论性的。它是根据一个人的直接可以观察到的活动和行为，来重建其隐含的品质和特性的过程。这种推论的一个特殊类型是要寻求如下问题的答案：为什么一个人以某种特定的方式行为？这种类型的推论称为归因理论。归因理论正像它的名称所表明的那样，不是一种可以清楚地用公式来表达的理论。相反，它是由一整套关于我们如何推断自己和他人行为的原因的观点、规则和假说所组成的理论体系（参见活动5—1）。

活动 5—1

他为什么这样做？

下面是对几个日常事件的描述。仔细阅读每段描述，然后回答后面的问题。将你的回答写在另一张纸上。

（1）一位在繁忙的十字路口指挥交通的警察，发现有个司机在交通信号变为黄灯后开车闯过路口。他截住那个司机并给他开了一张罚款单。

他为什么这样做？

（2）你们当地的医生史密斯博士，一直在极力抗议一项新医疗保健方案的推行。他坚持认为，该方案会扰乱医生—患者间的关系，会使医疗服务变得一团糟。这种新方案的实施将使医生们多少降低一些收入，这也是众所周知的。

史密斯医生为什么要抗议？

（3）你的朋友埃文刚从国外旅游归来，带给你一件比给别人的都要好的漂亮礼物。他对你好像总是比对别人更好一些。

他为什么带给你那件礼物？

（4）尽管父母想让鲍博学会计专业而极力反对他学心理学，鲍博也知道这个专业的学生就业机会有限，但他还是决定到一所大学去学心理学。

他为什么这样做？

这些事例会使你对归因理论阐述的问题种类有所了解。请根据你对上述问题的回答来判定：（1）你是用内因还是用外因来解释这种行为的？（2）你用以解释该行为的原因是稳定持久的还是短期有效的？在继续阅读书时，请不断回顾你对这些问题的回答，看看你的归因策略比起所读到的各种理论模型来有何不同。

正确认识人们的行为为何如此，大概是对人知觉最重要和最复杂的课题。人类的几乎任何一种行为，似乎都能以同样合理的方式来做出多重解释。一个同事可能对你很友好，那么原因也许是：（1）因为他喜欢你；（2）因为他想跟你借钱；（3）因为他对所有的人都很友好；（4）因为上司要求他这么做；等等。我们何以知道这几种互相冲突的解释中哪一种正确呢？归因研究者们认为，在断定人们为何会有此种行为的时候，我们是在解决这样一些问题：一是断定引起这种行为的原因；二是确定行为者的动机。有关某种行为产生的原因，可以从一个人的内部去寻找（如"他真心喜欢我"），也可从他的外部去寻找（"他的上司要求他对我友好"）。如果原因是内在的，那么我们还应进一步确定该行为是有意识的还是无意识的。归因研究阐明了如何以及在何种情况下做出这种决定的问题。

人是有动因的行为者

弗里茨·海德（Fritz Heider）大概是第一位对人的行为归因产生浓厚兴趣的心理学家。他认为，为了成功地进行社会交际，我们必须有效地了解、预见和控制自己的社会环境。按照海德的观点，我们只要假定任何行为都有原因，并找到存在于个人内部和环境中的原因，就能做到这一点。对海德来说，人们在日常生活中都扮演着"素朴科学家"的角色，他们运用着同科学家们认识物质世界的科学原理一样的因果关系和逻辑原理来相互推测。

海德认为，我们关于人是有动因的行为者的信念，是一种基本的和普遍的人类特性。因为知道自己有意识的行为能作为原因而影响我们的社会或物理环境，所以我们好像也从他人那里寻找同样构成原因的力量来解释外界的事件。海德和西迈尔（Heider & Simmel）在一项有趣的研究中发现，即使是像几何图形那样与人类毫无联系的物体在屏幕上移动，也常常被判断者们感知为"好像"是人类作用者，在"致使"其他几何图形发生像人类一样的行为（战斗、溃逃或追逐等）。

海德试图用逻辑方法来描述人们在日常归因中运用因果关系原理的方式。在预测他人行为的过程中，我们首先要区分内部的个人作用和外部的环境影响。只有在没有貌似合理的外界压力可用来解释一个人的行为时，才能推断内因。在前面所举的例子中，如果知道你的同事之所以很友好是因为其上司让他那样做（外因），那你就无法说明他是不是真喜欢你（内因）。同样的道理，在"他为什么这样做？"的活动中，那位警察的行为完全与他的角色要求相符，所以我们就没有真正的根据来对他的内在品质和动机做出判断。当一个人的所作所为抵御了很大的外力，比如，在以上活动中鲍博不顾父母的压力和暗淡的就业前景而决定去学心理学时，我们就认为可以用强烈的内部动机和努力来对那种行为做出最好的解释。

一个人内在的动因又可分为两部分：人们从事一种行为的力量或能力，以及他们所尽的努力。海德指出，环境和内部（意向）的力量处在一种相加或相减的关系中：它们可以相互补充、相互削弱乃至相互抵消。能力和努力内在于个人的动因成分之间则具有乘法关系，倘若缺少其中任何一个，那么它们结合起来的总值就等于零。没有努力的能力或没有能力的努力，都不会产生出任何有成果的行为。

我们对于内部能力因素和外部环境困难因素之间的关系的知觉，被海德称为能够知觉（perception of can）。当外部困难大于能力时，行动就变得不可能；而如果外部困难很小，那就不需要发挥很大的能力。在中等困难的情境下，我们最可能获得行动者能力方面的有用信息。对行为进行朴素分析的另一个基点是尝试知觉（perception of trying），它是由两个方面决定的：行动者的动机，以及他在从事一种行动时所付出的努力。海德的观点中包含着两个基本的归因问题：（1）一种行为是由内部意向引起的，还是由外部压力造成的？（2）如果是由内部意向引起的，那么它是有意识的还是无意识的？

在日常生活中，我们必须不断地、迅速地做出这样的判断。那位故意怠慢了你5分钟的商店售货员是个无礼的、不称职的人（内部归因），还是由于她正处于完成某种文书工作的重压之下（外部归因）？你的同事今天表现出不愉快，是由于早晨你没有向他回以问候（意向），还是因为他受到了家庭争吵的烦扰呢？医生对你很友好，是因为他真喜欢你（意向），还是因为那是他的职业要求，而且你付钱给他了呢（外因）？对这类问题的回答，指导着我们的行为（例如，是否应该向那位商店售货员提出抗议，是否应该用更大的声音重新向自己的同事回致问候，是否应该换个医生就诊）。如果要使我们的行为恰当，就必须做出正确的归因。实现这种任务的方式，正是归因研究所试图揭示的内容。

他为什么不理我？归因理论阐明了人们解释他人行为的方式。像在这种情况下，将（昂首者的）行为归结为有意识还是无意识的，决定着我们做出何种反应。

正如大家以上所看到的，海德认为，作为"素朴科学家"的社会行动者们，都适用着客观的逻辑规则来推论一种行为是否出自内因。当某种行为与外部的压力和要求相一致时（像上面谈到的那位医生的行为），就没有什么理由再去追究内因。行为如果不是由于外因所迫，我们就必须运用逻辑方法来确定该行为是有意识的还是无意识的。在描述普通行为者现象学的尝试中，海德的理论仍是相当粗糙的，他之后的归因理论家试图弥补这个缺陷。

准确地探究行为动机

一旦确定了某一特定行为出自于内因，我们应该怎样来准确地探究这种行为的动机呢？琼斯和戴维斯（Jones & Davis）认为，我们必须从与每种行为相联系的多重结果向回追溯，以断定这几种结果中哪一种是行为者真正想要达到的。要做到这一点，我们可以估计行为者是否预先知道这种结果，以及他是否相信自己有能力取得这种结果：（1）不为社会所赞许；（2）产生的结果很少；（3）这些结果与该行为有独特联系的行为，相比于能被许多并不特殊的原因所导致并为社会所赞许的行为，更容易被归因于内部意向。因此，观察者对行为者的归因判断经历了一个打折扣（discounting）的过程："如果还存在着其他一些似乎同样有理的原因，那么造成一定结果的那个特定原因的作用就被打了折扣。"

有几项研究证明了这个原理。琼斯、戴维斯和格根（Jones, Davis & Gergen）让受试者对求职的人做出判断，这些人的行为或者与职业要求相符，或者与其相违。当就一项需要性格内向的人从事的工作对申请者进行口头审查时，一些申请者表现得很内向、很自立；另一些申请者则在需要性格外向的人从事的工作的审查中表现出内向，而在需要性格内向的人从事的工作的审查中表现出外向。结果表明，受试者对那些行为与职业要求相符的申请者所做的评价呈中性。相比之下，那些与角色要求相违背的人的行为，则被判断为反映了其真实个人特性。在另一项研究中，实验者要求一些美国大学生对写支持卡斯特罗的文章或者写反对卡斯特罗的文章的作者的政治倾向做出评判，评出哪些作者是通过自由选择而写文章的，哪些作者是在高压政治的威迫下写文章的。判断者在符合以下条件时对自己的判断感到最自信：（1）文章是自愿写的（没有外因）；（2）它们反映了作者不屈从于外力、不从众的态度（支持卡斯特罗）。

反抗外部压力以及偶尔违背自己明显利益的行为，使得判断者更自信地将该行为归因于动机,并且更信赖该行为。实验也表明存在着这种效应:地位低的人(如囚犯)要是说应该赋予法庭更大的权力,也许比地位高的人(如律师)说同样的话更令人信服、更具有劝诱性。因为囚犯说这种话出乎外界的意料,也违背了他的自身利益。相反,在医务工作者批评一项他们将受减少收入之害的卫生方案"难以实施"时,评判者心里对他们这样做是出于维护我们的利益这一可能性就打了折扣。

人们如何看待成功和失败

解释人们在完成其担负的任务时为什么会取得成功或失败,对日常生活和归因研究来说都是一个十分有意义的问题。比如,你的同事得到提升,是因为他最近工作非常努力,他有能力和才智,上司器重他,还是仅仅因为他运气好呢?对诸如此类的问题如何回答,将影响你的工作行为和态度。以上四种可供选择的解释,是韦纳(Weiner)在说明对成功和失败进行归因的可选方案时所举的例子。韦纳认为,除了按海德和凯利所言来判定一种行为是由内因还是由外因引起的以外,要对成功进行归因,还须进一步回答原因是稳因还是非稳因。他把这两个度向(外因—内因、稳因—非稳因)结合起来,提出了四种对成功或失败进行归因的策略(见表5—1)。

表5—1 韦纳对关于成功和失败的归因所做的分类

	内因	外因
稳因	比如能力	比如情境
非稳因	比如努力	比如运气

许多对关于成功和失败的归因所做的重要研究,都应用了韦纳的分类方法。当然,尽管这种归因分类方法是很有用的,现实生活中的人们也未必一定就使用同样的原因去解释成功和失败。人们对成就可以做出无限多的分析解释,并不总是遵循着同样的分类方法。

什么是贫穷与富有?

对成功和失败的解释方式还可以产生重大的社会和政治后果。你认为富人是靠其努力工作、才智和能力取得这种社会地位的,还是靠运气以及我们经济制度上的不平等而取得的呢？穷人应对其命运自负责任，还是应该谴责"制度"？失业者也应对其没有工作负有责任，还是失业完全是由我们无能为力的外部力量造成的呢？对这些问题的回答，会产生具有深远影响的政治和意识形态后果。研究表明，像对富有和贫穷这种问题的归因，并不完全遵从韦纳的四重分类。

我们在一项研究中发现，人们最常用的解释富有的四个变项是：外在的（社会的）、内在的（个人的）、家庭背景和运气（冒险）。对成就的这种日常归因，还受到判断者的性别、收入和政治倾向的强烈制约，受到对象的社会阶级成分的强烈影响。在这个对澳大利亚人进行的研究中，人们一般认为外来移民主要是通过个人努力致富的，而本地人的致富则并非完全如此；有移民背景的人则更可能相信别人致富也是通过个人努力这条途径。

影响对成功和失败进行归因的另一个因素也许是对象的性别。女人因事业上的成功而获得的赞誉比男人要少，而她们失败时所受到的谴责却比男人要多。费瑟和西蒙（Feather & Simon）发现，当女人在某项任务上取得与男人一样的成就时，人们更可能将其成功归结为运气以及那项工作很容易。相反，女人的失败比起男人的失败来，更常被归咎于能力差。一种职业的社会地位和声望往往与该职业中男性所占的比例有直接关系，这也是一个非常值得注意的倾向。这可能是因为在声望高的职业中对妇女的歧视更甚，但也可能是因为妇女的高度集中导致了能力归因的减少和职业地位的下降。

这些各式各样的研究表明，日常归因并不像海德和大多数归因理论家们所假定的那样，总是为中立而合乎逻辑地探求原因所支配。我们的归因策略还明显地受到诸如自己的经历、政治倾向、社会地位、性别、态度、个性和动机等多种因素的影响。

人们如何判定责任？

一个有关的问题是我们在日常生活中如何划分人们应负的责任。一个人在什么情况下应受到谴责，在什么情况下其罪责可得到开脱？我们何以做出这种基本的道德判断呢？这个问题在我们的日常生活中具有十分重要的意义，许多个人和团体（教师、律师、法官、警察、父母等等）都时常要对他人应负的责任做出这种断定。皮亚杰（Piaget）同大多数归因理论家一样认为，责任归因基本上是一种推理过程，是随着个人的发展而习得的。

皮亚杰在对儿童进行研究的过程中发现，大多数七岁以下的儿童只根据行为的客观后果来进行责任归因。他们认为，一个偶然打碎了几只杯子的儿童，应该比另一个由于故意不服从命令而打碎一只杯子的儿童受到更严厉的惩罚。但大多数九岁以上的儿童在判断中考虑了主观动机。他们认为，故意性的不端行为，即使后果不太严重，也应该比无意识的偶然过失受到更严厉的惩罚。

用科学的观点来看，一个很重要的问题是：当我们说某个人有责任的时候，其确切含义是什么。它仅仅意味着该行为是由那个人造成的吗？它还必须包含着故意性吗？后果的严重性是一个必须考虑的因素吗？它包含着道德上或法律上的考虑吗？大多数国家的成文法或不成文法，基本上是在实际综合了这些考虑的基础上而形成的。尽管责任归因是以汇编成典的成文法为指南的，但即便是在法律部门内，做出处罚决定也并非十分简单。如果说法官、陪审团成员和律师对法律条文所做的具体解释，在确定责任时起着决定性作用，那么个人在其日常生活中是如何妥善处理责任归因问题的呢？

归因研究表明，日常的责任判断总是明显地受到人们非理性考虑的影响。沃尔斯特（Walster）发现，当实际损害很严重时，一个人会被认为应对此意外事故（停放着的汽车手刹装置失灵，滚下了山坡）负有更多的责任。这似乎与皮亚杰在小孩们那里发现的归因策略相同。我们好像常常认定无辜的受害者应部分地对不可控事件负责。谢弗（Shaver）发现，我们一般认为，与我们相像的人同与我们不相像的人比起来，对同样的偶然事故负有较小的责任。有吸引力的、长相漂亮的人，常被认为应比相貌平平的人对其罪行所负的责任要小；甚至像我们在上一章所看到的那样，仅仅通过如微笑等非言语表情，也能影响责任归因判断。

人们更喜欢追求因果关系

有一种非常值得尊重的哲学观点主张，因果关系不是宇宙本身的特性，而是存在于观察者眼睛中的特性。换言之，因果关系的观念是人类的发明。人们的确有按照因果观点进行思维的强烈倾向性，即使在没有什么理由这么想的时候也是如此。一些实验研究也得出了同样的结论。我们倾向于在不可能存在任何因果性、规律性乃至意向性的地方，察觉到它们的存在。在一项我们已简单提到过的研究中，海德和西迈尔（Heider & Simmel）为受试者放映了一部各种几何图形按各类方式活动的动画片。应邀对影片的内容做出解说的女性受试者们，使用因果性和意向性的措辞对这些活动进行了描述。在她们看来，这些图形好像是栩栩如生的人，正在互相"追逐"、"搏斗"或"逃避"。

巴锡利（Bassili）以电子计算机制作的动态抽象图形影片充当刺激物，并用计算机对两个图形之间的活动距离和次数施行操控。当各图形紧随彼此之后运动时，受试者最可能推断它们之间具有因果联系。受试者所称的相互作用的性质（碰撞、追逐等），取决于图形彼此之间的距离。这些研究发现与社会知觉的格式塔模型是一致的，根据这种格式塔理论，即使所获得的信息是非常粗略的，我们也倾向于按照有条理、有意义的形式来看待事物。

由于我们平时接触最多的信息是关于人的信息，所以把物看做"好像"是人的倾向便成为解释世界的一种简单而通用的方式。因为我们"知道"自己的动机和行动能对自己周围的环境产生因果作用，因此也就乐于以同样的方式来解释他人乃至非生物的行为。这种追求因果性的倾向可能是归因偏差的一个重要根源，它会使我们在仅仅有时间、空间关联性的行为和后果之间，人为地看出因果性乃至动机的存在。

对人与对己的判断标准不一致？

在归因判断中还存在一种很强的追究个人内因的倾向，即便在外界压力明显起支配作用的时候也是如此。它仿佛在说："某个人是事件的起因，是最简单和最令人满意的解释。的确，行为者的行为是那样突出，它甚至可以遮盖背景，以致常常掩盖真正的原因。"琼斯和哈里斯在早些时候（1967）的研究中指出，那些受命评价撰写关于卡斯特罗的文章作者的态度的判断者，在得知这些文章乃是在外部压力下写成的时候，仍然倾向于把写作原因归咎于作者的真实心愿。

其他一些研究，甚至更加有力地证明了追求个人意向性归因偏向的存在。施奈德和米勒（Schneider & Miller）让一些发表违心主张的讲演者表现出不同程度的激情。结果再一次显示，即使让一位无动于衷的、没有热情的讲演者来发表这些违心的主张，人们也会认为这些主张在一定程度上反映了他的真实态度。当讲演者用别人写的文章进行讲演时，判断者仍然认为讲演者赞同其发表的主张。在很多日常情境下，行为者的行为会在一定程度上"支配观察场域"（dominate the field），从而使观察者错误地进行内部归因。这种用内心意向来解释事件发生原因的倾向是十分普遍的，所以一些心理学家将其称为"基本的归因偏差"。

正像存在着把观察到的他人行为归结于内因而不是外因的倾向性一样，人们在对自己的行为进行归因时却总是倾向于找寻外部环境因素，这两种倾向性是互补的。当要求男生写一个提纲以解释其好朋友为何选择目前的专业方向，喜欢自己的浪漫女伴时，其归因主要是内心意向性的（"因为他想修那个专业"，"因为他不安分"）；回答有关自己的这类问题时，其归因则主要是外部环境方面的（"因为这个专业很有意思"，"因为她漂亮"）。

简而言之，我们一般总是认为，我们做的事情是因为情境要求我们那样做；而别人做那件事，则是因为他们想要那样做。在韦斯特、冈恩和彻尼奇（West, Gunn & Chernicky）的一项研究中，他们让一些人参与了一个精心设计的"水门事件"（充当行事者），但只向另一些人（观察者）简单地描述了一下行事者所处的环境。事后，行事者们用外部环境来解释自己的行为（"我处在压力之下"，"参加这个事件有助于获得经验"）；而观察者们则认为，行事者的行为是由内因造成的（他们大概是不道德的人）。这种归因过程可能同样影响着尼克松的下属看待他们自己行为的方式：他们说，有一种不可抗拒的外部力量迫使他们不得不那样行事（参见活动5—2）。

活动 5—2

对行为做出解释

请在另一张纸上写出对下列问题的回答：

（1）想想你最近一次赴约时迟到的情景。你为何迟到？你是怎样向情侣解释自己迟到的原因的？

（2）再想想你最近一次等候某个人的经历。在你看来，那个人为什么迟到？

（3）想想某位上司对你所做的某件事进行批评和惩罚时的场面。你认为那位上司为何要那样做？他可以不那样做吗？

（4）回忆一下你偶尔批评或惩治某个下属时的情形。你为什么要那样做？

现在，试按内因/外因来对你的这些解释进行归因分类。读下面的内容时再来审视你的回答。

即使在环境不怎么突出的情况下，人们也很少以内部因素为原因来解释自己的行为。我们当中很少有人会这样说："很抱歉，我迟到了，但我就是这样散漫惯了的人。"相反，我们总是责怪外界影响，比如，自己的手表出了毛病，交通状况如何糟糕，刚要出门时别人打来了电话。而在对别人的行为进行归因时，情况就完全不同了。别人如果让我们等候很久，我们常常会责备那个人是不懂礼貌、散漫或忘性大的人。你在回答以上活动中的问题时采用的是这样一些策略吗？

这种归因偏向在不平衡的权力关系中也许尤为严重。下属对上司的内在权力和行为自由所做的估计，也许比后者自认为拥有的要大；反之，上司们也许认为下属的行为主要是由内因（懒散、愚蠢）造成的，而下属们自己则往往责怪外部因素。在一项实验研究中，格威茨和潘西拉（Gurwitz & Panciera）让随意挑选的受试者分别充当"学生"和"教师"的角色。结果，学生们一致认为教师对他们拥有很大的奖惩权，而教师自己却并不认为他们拥有那么大的权力。如果你像大多数人那样认识问题，那么你对活动5—2中第3和第4题的回答可能会表现出（并证实存在着）同样的偏向！

空间位置影响判断

我们怎样来解释归因过程中的这种压倒性的偏向呢？一种可能性是，行为者与观察者对相同事件有不同的视角。观察者自然会将注意力集中在行为者身上，从而导致上文所描述的内心意向性偏向。而行为者本人却集中关注于他们要应对的情境。那些受到集中关注的信息就常常被判断者当做原因来对待。斯托姆（Storms）发现，在观察者向行为者提供了将如何看待他们的信息，而行为者观看了自己的录像后，他们对自己的行为做出了较多的内部归因。在这种情况下，他们对自己的归因就变得与观察者对他们行为的归因更相像了。

如此看来，归因被吸引着我们注意力的东西、被情境中"突出"的或显而易见的东西所左右着。泰勒和菲斯克（Taylor & Fiske）试图在一项有趣的实验中检验这个理论。他们设想，在判断一项互动活动时，观察者会将更多的原因归于易于看见的、因而在知觉上更突出的个人。观察对象是两个行为者A和B，他们相对而坐，进行简短的交谈，谈的是一些诸如家庭、工作和爱好之类的话题。6位观察者围绕他们而坐，其中2人面对行为者A，2人面对行为者B，剩下的2人居中坐于两位行为者的两侧（见图5—1）。

正如图中所表明的，观察者们将互动更多地归因于他们碰巧面对着的那个行为者的作用。坐在与行为者等距离位置上的观察者，则对两位行为者做出了同等程度的归因。在一项与此有些相似的研究中,麦克阿瑟和波斯特（McArthur & Post）要求受试者对两个在随意交谈的男人进行观察和归因。观察对象之一被安置在照明好的地方，或者坐在一把古怪的摇椅上，以造成视觉突出的效果。实验表明，人们又对这个"突出"的观察对象做了更多的内部归因。

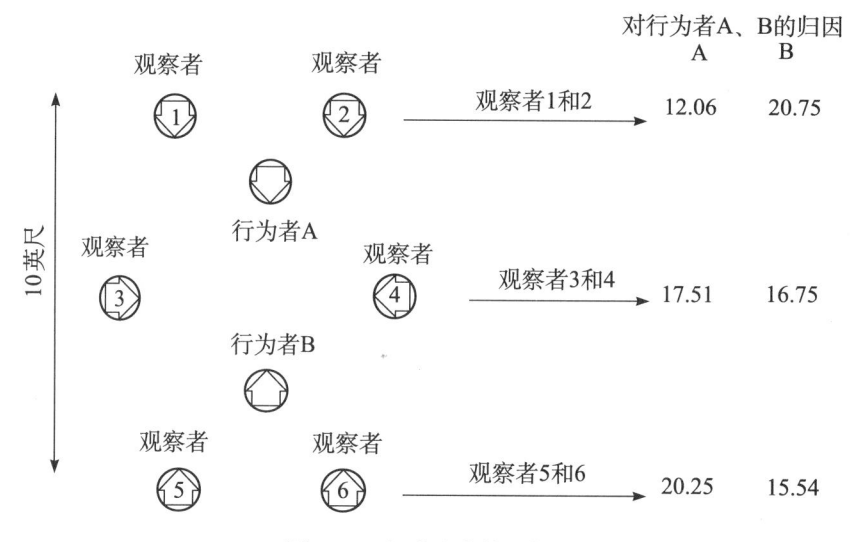

	对行为者A、B的归因	
	A	B
观察者1和2	12.06	20.75
观察者3和4	17.51	16.75
观察者5和6	20.25	15.54

图5—1 视觉突出性和归因

在观察者看来，他们看得最清楚的即坐在其对面的那个行为者，在交谈中处于主导地位，是互动的主要动因。

人总是"自私"的

到目前为止，我们所讨论的归因偏向主要属于不健全的知觉或信息加工领域中的问题。人们并非有意错误地感知一种情况，感知之所以出问题是由于受到了知觉的或认知的局限。除了这种认知的局限之外，逃避责备及寻求奖励的动机，是产生归因偏向的另一个重要根源。这种利己偏向在解释成功和失败的原因时表现得尤为普遍。我们倾向于（寻找内因来）夸耀自己的成功，责备别人的失败，但却用外因来解释自己的失败和别人的成功。政治家在竞选成功或失败后、运动员在比赛获胜或失利后所做的解释，是证明这种归因偏向存在的常见例子。胜者不断地夸耀自己的艰苦劳动和成就，败者则总是抱怨对手、比赛程序或裁判。

利己倾向也许还影响着我们同他人的关系。在查尔蒂尼、布雷弗和刘易斯（Cialdini, Braver & Lewis）的一项实验中，受试者的简单任务是去劝说实验主持者的一位同伴，后者在某些情况下似乎被说服了。结果"成功的"劝说者对其劝说对象的理解力的评价，比那些"未成功的"劝说者对其劝说对象所做的评价高得多。同样，我们都喜欢并尊重那些褒奖我们、和我们志趣一致的人。这种利己倾向也许会对人们的工作关系造成很大影响。教师们常常宣称学生取得好成绩是由于当老师的尽了责任，但却责怪学习差的学生自己不争气。这种选择性归因在其他场合中无疑也是非常普遍的。

利己偏向的另一种形式是由罗斯观察到的所谓虚假一致性效应。它指的是人们具有这样一种倾向性，即认为自己的态度、信仰、价值或行为实际上是为大众所广泛具有的。我们都乐于把自己看做"正常"人，而这种看法就使得我们相信：我们在重要的问题上同自己周围的"大多数人"是一样的。各种政治运动的参加者们总是高估了他们的独特事业所获得的支持；而许多少数派，从同性恋者到世界语提倡者，却言过其实地声称他们的兴趣受到了较广泛的一致性支持。

一些实验也证实了这种"虚假一致性"偏向的存在。在一项研究中，让大学生受试者身挂恳请全体居民都"饮用美国咖啡"的广告牌，绕校园步行。结果，那些赞同者认为，占全体学生62%的人同样会像他们那样干。但拒绝这么做的受试学生也认为他们是多数，认为占全体学生67%的人会拒绝佩挂那种标志。人们这样想问题的根源好像是：无论我在做什么，大多数人也会这样做，因而我是"正常的"！

"公平世界"假说

认为别人的失败和不幸主要归咎于他们自己的过错，这种普遍存在的倾向也可以解释成是由利己和自我防卫偏差造成的。勒纳（Lerner）指出，这种归因至少在一定程度上反映了我们渴望坚持一种信仰，即人们在公平世界里会得到其应有的报应。勒纳的研究表明，判断者倾向于责备那些甚至完全无辜地被随意安排接受电击的受害者。日常生活中有许多这样的例子，遭到强奸、遇上车祸或其他意外事件的受害者，常被人们认为至少在一定程度上应对自己的不幸负责。

通过责备受害者，我们不仅是要"平衡罪责"并维护自己关于"公平世界"的信仰；通过主张人们应对自己的厄运负有责任，还有助于我们坚持任何事件都具有可控性这样一种信念。如果我们主张人们应对其不幸自负责任，就意味着我们认为

> 只有异常的人物或事件才唤起归因。正像许多归因理论家所假定的那样，我们并不总是对任何事情都问个究竟，而只是在面临异常或意外事件时才寻求因果解释。

他们能在某种程度上控制不幸事件在其身上发生。也就是说，我们如果处在他们那种情况下，就能以不同的行为方式来避免同样的问题发生。

第六章

理解我们自己的行为

贝姆：行为引出态度

你能进行客观自我觉察吗？

外部奖赏经常无效

人们经常自设障碍

习得性无助

心理抗拒

我们如何识别和解释自己的情绪？

了解自己的判断方式

到目前为止，我们都是假定归因判断的主要目的是准确地推断他人行为的潜在原因。我们倾向于认为，自己的活动和行为并不难解释——我们完全"知道"自己为何做出某种举动。但有很多证据表明，在探究自己行为的原因方面，我们没有这种不受一般法则制约的特权。

这是一种非常具有革命性的看法。它同我们所牢固持有的自我信念之一——我们完全能控制认识自己内心世界的活动——是相悖的。自知常常不是产生于从"内部"对内心活动的直接逼近，而是产生于从"外部"对自己实际行为所做的观察和解释。

贝姆：行为引出态度

关于人们认识自己行为方式问题的研究，是从贝姆开始的。菲斯汀格和卡尔斯米西（Festinger & Carlsmith）的一项著名研究表明，如果人们发现自己现在的行为与他们先前的态度不一致，而对现在的行为又没有其他令人信服的解释时，那么他们就会改变原来的态度以便与现在的行为相适应。贝姆对自我知觉的解释是基于这样一种假定："在一定程度上，个人是通过对公开的行为和（或）行为发生的环境所做的观察进行推断，来认识他自己的态度、情绪和内心状态的。"

换言之，人们在推断自己的态度时，也许应用着同对别人进行归因时一样的程序（见活动 6—1）。该程序的运行大抵如此：比如，我刚才把两美元交给一个不断劝捐的募捐者，而我对其所服务的慈善团体一向是不支持的。由于我平时不那么容易被感化，因此，我便推测我现在对这个慈善团体的态度比原来好多了。尽管在菲斯汀格、卡尔斯米西和其他人的失谐实验研究中，自我知觉理论被证明是对诱发态度改变的一种不充足的解释，但它却在许多别的领域中得到了承认。

贝姆的观点还与激进行为主义者的理论一致。他像斯金纳等心理学家一样，认为外部的、可观察到的行为总是第一性的，而内心状态是第二性的，是从可观察到的行为中推断出来的。不是态度等内心状态引起行为，而是相反：行为引出态度！以这种方式阐述的理论听起来自然是相当极端的。即便是在完全缺乏行为信息的情况下，我们也可以对自己的态度有所了解。人们毕竟每时每刻都有态度，而态度并非完全以当时的行为为基础。这种自我知觉很可能最适用于不重要的或不连贯的态度问题。

泰勒（Taylor）的一项有趣的研究可以支持这个结论。女性判断者被要求对一位男性对象做出归因。泰勒通过告诉判断者她们会（或者不会）与该男性见面，从而使归因的重要性不同。在她们观看这些男人的照片时，通过所戴的耳机为其播放据说是她们自己此时亢奋反应的虚假的心律反馈信号。按以往的研究来看，受试者在这样的实验中，有时也许会用虚假的心律反馈信号来解释自己对某件事情的反应，比如推断说："如果我的心跳加快，我一定对那男人有好感"；或者"由于我的心跳没有变化，我一定对那男人无动于衷"。但泰勒的研究却表明，这种虚假的反馈对受试者的判断所产生的影响，在进行重要归因时——如女性受试者希望认识该男性时——是微乎其微的。不过，在女性受试者不会与那个男人见面的情况下，即在她们认为对那个男人的判断不是一件重要事情的情况下，虚假反馈则会影响她们对那个男人的魅力所做的评价。

"我猜想自己一定真喜欢那辆汽车！"根据自我知觉理论，我们是根据自己的行为来推断自己的态度的。如果我们花很大精力去维护自己的汽车，那么，由此就可以推断我们对那辆汽车持肯定态度！

活动 6—1

我为什么这样？

假设你现在正坐在家里看一部重播的电视剧《蒙特·派森》（英国电视喜剧系列），你一边看一边放声大笑。你为何发笑？你的行为是由你自身的原因还是由其他因素引起的？你可以按下述步骤得出答案。

（1）这是我一贯的行为吗？我看《蒙特·派森》时总是发笑，还是仅此一次偶然发笑？

只有高一贯性的行为才能导致可靠的内部或外部归因。

（2）我的行为具有区别性吗？我是看所有喜剧表演都发笑呢，还是只在看《蒙特·派森》时发笑？

如果你的行为具有明显的区别性（你只在看《蒙特·派森》时发笑），那么你就比较有把握将自己的表现归结于外因。如果你的行为没有区别性，那么你发笑的原因很可能是内在的：你大概具有高度发达的幽默感吧。

（3）别人的行为如何？

如果一致性高（其他所有的人都发笑），你就可以归结为外因。如果只有一个人发笑，那么原因可能是内在的。你也许从演员的表演中看出了某些别人没有看出来的东西。

当然，在日常生活中你不必照这样一步一步地进行归因，但实际归因过程也许与这里所举的程序十分相似。我们在日常生活中总是时时自问："我为什么这样？"以上的归因过程会有助于你找到答案！试用这一系列的步骤解释一个的确曾使你自己迷惑不解的行为。

自我归因的原理已在人类社会行为的许多不同领域得到推广，以理解那些人们对自己的行为所做的常常令人惊奇和出人意料的解释。下面我们就考察一些在实际情况下如何进行自我归因的有趣实例。

你能进行客观自我觉察吗？

行为者倾向于把他的注意力集中在周围的情境上，易于看到造成自己行为的环境方面的动力；观察者的注意力却集中在行为者身上，总是把行为者本人视为动因。自我归因向我们提出了一个难题，因为我们在思考自己行为的过程中可以任意地选取行为者的立场或观察者的立场。杜瓦尔和威克伦德（Duval & Wicklund）引入了与主观自我觉察相反的客观自我觉察概念，从而出色地解决了这个问题。在我们平时把注意力集中于环境上的时候，只是主观地觉察自我。但在某种情况下，我们却被迫像外人观察我们那样地审视自己。这时，我们发觉自己处于一种客观自我觉察的状态。

进入这样一种状态似乎很容易。只要在思考自我的时候注视着镜子，或想象别人正在观察我们、给我们拍照，或者以某种方式记录我们行为的情景，通常都可以使自己进入有些像外在观察者的那种状态。这样，我们就会客观地看待自己。归因策略会受这些不同形式的自我觉察的影响吗？

有几项研究表明，从事客观自我觉察的人们由于是从自身而不是从环境中寻找原因，所以他们倾向于像外部观察者所做的那样来解释自己的行为。通常，只需采用在受试者面前安放一面大镜子之类的方法，就会有效地促使归因活动发生戏剧性的变化。该项研究支持了这样的观点，即包括自我归因在内的归因判断与一个人的注意力当时正集中在什么上面有关：什么东西被人注意，它就更有可能被视为原因，即使"它"碰巧是我们自己时也不例外！

外部奖赏经常无效

归因理论是建立在一种假定基础上的，即人类行为不是由内因引起便是由外因造成的。按照海德的观点，当一种行为能由外部奖赏或压力来加以适当解释的时候，我们就无须再去寻找内因。这种观点本身道出了一个有意思的问题：当人们因为从事了一项只是出于喜欢才那样做的行为（出于"内在动机"）而受到奖赏时，行为者也许会因这种奖赏而把自己的行为解释为缺少内在动机，而且这以后只有得到奖励才会从事此种行为。这个问题具有重要的实践意义。它说明，提供奖金、荣誉称号或奖品等外部奖赏，有时也许会对改善学习或工作起反作用。它们不是增强了一个人完成工作的内在兴趣和动机，而是可能使其受到削弱。

莱珀、格林和尼斯比特（Lepper, Greene & Nisbett）用儿童（3～5岁）实验证明了这种效应。其中一些孩子因画画而受到奖励，而另外的孩子画画没有额外的奖励。一两个星期后，研究者们发现，以前期望通过画画得奖并被给予奖励的孩子，现在不如那些没得奖的孩子爱画画了。同样的情况，连续12天向解算术题的学龄儿童提供奖赏，一旦奖赏停止了，这些孩子解题的劲头便大大不如其他的孩子那么高了。这些研究表明存在着一种令人困惑的可能性，即当行为者把自己的做事动机完全归结于外因的时候，有形的和期望的奖赏就变成了做某件事的唯一原因，而在此之前做那件事是出于内因。不过，并非一切奖赏都削弱内在动机：语言赞许等无形的社会性强化可对内在动机产生积极影响。

日常生活中有许多外部奖赏产生反作用的实例。一些研究表明，由于受到额外奖励的诱惑而去购买某类物品的人们，一旦有奖销售期结束便立即丧失了再次购买那类物品的热情。外部奖赏要产生诱导作用，它就必须是人们所期望的、有诱惑力的。你应该记住,在一个归因框架内,影响动机的不是受奖赏这件事本身,而是我们为那种奖赏所附加的符号性解释。如果我们把奖赏视为自己行为的唯一原因,它就可能削弱我们做事的内在动机。从另一方面看,如果不把奖赏视为我们行为的唯一原因,那么我们做事的内在动机就不太可能受其影响。

这个结论的实践意义在于,无论何时为某件之前没有奖励的事情提供奖赏,我们就必须保证使以前做事的内在动机得到维持。这一点通过努力是可以做到的,比如,强调奖赏的偶然性,强调不管得奖与否都能从做这件工作中得到内在的价值和乐趣,等等。

人们经常自设障碍

自我归因和对他人归因之间有一个非常重要的区别:被迫对自己做出坏的推断,会比对别人做出坏的推断要可怕得多,而且更令我们不愉快。难怪我们都运用极为特殊的防卫策略来使自己逃避因坏的后果而该受的责备。设想一种情境,比如,你不得不参加一次重要的考试,而你又有理由相信自己也许会考得很糟糕。在这种情境下你会做什么呢?

按照伯格拉斯和琼斯(Berglas & Jones)的看法,人们在这样的情境下总是为自己设立人为的障碍,以便能把以后的失败归咎于外部困难而不是他们自己无能。在他们的研究中,先诱导受试者相信自己在即将来临的考试中会考得很好或很糟,然后让他们从两种药物中选用一种,并告诉他们一种药有助于考试,另一种药会妨碍考试。结果,那些认为自己可能会考糟的受试者宁愿选择服第二种药物。由于服用了不利于考试的药物,那么,如果他们考糟了,就可以责怪药物起了妨碍作用;如果考得很好,就会获得双倍的赞誉。

伯格拉斯和琼斯将这种现象称为自设障碍策略。我们在日常生活中也可以观察到类似的行为。人们在考试、就业面试或重要谈判等重要事件之前,常常饮酒过多、睡眠过少或服用麻醉品。导致这些明显的非理性行为的原因之一是,这样做就有可能使其把失败归咎于外因(酒、麻醉品或缺少睡眠),从而使个人能保护他的尽责、聪明的自我形象!此种行为倾向在别人能对我们的表现进行观察的情况下表现尤为强烈。事实上,自设障碍有时能被用做印象整饰策略。自我归因理论指出,在一般情况下,人们将尽力参与和创造一种情境,在这种情境下必须被迫做出否定性自我归因的可能性将减到最小。

> "医生，你能不能把我腿上的石膏再打粗些?"当面临着失败可能性的时候，人们往往会做一些使失败更可能发生的事情，以便把失败的责任推到外力上。这种自设障碍行为有利于使人保持负责任和有能力的自我形象。

习得性无助

当然，我们并非总能以这样一种可以逃避否定性自我归因的方式来建构自己的行为。有时候，我们会遇到一些完全无法控制或随机发生的事件。当人们长期为一些无法控制的、令人厌烦的事件所困扰时（该情况也适用于动物），他们最终会放弃主宰这种情境的尝试，甚至不再尽力避免此困境的发生——这种情况被塞利格曼称为"习得性无助"。简而言之，"当一个人面临一种不以他的反应为转移的结局，他也清楚事情的结果不以自己的反应为转移的时候"，就会放弃控制那种结局的尝试。

有一些证明"习得性无助"行为存在的明显例子。动物在遭到无法控制的电击时会变得完全驯服。人在经受自然灾难、长期饥饿和其他困苦时，也常常会有同样的驯服或顺从反应。你经常可以在有关地震、饥荒或洪水的新闻报道中看到人的这种反应。在许多很普通的、没有戏剧性情节的情境中，不断在某一领域（如交友、就业或择偶）受挫的个人，最终也许会变得十分消沉乃至冷漠沮丧。

最初，人们是按照简单学习过程来阐述习得性无助问题的。但是，一个人如何在主观上说明和解释坏事情发生的原因也起着重要作用。我们附加给自己经验的符号解释，可能会消除习得性无助现象。

> 习得性无助！当人们长期遭受无法控制的影响时，他们就会变得消极并停止同这种影响做斗争——心理学家们称这种状态为"习得性无助"。

在解数学难题的孩子们经历了多次失败的时候，反复告诉他们其失败是由于不够刻苦努力造成的，他们便并未表现出"习得性无助"。近年来习得性无助模型与归因理论相结合，为分析对失业、贫困、婚姻破裂和其他紧迫情境等不可控结局的行为反应提供了一种有希望的框架。那些（尽管没有理由）将其不幸归咎于自己的失业工人，比起那些把自己的困境归咎于外部不可控经济因素的人们来，放弃寻找工作的可能性也许更小。

心理抗拒

在面对无能为力的结局时，人们最初的反应并不是习得性无助，而是增强了欲夺回失去了的控制权和自由的动机。布雷姆（Brehm）创造了"心理抗拒"这个术语，来描述当我们感到自己的行动自由受到某种威胁时所激起的那种动机状态。抗拒可以有多种形式，这取决于环境。在从事违禁活动或接近受限物而面临威胁时，我们会觉得那种受到约束或限制的行为更有价值，并对做那件事表现出更大的兴趣。请想想人们对收到查禁威胁的物品时所顿时增加的那种浓厚兴趣吧！

如果有人强迫我们去接受一种态度或观点，心理抗拒也会发生。在这种情况下，我们也许会采取完全相反的看法来维护自己的自由。心理抗拒在高压宣传运动中十分常见。在儿童中尤其容易观察到抗拒现象。禁止玩的玩具或活动对他们有特殊的魅力，十几岁的孩子仅仅为了要表明维护自己的自由而常常破坏父母立下的规矩。心理抗拒观点由于解释了许多令人迷惑的现实生活行为，所以具有很大的吸引力。尤其在面对面的交际中，心理抗拒是对个人自由受到威胁的一种常见反应。

我们如何识别和解释自己的情绪？

自我归因研究领域中的一个极为有趣而又复杂的问题，是我们如何识别和解释自己的感情和情绪。如何确定自己在某段时间里正体验着何种特定的情绪呢？可以客观地加以测量的情绪，通常只有生理兴奋，它可以通过心律增快、手心出汗、呼吸急促等表征而观测到。但我们如何弄清它是否意味着我们正处在高兴、伤心、不安或焦虑的情绪状态中呢？心理学研究表明，与不同的情绪联系在一起的兴奋状态实际上是很难相互区分开的。

威廉·詹姆斯（W. James）100年前就指出，情绪是由两种成分构成的，即情感激发以及后来对这种激发所做的认知标记和解释。所以，情绪也许不是原因，而是生理反应的结果。举个简单的例子，如果你夜间在森林里听到一声尖叫，你就马上会体验到一种激发或兴奋，并可能立即开跑；只是到事后综合考虑了全部有关的环境因素，你才把自己当时的生理兴奋判定为"害怕"。

沙赫特和辛格（Schachter & Singer）通过一项经典实验来说明这个过程。在他们的实验中，给受试者使用了一种诱导兴奋药物（肾上腺素），然后告诉一部分受试者该药可引起心悸、心跳加快等症状，而对另一部分受试者却说这种药是无害的维生素针剂。就是说，一些受试者得到了有关他们随后产生兴奋症状的原因的"通知"，另一些受试者却"不知道"该情况。这时候，一位被安插在受试者中的经过训练的实验主持者，开始表现出非常高兴、欣喜若狂或生气、烦躁的样子。此后，让受试者们报告自己的情绪时，"不知实情"的那组受试者由于对自己兴奋的原因做不出什么合理的解释，所以比"得知实情"的受试者更可能报告说自己有与实验主持者一样的生气或高兴的情绪。那些对所诱发的兴奋没有预期或找不到合理解释的受试者，仿佛是按照其所处环境中最明显的提示——实验主持者的行为——来解释自己的情绪。

根据沙赫特和辛格的解释模型，不同的情绪实际上是对基本相同的兴奋症状所做的不同认知解释或归因。这种模型超越了自我归因的框架，因为它主张：不仅我们自己的行为，而且环境中的几乎任何事件，都对我们判定自己的情绪体验产生着影响。它的意义是十分深远的：如果人类没有直接的、专门的方法来洞察自己的感情和情绪，那么提供适当的外部信息就非常容易影响人们解释自己感情的方式。

了解自己的判断方式

关于我们并非直接洞察自己的情绪而只能从周围情境中推论出它们的观点，引起了很大争议。那么我们对自己的认知和决策过程又了解多少呢？我们能单凭内省来回答关于自己心理活动的问题吗？当某人问我们凭什么选择这一件衣服而不选择另一件，为什么喜欢这个人而不喜欢另一个，怎么决定去买哪一辆汽车等问题的时候，我们真的知道做出这种决定的方式吗？我们大多数人也许会说自己完全知道做出这类决定的方式，因为那些决定毕竟是由我们自己做出的。然而，我们真能反省出自己得出这种判断的方式吗？我们真了解自己的思维吗？

尼斯比特和威尔逊（Nisbett & Wilson）在一篇富有挑战性的文章中指出，就像没有外部提示我们就不能标定自己的情绪一样，如果没有外部提示，我们也许就不能描述出自己的判断过程。在他们所做的典型实验中，实验者操纵着一个有效地影响受试者做出选择的变项，让他们在做出选择后解释一下自己为什么要那样做决定。在多数情况下，受试者们不能辨识支配着他们行为的那种变项。

比如，在要求从一排几双完全相同的长筒袜中选取一双的时候，人们通常拿起右手边上的那双。当让他们解释一下何以这样选择时，受试者们没有意识到袜子的位置是支配其选择的决定性变项，而是提到其实并不存在的质量差别或个人偏好。当向他们提醒位置的重要性时，受试者否认它在自己的选择中起了任何作用。尼斯比特和威尔逊指出，这些实验结果支持了那种认为人们并非直接内在地观察自己的认知过程的观点。尽管在上面的例子中，右手边上的位置明显地决定着受试者的选择，但他们却不能说出这个变项。

在另一项研究中，受试者被要求评判一个做出热情、友好或冷淡、敌视举止的人的体态外貌。结果是常见的光环效应又出现了：本来是同一个人，但在其表现出敌视等坏的举止时则被评判为其相貌没有吸引力。当询问受试者是什么影响了他们的判断时，受试者说不出对象的行为对他们的知觉有任何影响。当把实际情况直接告诉他们时，他们都予以否认。这显然说明，在许多人际情境下，我们会以类似的方式调整我们的行为或判断，而并不真正清楚自己怎样或为何以某种特定的方式做出反应。

如果人们真的不知道他们在这些实验研究中的心理活动过程，那么在回答问题时他们报告的是什么呢？尼斯比特和威尔逊指出，我们大多数人易于做出自己认为与情境相适合的解释。"理性的"人在做出选择时不会仅仅受到物体所处位置的影响，所以受试者否认受这种变项的影响，取而代之的是得出社会合意的解释，即使是非正确的解释（品质、偏爱）。同样，我们应该能在自己的人物判断中把行为和相貌分开，这正是受试者所报告的东西。依据这些研究，当问"你为何那样思考、选择或行动？"时，我们倾向于给出自己所期待的答案，而不是真实的答案。

尽管关于人们在由实验者操纵"动因"的情境下不能对自己决定的真实动因做出报告的观点确实为实验所证明，但问题却远未得到解决。的确，关于完全准确地对精神活动过程的真相做出报告的问题，是一个有待进一步回答的哲学问题。既然决策是由一长串有内在联系的精神活动过程的链条所构成的，那么，我们何以弄清在各种情况下哪一节因果链条是"真实的"解释呢？你或许还记得，要想确定一项准确的人际知觉判断的构成方式是多么困难。而判断是否准确地报告了我们做出这种判断时的心理活动方式，又要复杂许多倍。

然而，尼斯比特和威尔逊的研究确实提出了一个十分重要和关键的问题，它对我们能够无限逼近直接洞察自己认知过程的观念提出了挑战。我们一直珍爱的关于我们完全能"讲出"自己思考方式的信念，至少在某些情况下是明显错误的。我们并不真正知晓自己头脑中的思维活动过程，而是易于做出那种似乎与情境相适合的解释。因此，自我归因理论所提供给我们的，是关于人们对其日常决定加以说明（或者也可能——不能说明）的方式的一系列有趣的、富有启发性的解释。

第七章

使用语言的艺术

交流

语言是独一无二的吗?

我们是如何学会使用语言的?

语言、思想和文化

语言能决定世界观吗?

我们按照自己的说话方式来思考吗?

我该怎样称呼你?

特殊的"行话"

在什么场合说什么话

说了等于没说

对我们的交际伙伴进行观察、理解乃至预见，是社会交际过程所必需的先行步骤。在前面各章中，我们已集中论述了社会交际中对人知觉、印象形成和归因这些方面的问题。然而，对人知觉只是交际过程的必要成分，而不是它的全部成分。请想想任何一种普通的社会交际，比如，与朋友交谈或在商店里买东西。在这样的交际中，对他人进行观察从某种意义上来说只是实际交际过程的必要条件，而不是交际过程本身。人与人之间的交际在很大程度上是由有序的信息交换或交流构成的。在这一章里，我们将考察人际交流的一些最重要的特点，特别是语言在社会交际中所起的作用。

交流

在最一般的意义上，交流可被定义为发送者向接收者的信息传递过程。根据这个定义，任何交流都包括如下重要因素：（1）发送者，或信息编码者；（2）被传递的信息；（3）信息传递的特定信道；（4）信道通向的接收者，或信息解码者。发送者、信息、信道和接收者的特性全都对交流过程有重要影响。例如，电话线作为一种交流信道就具有一定的物理局限性（如不能提供视觉提示），在使用这种信道时，它便限定了我们的交流策略。同样，发送者和接收者的特性（如地位、权力、才能、共同爱好），也影响着所采用的交流策略。最后，信息本身的性质在决定我们的交流方式上是非常重要的：一个人在询问天气情况时所使用的语言，完全不同于要求增加工资时使用的语言。

不过，上述交流定义也有一定的局限性。它把交流说成简单的、单向的过程，信息的发送和接收与周围环境、过去的经历和对未来的期待都无关。其他交流理论则强调，交流通常是能动的、双向的过程，在这个过程中，发送信息和监察对方是同时进行的。另外，一切人与人之间的交流，都在一定程度上依赖于发送者和接收者双方共有的社会知识。换言之，信息通常只在一定的、有限的社会环境——家庭、教学班或文化群体等等——中才有意义。两位脑外科医生、两位桥牌手或两位中学生交谈中十分清楚的语句，对于其他人也许毫无意义。我们在与他人交流时，会理所当然地认为存在许多共有的知识（参见活动7—1）。

活动 7—1

语句中包含着什么？

通过完成这个活动，你会更好地理解我们所说的"共有的社会知识"的含义。设法弄到三份不同的记录两人简短交谈的材料（材料可来源于电台或电视广播、书籍或日常交际）。接着，逐句分析每一份谈话记录，并考虑一个问题：听者要理解这句话的意思，他需要知道什么？你大概会发现，一个交谈中的几乎每句话，仅仅包含了为理解那条信息所必需的全部知识中的非常小的一部分。讲话者和听话者共有的、使他们能够彼此传意的知识是那样广博，根本不可能完全排列出来。交流双方"共有的知识"越多，他们相互间的传意就越容易，而局外人要正确理解他们谈话语句中的含义也就越困难。

因此，除前面定义中提到的规定性外，交流还是一种利用双方以往的知识和共同的经历而实现的能动的、持续进行的活动过程。前面提到的定义虽有局限性，但在阅读下述社会交际中言语和非言语交流渠道的具体特点时，记住它所提示的交流四要素（发送者、信息、信道和接收者）还是很有裨益的。

语言是独一无二的吗？

我们与他人之间的大多数交际要使用语言。其他任何物种所拥有的交流手段，都无法与人类语言的复杂性和精巧性相比。在将人类语言的特点和其他交流手段的特点加以对比时，我们发现，语言的许多特征并不是独一无二的，它们也能在某些别的物种中见到。霍基特（Hockett）认为，语言也许具有若干"设计特征"（design features）。这些设计特征包括：（1）替代性，或表示不在现场的事物的功能；（2）开放性，或创造和传达新意义的功能；（3）传承性，或获悉和传递新符号、信息的功能；（4）结构二元性，或把有限的词、符号或成分组成无限种信息的功能。

许多交流手段具有其中某些特征，但唯有语言具备全部这些特征。一些教授黑猩猩掌握具有传承性和结构二元性特征的语言代码的著名尝试，似乎已取得成功，尽管也有批评说动物的这些表现也可以解释为简单模仿。蜜蜂用"舞蹈"信号可以传达有关遥远食物源存在和位置的信息，这种舞蹈信号是一种具有替代性功能的交流代码，因为它传达了不在现场的事物的情况。但语言作为一种交流手段仍然是独一无二的，因为它同时拥有霍基特所说的全部设计特征。

的确，我们所知道的极少几件跨越所有不同人类文化的事情之一，就是他们全都使用语言。人类语言的独特性使得伦尼伯格（Lenneberg）等学者提出了这样的主张：语言是一种通过自然选择而在人类中进化出来的人类所特有的能力。这种观点是说，存在遗传决定因素，决定了人类且只有人类才能够习得和使用语言。这种所谓"先天论"观点的另一位著名提倡者是乔姆斯基。以斯金纳为代表的学习理论家则提出了关于语言的另一种观点，他坚持认为，语言的习得方式，与人和动物习得其他行为的方式完全相同：都是通过系统强化过程。但是，教授动物学习类似交流代码的尝试并未清楚地确认其他物种能够使用这种工具。黑猩猩类似语言的表现，按某些批评者的观点来看，可以解释为受控于强化作用的无意义重复。

我们是如何学会使用语言的？

语言发展的第三种模型，是由布鲁纳（Bruner）在批判先天论和学习论模型的基础上提出的。布鲁纳根据自己多年来在牛津对婴幼儿所做的研究指出，学习社会交际技巧和学习语言之间具有复杂联系。布鲁纳和他的同事们发现，与人们通常所持的认识相反，婴儿从出生的第一天起，就在主动探究自己周围的物理和社会环境，他们表现出来的对社会信息的反应和模仿能力也比人们以前所想象的要早得多。婴儿是在与其看护人一起合作的过程中发展自己的交际能力的，这种交际是相互理解的，并以有组织的方式使用诸如微笑、哭喊、傻笑、抓抱等非言语信号。就是说，儿童在懂得如何说话之前就懂得了如何交际。正是由于先具备了这样的社会性知识，所以，语言习得过程一旦开始，便迅速取得进步。

儿童学习语言的认知表现实在令人惊讶。在不到 12 个月的时间里，他们便从完全没有语言发展到差不多可以流利地讲话。相比之下，之后成年期的操作，大概就不会给人留下像早期成就那样深刻的印象了。儿童是如何做到这一点的呢？布鲁纳的研究表明，儿童所学的与其说是语言，倒不如说是与他人进行交际和交流的方式。前语言期的儿童，一旦懂得了如何轮流做躲猫猫游戏，如何用微笑、傻笑和哭喊传达情绪，如何与看护人交流目光和协调注意力，那么用词语来传达以前是用非言语信号传达的信息，就变得比较容易了。儿童在他们能够说话之前，还学到了在喂食、游戏等活动中包含的如同行为规则和行为顺序之类的共同的交际"格式"。布鲁纳的重要贡献在于，他指出了学习一种语言和学习社会交际之间的密切关系。我们不仅在生活中把语言用做社会交际手段，而且，显然只有先掌握了如何交际，才能掌握语言。

语言、思想和文化

人类语言的另一个重要特点是由维果斯基指出的。语言不仅是人与人之间的外部交流手段，而且还是我们用以思考以及表征、梳理和组织我们周围世界的内部手段。语言作为外部世界和内部世界的联系媒介，对于文化和个人的发展都起着决定性作用。它能使我们的个人经验符号化、积累起来并为大家所共享，它能使群体和社会把积累的知识留传给后代。语言作为一种符号系统，处于社会生活的核心位置以及社会和文化发展的核心位置。

运用语言是跨一切文化的普遍的人类特征，但不同文化之间在运用语言方面存在的差异也具有同等的重要性。语言和文化之间具有密切的互动关系。我们指称和区分事物的方式反映着我们看待世界的方式，而反过来，我们又按照自己所运用的语言中的范畴和术语来观察和思考周围的事物。这种相互依赖的关系会进一步得到加强。正如维果斯基所说，内部言语（思想的手段）和外部言语（社会交流的手段）是相互依存的。因此，文化差别不仅影响着作为交流手段的语言的运用，而且还通过语言决定思维的差异。

语言能决定世界观吗？

萨丕尔（Sapir）和沃夫（Whorf）创立的语言相关性理论，集中论述了语言和思维的这种相互依赖的关系。根据这种理论，不同的语言不仅仅是描述同一现实的可替换性工具，更确切地说，讲不同语言的人也许还对世界有不同的看法。这种理论中最极端的观点认为，语言决定思想。由于我们只能按自己所用的概念来理解世界，而这些概念是由我们的语言提供的，所以讲不同语言的人对世界的看法一定与我们不同，他们一定生存于不同的"认知天地"中。当然，这种理论中更为广泛接受的、较平和的观点并不那么极端。它只是指出，语言上的差别易于造成人们在世界观上的差异。语言和思想之间的关系既不是直接的也不是绝对的。

本杰明·L·沃夫（Benjamin L. Whorf）大概是语言相关性理论最著名的代表人物，他最初的职业是火灾保险调查员，后来却成为极具才能和影响的业余语言学家。在调查火灾的过程中，人们对火灾原因所做的不同说明和解释，给沃夫留下了深刻的印象。由于发现人们在使用语言上存在着差别，这促使他去研究其他文化背景下的语言，比如，各种美国印第安人群体的语言。沃夫根据自己的研究逐渐得出了这样的结论：这些不同的文化群体不仅使用着不同的语言，而且还生存于不同的"认知天地"中。

他认为："观念的阐述并不像人们以往所说的那样是一个孤立的严密推理过程，而是某种特定语法的一部分，并且在不同的语法之间多多少少会有不同。我们按母语所划定的界限来分解事物，……我们将事物分割开，将其分别组织到概念中去并据此来描述事物的意义，这主要是因为我们已约定以这种方式来组织事物——这一约定始终维系着我们的言语群体并在我们的语言模式中编纂定型。"这种模式的例子比比皆是。虽然在英语中我们是把生命飞行物和非生命飞行物分开的，但在霍皮印第安语（Hopi Indians）中蜜蜂和飞机用的却是同一个词。爱斯基摩语用许多不同的词来描述不同种类的雪。日语中的人称代词用在不同的人际关系上时有许多微妙的变化，欧洲语言中的这种变化则很少。德语中有许多描述复杂内心状态的词，这些词在英语中就比较贫乏，但英语显然又比德语更多地为人们提供了发挥幽默感的余地。

我们按照自己的说话方式来思考吗？

日常生活为上述语言—文化—思想之间的联系提供了许多实例。对各种政治活动中所用词语的研究极好地证明了存在着企图通过语言来操纵文化和思想的现象。奥威尔在他的一部小说《1984》中描述了一种新语言——模棱两可的官腔，这种由空想主义、极权主义国家的统治者专门发明的语言，被用来操纵人民的思想以及对周围现实的理解和描述能力。由于消除了那些可能威胁该种社会制度的言词，人民甚至连有这种思想也变得不可能了（参见活动7—2）。

活动 7—2

词语含义的政治学

如果词语的含义确实成为一种政治工具，情况会怎样呢？美国著名专栏作家乔治·F·威尔在评论美国宣布其退出一个越来越政治化的联合国机构——联合国教育科学及文化组织（简称"联合国教科文组织"）的决定时，显得感慨万分。阅读下面他写的评论，试决定你是否与他的看法一致。

> 联合国教科文组织在实施有害的裁决方面所造成的危害，比世界上极少数民主国家的合谋者们炮制的可怕的动物标本剥制术所造成的危害要小得多。西方的政治思想范畴是空洞的，只是当西方代表在教育会议上恭敬地听到乌克兰苏维埃社会主义共和国代表所做的关于苏联学校讲授"尊重人权和基本自由"的报告时，它才被填入了新的意义。自由世界根深蒂固的感情主义是信奉交流——对话、协商。与敌人对话不是总比不对话要好些吗？否则，连见面谈重要问题——自由、正义、权利、工会、新闻出版——的机会都没有，我们就会错误地认为所有参加者都会用那些词去表示基本相同的意义，这只能对敌人有利。更糟糕的是，在信守微妙外交礼仪的情况下——堂而皇之的小步舞会谈——可以合法地用那些相同的词来表达两种完全不同的观点。联合国教科文组织是西方理智地解除敌人武装的工具。（乔治·F·威尔，载《华盛顿邮报》，摘自巴黎《国际先驱论坛报》，1983-12-26，星期一）

威尔的看法对吗？如果重要的词慢慢地丧失了其意义，情况会怎么样呢？如果选举、人权、政党或工会等词的意思不再是十分清楚的，对我们来说又该会怎么样呢？用相同的词来描述不同的事情会给社会交际造成困难吗？你认为美国和苏联驻联合国教科文组织的代表，会因此在交往时遇到并继续遇到困难吗？

时至今日，像"选举"、"政党"、"候选人"、"宪法"和"表决"等词语，在苏联和东欧使用时所具有的意义与它们在西方国家使用时所具有的意义是截然不同的。《真理报》的读者们在该报上读到"民主"、"自由"、"和平"乃至"人权"这样一些一般性概念的时候，对这些概念的理解是与西方读者不同的。所有这些语词都有其特殊的"苏联"官方用法，而与"个人"权利和选择却毫无关系。带有否定意义的词语，如"物价上涨"、"秘密警察"或"宣传机器"，在说到苏联的国内问题时是很少使用的。它们被官方用语中的"物价调整"、"国家保护"和"公众信息"这样一些更无害的词所代替了。

对于在西方文化中成长起来的观察者来说，要真正理解这些词在苏联的别种意义有时是极其困难的。你也许很想看看在莫斯科工作的西方特派记者所写的两部杰出著作：海德利克·史密斯的《俄国人》（1977）和希普勒的《俄国：破裂的偶像，庄严的梦幻》（1983）。在书中他们对一直生活在那里的苏联公民的完全不同于西方人的精神世界做了十分有趣、引人入胜的描述。当然，还有许多别的为达到政治目的而以语言对文化和思想施行操纵的例子。比如，纳粹德国的宣传机器就提供了许多有关这种操纵的实例。遗憾的是，这种语言操纵至今仍在不断地被创新发展。

一些语言运动，比如当代的使用无性别歧视语言运动，也说明语言方式和思维方式之间具有内在联系。这一运动的倡导者认为，如果我们消除了语言范畴之间的差别，比如，已婚和未婚妇女之间的差别（通过用"女士"来取代"夫人"或"小姐"）、男人和女人之间的差别（通过用"那人"代替"他"或"她"），最终会导致对这种差别的思考方式的改变（值得注意的是，这种运动客观上产生的副作用之一也许是他们制造了新的——当然不是故意制造的——范畴歧视。那些把自己认同为"女士"而不是"夫人"或"小姐"的女人，现在也许会被一些人划入男女平等主义者或女权主义者之列。这场运动的初衷是要消除已婚妇女和未婚妇女这两个范畴之间的差别，结果却很可能制造出一种更甚于这种差别的歧视性认知差别）。

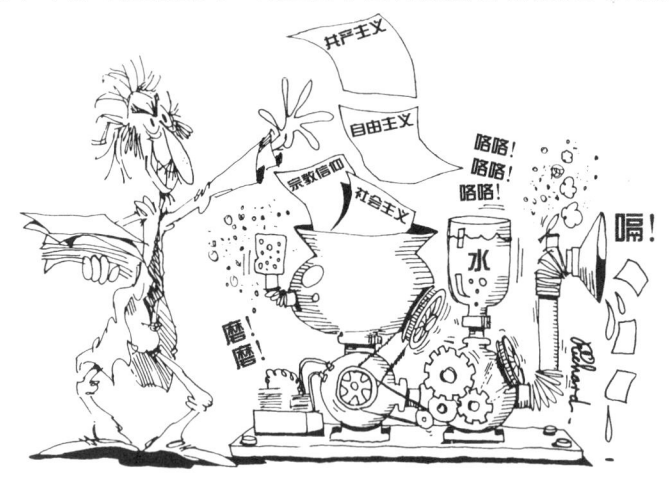

语义政治学还是政治语义学？政治术语尤其容易受到一些人的有意操控，这些人喜欢影响人们对他们所言之事的思考。

语言相关性理论也适用于同一文化中不同群体的人运用语言上的差异。你也许有过与某个生活经历和你完全不同的人进行交流的体验：你们俩虽然讲的是同一种语言，但你的用法可能与对方完全不同。当所用的语言模式与社会阶级差别相关时，可能会产生特别重要的后果。伯恩斯坦（Bernstein）根据他在英国的研究指出，工人阶级成员所用的语言代码比中产阶级更具体和有限。伯恩斯坦认为，工人阶级子女在教师为中产阶级、使用着重视抽象观念表达的中产阶级语言代码的教育体系中，自然而然地处于一种十分不利的地位。换言之，工人阶级子女所使用的语言也许把他们关进了一个与教师很难进行交流，从而可能妨碍其接受教育的"认知天地"。

我该怎样称呼你？

任何社会接触的第一步，以及交际中语言的最重要应用之一，是称呼我们的交际伙伴。我们在交谈中运用人称代词和称呼这种语言形式的方式，也受到文化习惯的强烈影响。不同时代的不同文化为其成员提供了在日常交际中使用的不同的语言代码。罗杰·布朗（Roger Brown）对称呼形式和人称代词的使用方式在不同文化和不同时代的演变做了广泛研究。称呼形式如同别的语言形式一样，遵守着为一定社会所普遍认可的明确规则。对一个人的称呼，许多欧洲语言都提供了两种可以选择的方式：非正式的熟称和正式的敬语，比如，德语中的"du"（你）或"Sie"（您），法语中的"tu"（你）或"vous"（您），意大利语中的"tu"（你）或"lei"（您），匈牙利语中的"te"（你）或"Ön"（您）。在许多亚洲语言如日语中，称呼形式区分得更加细微，这似乎反映了在这种文化中地位差别更加精细且具有至关重要的意义。

罗杰·布朗提出这样一个假说，称呼形式的使用一般遵循两个简单规范：地位规范和团结规范。地位规范规定，在称呼较低阶层的全体成员时都应该使用非正式的熟称，不论说话者来自同一阶层还是较高阶层。按照地位规范，当由较高和较低阶层的个人称呼高阶层全体成员时应该使用正式的敬语。这种地位规范的纯粹形式存在于法国大革命前欧洲的许多封建国家，当时甚至在高阶层中的关系亲密的成员（如丈夫和妻子）之间，也彼此使用正式的敬语称呼。相反，低阶层成员即便对本阶层中的陌生人也使用非正式称呼。

团结规范根据人们之间的亲密性而不是他们的地位来调控人的称呼。这个规范规定，不论人们之间的阶层地位如何，说话者对与自己没有亲密关系的一切个人都使用敬语，而对与自己有亲密关系的一切个人都使用非正式的熟语。法国大革命后附加在地位规范之上的团结规范，导致了期望使用适当称呼的矛盾。正如图7—1所示，这两种规范对上层社会的亲密关系和下层社会的非亲密关系所规定的称呼是矛盾的。

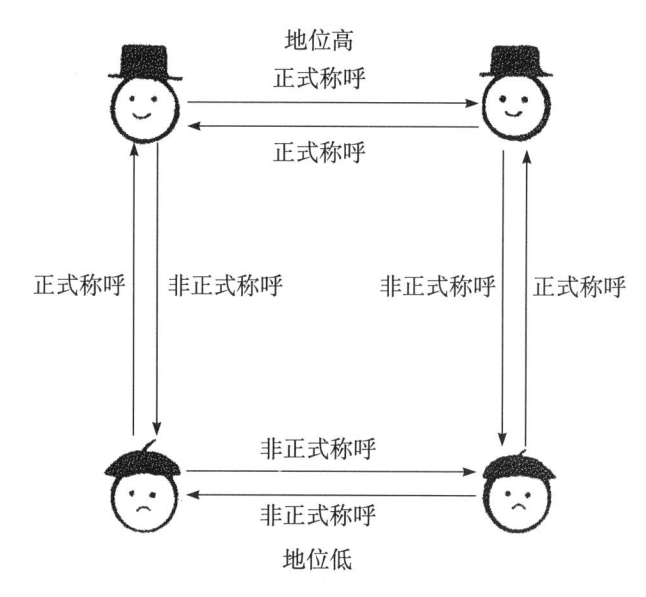

图7—1　称呼的地位规范

按照传统的地位规范，人们对所有地位低的人都使用非正式称呼，对所有地位高的人都使用正式称呼，即使他们之间有亲密关系也不例外。

这种矛盾在欧洲是通过地位规范的逐步淘汰和团结规范几乎为人们所普遍接受而最终得到解决的。这个事例极好地说明了社会和文化变迁如何决定着使用语言的适当方式。地位规范是封建时代呆板的等级社会秩序的典型产物，团结规范则与起源于法国大革命的自由文化的价值和要求更趋一致。

在与德国人或法国人交往时，对于那些不习惯这些称呼方式的人，如讲英语（现代英语不存在类似的区分）的人来说，确定用哪一种方式称呼对方即使现在也会遇到很大困难。在我曾经工作过的那所德国大学里，大多数在一起工作多年的教授彼此仍用敬语称呼，而学生们即使在十分陌生的情况下也用熟语称呼对方，这说明还残留着地位规范。从用正式的"Sie"（您）到用非正式的"du"（你）的变换，是由德国严格调控的礼仪来指导的。只有年长者或地位高的人对年幼或地位低的人才能在初步交往时使用熟语称呼，但一次酒会或其他小型庆贺活动经常会导致以上称呼的变换。一个人的政治观点也可以影响其使用这些不同称呼的方式。例如，布朗和吉尔曼发现，激进的人与保守的人在使用称呼上存在差别。激进的法国大学生一般比保守的人更常使用"tu"（你）这种非正式的熟语来称呼别人。

特殊的"行话"

以上我们看到，作为交流手段的语言是受周围文化左右和影响的。人们在彼此交往的过程中必然要发展特殊的语言代码。造成这种情况的原因之一是，随着相互间的了解不断增进，在双方的言语交流中说出一切细节性的东西就越来越没有必要。就是说，他们的语言变得越来越具有指标性（indexical）——所传达的很多信息实际上不是表达出来的，而是象征或暗示出来的（你在活动7—1中还会看到这种情况）。例如，对"我们泡泡去吗？"这句简单的问话已不能按其本身的意思来理解了。要正确解释它，我们就得了解许多在此仅做了暗示的事情，比如：(1)"泡泡"在这个群体的方言中是指游泳，(2) 询问者指的是其同伴所熟悉的附近的一个游泳池，(3) 这两个人都会游泳，(4) 他们以前曾一起去那里游过泳。

因此语言总是依赖于交际双方共有的知识，这会使交流更有效率。发送者和接收者之间的关系越密切，他们所使用的语言就越特别。情人、好友和熟人可以发展出局外人几乎完全无法理解的语言代码。没有亲密关系的群体，比如，同一所大学里的人们、教学班或工作组，一般也有他们自己特殊的"行话"。

语言相关性的一个例子？词语的含义在很大程度上取决于谁、何处、何时、对谁以及在何种情境中使用。

一个群体所处的共同社会环境，必然会造成群体"行话"的发展，其原因不仅是利用共有的知识使交流更有效率。人们拥有自己的"语言"，反过来也有助于界定一个社会群体。那些熟悉这种语言的人会为该群体成员们所"接纳"，从而成为其中的一员，但局外人会发现很难理解这种语言，从而难以成为该群体的成员。因此语言可用来界定和强化一个群体独特的社会身份。

> 这个人是书呆子，还是种马、便餐或香肠蛆？都不是。根据弗兰德利和格拉克斯伯格收集的普林斯顿行话词汇，他最有可能是个"石磨"。群体特殊行话的用途是便于交流，也有助于确定群体的特殊身份。

群体并不总是仅仅为了易于交流才采用特殊的语言代码。拥有自己的语言还会产生重要的派生结果，比如，确定和强化群体的社会身份。那些身份非常不明确或者非常注重自己身份的群体，之所以使用行话，仅仅因为它们是自己的身份符号，而不是为了便于交流。专业群体和大学教师们特别容易染上这种习惯。律师们在法律文件中使用古代英语词汇，目的不再是为了使法律条文的表达更加精确，而是为了显示律师的专业知识和特殊地位，为了表明只有他们才有资格解释这些法律条文。如果那些文件用通俗易懂的英语来写（就像许多博学的专家所主张的），谁都能理解并按其行事，显然就不太需要由律师来从事这种（高薪）职业了。

同样的道理，医务工作者们长期以来偏爱用晦涩的拉丁文来描写完全有合适英文名称的常见病。在这里，懂得行业语言同样也是要表明这个专业群体的专门知识和价值。遗憾的是，心理学家们也常常犯这种不必要的、沉溺于行话的毛病。

在什么场合说什么话

我们在社会交际中可加以应用的语言，在许多方面都是由我们所处的大文化背景以及我们群体或交际单位的规范、规则和共同的历史决定的。此外，社会语言学研究还表明，许多其他的情境因素对我们使用语言的方式有重要影响。语言作为交流手段具有丰富性，这使得我们能从大量可替换的言语形式中选择适当的形式来表达相同的信息。我们所处的特定社会情境的要求，对我们说什么、怎样说起着主要作用。

当两种以上的语言或方言在一个特定团体（多语团体）中使用时，通过考察其优先选择哪一种语言代码，有益于人们透彻地了解该团体中调控言语交际的社会规则。菲什曼（Fishman）指出，操双语——西班牙语和英语——的美国人，使用这两种语言的情境大为不同。英语是他们的职业和教育语言，而在家里、在同邻居交往时和在宗教生活中则使用西班牙语。有时候，语言转换会发生在同一句话里。例如，雷菲尔德（Rayfield）描述到，在圣蒙尼卡犹太人群体中，当大家的谈话涉及家庭问题时使用意第绪语，而谈论其他问题时则用英语。类似的情况也出现在冈珀泽和海默斯（Gumperz & Hymes）所研究的挪威人群体中，其城镇居民在市政部门同官员打招呼及询问其家庭情况时用方言，而当谈到工作事务时便换成了官方语言。诸如此类的研究表明，在社会交际中，人们对交流情境的要求十分敏感，并按照这一要求来调整自己的语言选择。

特定情境不仅影响着我们说什么，而且还影响着人们如何解释我们所说的东西。盖洛伊斯和卡伦（Gallois & Callan）在一系列有趣的实验中发现，甚至人们对说话者的口音也会有不同的反应，这取决于他们听这些话时所处的情境。人们发现，处于非正式的、以人物为中心情境下的澳大利亚人用希腊或土著居民的口音说话，比其在正式的、以成就为取向的情境下用这种口音说话更易被人们接受。人们在生命的早期阶段就学到了情境对语言的影响：儿童在合作性或竞赛性活动中使用的语言模式已略微显出区别，5～7岁的儿童已完全能够按照给他们规定的规则而采取相应的交流策略。

另一个有意思的问题是，我们如何从大量可以利用的语义替换中选择出最适合情境的词语。例如，我能以许多不同的方式告诉自己的伙伴我想让他关上门："我觉得有点吹风"，"你想让门开着吗"，"我有点冷"，"请你关一下门好吗"，"关门"，"不知是谁没有关门"，"你家里装的是自动门吧"等等。为什么我们在传达自己的请求时，选择了其中一种方式，而未选择其他方式呢？社会语言学研究表明，人们十分清楚并非常善于使思想与各种不同情境的要求和谐一致，他们对自己及其交际伙伴的地位、彼此之间的关系有清醒的认识，并能使自己在一定环境下传达的信息合情合理。上面列举的可供选择的请求方式中，每一种都可以成为在一定情境下做出请求的"约定俗成"的方式。任何谈话中的每句话都是从大量可供选择的同义语言形式中选取出来的、最适合于那种情境的社会要求的话语。

说了等于没说

社会交际的最重要特点之一,在于交际双方必须按一定的规则行动。在言语交换或交谈中,我们必须说有关的事,按适当的顺序说,有礼貌,体谅人,避免冷场等。格赖斯(Grice)说,这种所谓"交谈的基本要求"处于言语交际的中心。然而,我们有时候发现自己处在宁愿什么也不说的情境中。你最好的朋友拿来一篇写得很糟糕的会议论文让你提意见,之后问你:"我写得怎么样?"你说什么呢?你可以诚实回答(而这样你就伤害了他的感情),你可以给他留面子(而你却说了谎)。或许你也可以这样说:"你尽了最大的努力",或"许多人会写得更糟"。这种说法既满足了说有关事情的要求,又没有真正表达出任何个人看法(参见活动7—3)。

活动 7—3

冲突情境中的交流

设想你刚收到一件古怪而无用的礼物,你弄不清送礼物的人是在严肃认真地干这件事,还是在同你开玩笑。那么,下次当他见到你时问:"你喜欢我送给你的那件礼物吗?"你该怎么回答呢?从下面几种回答中选出一个:

(1)谢谢你送给我那件可爱的礼物,我非常喜欢。你想得真周到。

(2)谢谢,不过我并不真喜欢那种东西。你怎么想起送我这样一件礼物呢?

(3)谢谢,礼物收到了。人们所给予的,同时也是自己乐于接受的吧?但愿有一天我能回敬你的好意。

如果像大多数人一样,那么你大概会选择第三种回答。你也许注意到了,这种回答对于礼物如何、你是否喜欢、送礼物的人的意图以及你对那人此举的看法几乎都未涉及。上述情境是一种冲突情境:如果你对那件礼物表现得过于热心,而那人送你那件礼物是在和你开玩笑,就会使你显得有点愚笨;如果你流露出不喜欢那件礼物,而送礼物的人又确实是出于好意,你就会伤害那个人的感情。最好的方法是,你说的话能有两种解释——既说了点什么又什么都没说!下面的论述会使你更多地接触到这种信息表达方式。

这种非常间接、并不表达什么观点的言谈话语，按芭维拉丝（Bavelas）的看法，可称为"无意义"信息。她详细研究了这种信息，发现人们只有在觉察自己处于两难境地时，即他们不得不在两种不喜欢的传意方式——比如，前面的例子和活动中，要么伤害某人的感情、要么说谎——之间做出选择时，才会传达这样的信息。这种无意义的信息在日常生活中比比皆是。当你想要卖掉自己的汽车而又知道它是一枚"炸弹"的时候，当你试图安慰一位理所当然会在考试中失败的朋友时，你很可能会用无意义的信息。

第八章

非言语交流

言语交流与非言语交流的异同

达尔文和表情研究

非言语交流的作用

对社交情境的控制

自我展示

传递情绪信号

交流态度

信道控制

非言语信息的分类

言语信息仅仅是人际交流的一小部分。用词和句子传递的信息通常是由丰富的非言语信息陪衬的，后者支持、修正甚至会完全取代言语信息。有些十分复杂的社会交往可以完全由这种非言语信息编织起来。在由于某种原因进行明确的言语交流有困难或不大可能的情境下（例如，噪声很大，距离较远，一对情人身边有外人在场），就可以用眼神、微笑、手势、姿势变化等复杂的非言语信号交换来代替。异性成员间的许多接触开始于一言未发之前复杂的非言语信息交换，通过这种交换表明兴趣和意愿。

正像我们将会看到的，有效地发送和接收这种非言语信息的能力，对成功的社会交际来说是必不可少的。阿盖尔（Argyle）指出，这种能力像其他任何能力一样，是一种习得技能。只是某些人相对于其他人更擅长于此。非言语交流技能一贯欠缺，常常会导致严重的调适不当，这可以由必要的交流技能训练来矫正。

> 使用肢体语言表达异性爱慕。在许多人际情境中，非言语信息所传达的态度和情绪可能比言语信息所传达的更重要；有时候，全部复杂的信息交换可能都是以非言语信息的交换来单独实现的。上面这幅漫画只象征着身体交流的极简单的形式！

言语交流与非言语交流的异同

非言语信息不仅仅是使用语言的替代品。作为一种交流手段，非言语交流（NVC）具有与语言极为不同的特点。对非言语信息进行解码、做出反应，一般比对言语信息要快得多，并且更趋于自动化。当交际伙伴对你微笑、凝视着你或朝你使眼色的时候，你通常会毫不迟疑地对这些信号做出解释和反应，我们无须有意识地对这些信息的含义进行分析和解码。相比之下，言语信息通常要经过烦琐的编码和解码步骤，对言语陈述的理解、解释以及作答要花费长得多的时间。

这样看来，非言语信息与言语信息相比，常常不易受到人们有意识的解释和监察。因此，非言语提示常常会使说话者泄露出未曾想表露的态度、感情和情绪。这种非言语泄露（nonverbal leakage）还能告诉我们，一个人何时在说真话，何时在说谎话。埃克曼和弗里森（Ekman & Friesen）对这种现象进行了周密研究后指出，躯体、手、腿、脚的动作等边缘性提示是下意识的，因此比面部表情、目光等中心提示更可能使一个说谎者露出马脚。

非言语交流和语言的另一个区别是：非言语信号一般在传递态度和情绪信息方面比语言有效得多。据发现，非言语提示……对判断者的评价变化所产生的影响，是言语提示的 4.3 倍，在二者极为相异的情况下则为 10.3 倍。

什么适合用语言来传达，是由文化限定的。在大多数西方文化中，直接向他人表达人与人之间的态度和情绪通常是不受欢迎的。所以，我们习惯于用非言语形式传达这种信息。如果言语信息和非言语信息是相互矛盾的，也许文化决定了我们会认为非言语提示显露了真实信息。达尔文认为，在表达情绪和态度的时候，非言语信号之所以具有超过语言的优势，也许还有另一个原因，即按照进化论的观点，非言语示意手段的历史比语言要长得多，因而更适用于情绪等基本信息的交流。

我们可以把语言和非言语交流的差别概括为，非言语信息的发送和接收通常比语言快得多，受意识的控制和监察也少一些，而在传达态度和情绪方面却更有效。这些区别所带来的一个必然后果是，语言主要适于传达有关外部世界、待解决的任务等方面的信息；非言语信息在社会生活中传达价值、态度、爱好以及其他个人反应方面，则起着特别重要的作用。非言语信息在向别人传达自己的情绪状态方面所起的作用尤为重要。（见活动 8—1）

活动 8—1

哪个更重要：说话的内容，还是说话的方式？

你自己可以对着镜子体验一下以言语和非言语方式传达矛盾信息的情况。然后，用自相矛盾的信息与人们进行交流，并观察他们的反应。比如，你可以在说非常友好的话时发送非常不友好的非言语信息，也可以在说自卑的话时传达高傲的非言语信息。人们是更注意你说话的内容，还是更注意你说话的方式？相信你一定会发现，说话的方式总是比你所说的话重要得多！

达尔文和表情研究

达尔文的广游和对动物所做的大量观察，为他的进化论奠定了基础。达尔文还是一位热心于比较行为的研究者，他在1872年出版的《人类和动物情感的表达》，就是论述此课题的第一部实证心理学专著。他观察到，处于极为不同的文化背景中的人们，其非言语表情却是极为相似的，而且其中有些表情又和某些非人类物种——尤其是灵长类动物——的情绪信号十分相似，这给他留下了深刻的印象。达尔文的论点几乎就是以这种极其简单的方式加以阐述的。既然表情（微笑、大笑、哭喊、惊恐等）在一切人类社会中看来都是极为相似的，那么这种交流手段一定有某些为全人类所共有的遗传学根据。进而言之，由于一些与人类相近的物种，如猿人，明显地操用着某些与人类十分相似的表情，因此，情绪交流不仅是由遗传决定的，而且大概还与生理特性一样是由进化压力造成的。

达尔文收集了大量给人留下深刻印象的实证材料来支持自己的理论。他对情绪信号进行了系统的跨文化考察，收集并研究了许多人物和动物的表情照片，尤其是对婴幼儿和精神病患者的情绪交流情况给予了特殊关注，他期望在这些人身上发现以纯粹形式表现出来的、不受文化规范和要求所左右的遗传决定性特征。图8—1举例说明了达尔文用以支持其交流进化论的某些描述性证据。

图8—1 面部表情。这些是达切内博士早期拍摄的照片，它们被达尔文用来举例说明恐怖的面部表情（左）和惊恐及感情迸发的面部表情（右）

达尔文的著作引起了对情绪交流研究的巨大兴趣。埃克曼和他的同事们收集了大量与达尔文的理论有关的证据。这些证据表明，某些面部表情的确具有人类的普遍性。几乎从未接触过西方文明的新几内亚部落成员，却能正确地解释照片上白人表现出的情绪；他们自己对情绪提示的表情反应，与我们文化中所通行的方式也相差无几。埃克曼在其他许多文化中也发现了类似的结果。根据现在的证据，也许可以得出结论说，起码有一些情绪表现形式如面部表情是具有普遍性的。

要获得有关达尔文第二个观点——这些表情从更原始的动物信号进化而来——的证据，就困难得多了。灵长类动物"咧开嘴巴"的表情也许勉强可以说表面上与人的微笑相似，但微笑的意义依赖于复杂的文化习俗，所以任何进化之说都难免留下可疑点。人和灵长类动物面部表情上的任何相似之处，更可能是由这两个物种面骨和面肌的结构相似决定的。埃克曼还对面部表情的各种肌肉状态进行了研究，并发现这些肌肉状态可以生成的表情数目是十分有限的，那么，人的面部表情有时和灵长类动物的面部表情相像，也就不足为奇了。但是，这种相像并不表明附在表情上的意义也是为二者所共有的。

在更近的研究中，埃克曼、利文森和弗里森又向前迈了一步。他们通过指挥受试者使其面部肌肉做适当的运动从而扮出各种表情。他们发现，"自主神经系统的特殊情绪活动，是由两颊肌的面部情绪范型建构生成的"。这些研究成果说明，情绪体验和面部表情也许是由直接神经通道联结的，这在某种程度上与达尔文最初的想法一致。然而，目前关于这种联结的证据尚不具有足够的说服力。

我们还应该注意，大多数情绪信号并不像面部表情那样具有普遍性。大多数非言语信息是特定文化的产物，甚至那些共存于几种文化中的非言语信号，其意义也受到特定文化的巨大修正和加工。达尔文的研究以及埃克曼的研究，都有效地把注意力直接指向了语言和非言语交流的一个最基本的区别。和语言不同，非言语通信手段可在许多处于不同发展水平的动物中见到。这样看起来，许多物种的潜在的群性（社会）组织，就是依靠这种有效的非言语交流手段而建立起来的。既然非言语信息是一种比语言的历史悠久得多的交流手段，那么，一些非言语符号之所以具有迅速诱发和传达情绪及态度的特殊效力，就可以由进化论而得到圆满的解释。

非言语交流的作用

作为交流手段的语言和非言语信息具有极为不同的特性，这在一定程度上决定了它们在社会交际中最适宜的角色是什么。在大多数日常接触中，我们同时使用着言语和非言语信息，但它们各自服务于不同的目的。这两种交流方式通常是相互协调、配合使用的，例如，我们的姿势、目光和声调强调并详细说明着我们用词语传达的信息。可以说，一个人只有懂得如何用适当的辅助性非言语姿势来补充其讲话，他才算真正掌握了讲一种语言的方法。

语言学家们越来越认识到，人们不可能在尚不了解语言在日常生活中的实际应用方式的情况下，就把语言当做一种抽象的交流手段来学习。人们不仅用词，而且还用整个身体来讲一种语言。法国人、意大利人、英国人和希腊人使用极为不同的非言语符号来陪衬他们的谈话（参见活动8—2）。

活动 8—2

非言语交流存在文化差异

只需请你的朋友在听不到人们讲话声音的情况下，猜一猜他们说的是何种语言，你就可以轻易地证明不同国家的人用来伴随其讲话的非言语符号是不同的。可以从电视里选录外国电影片段作为实验资料。但要注意不使选录的电影画面中有除姿势以外的会暴露讲话者国籍的提示，如服装、场景等。广泛启用非言语信道（如手势和躯体动作）的语言，比如，意大利语和法语，识别起来要比极少使用辅助性非言语符号的语言容易得多。

言语和非言语两种信道，有时也可以传达相互矛盾的信息乃至相互独立地发挥作用。只要眨眨眼睛，就可以否定一篇精心设计的讲话的大部分内容，因为它表明讲话者并不是以严肃的态度来说那番话的。再举个例子，一位以言语方式做正式讲演的男人，可以同时用非言语信号向听众中的一位女士表达爱慕之情。言语和非言语这两种手段都有一定的专门作用：我们显然倾向于用非言语信息来达到靠语言不易达到的目的。非言语信号主要发挥着五种功能：（1）社交情境调控；（2）自我展示；（3）情绪交流；（4）态度交流；（5）信道控制。

对社交情境的控制

我们通常并未明确意识到社交情境的调控问题，但即使最简单的社会交际也需要由参与者进行认真复杂的调控。我们需要不断地向交际伙伴表明自己对其所传达内容肯定或否定的反应；表明自己对这种交际的兴趣增加或减少或保持不变；表明自己是想要重新限定交往的内容，还是要终止交往。这些以及其他许多信息的交流，对于顺利地进行交往来说都是必不可少的。当两个人进行交谈时，他们的言语交换始终是由非言语信道来调控、支撑和监测的。这种提示是极其重要的。尽管在言语中说感兴趣，但却通过非言语信道传达出厌烦或缺乏兴致，这样的交谈是不可能继续下去的。我们都感到同那些不看着我们的人交流是很困难的，同那些在我们说话时打瞌睡、站得远远的、摆出一副不屑一顾的姿态或背对着我们的人交谈，情况也是如此。不管谈论什么话题——邻居的猫、政治或足球——没有非言语信息的流动来辅助和调控，这种交际是不可能保持下去的。

非言语信息的交流不仅在调控已建立起来的交际中具有重要意义，在接触的开始和结束阶段还担负着更艰巨的任务。在有新的交往机会的场合（宴会、会议、讨论会等可能与陌生人正式会见的场合）中，一系列微妙的非言语信号常被用于建立交际关系。第一个信号通常为目光接触，这种接触一旦互换，便可能引出更复杂的信号，比如微笑、点头等有助于与潜在交际伙伴熟识的信号。接下来一般是彼此靠近，把头和身体调整得朝向对方，最后以初次的交谈而使接触的开始阶段告终。

在聚会上，闯进一群正在交谈的人的圈子是这种非言语仪式的一种更复杂的情况。从公共距离移至社交距离，并与看起来最易接近的该群体成员建立目光接触，就会导致一个"入伙"仪式。这时，靠近你的人会将身子稍稍转向你，并朝边上移动为你挤进这个圈子腾出一席之地，而其他一些群体成员最终则会以短暂的目光接触或微笑表示接受你的加入。

巧妙地终止交往，是一种比建立接触更重要的非言语技能。我们大都体验过那种也许由于双方都不能巧妙地终止彼此早就想结束的交往，而陷入尴尬局面的经历。在这种情况下，看手表可是一种极不巧妙的手法！应使用一系列基本上与入伙仪式相反的非言语信号。减少目光接触并把眼睛看着别处，慢慢拉开距离（如果站着），或做出准备要站起来的样子而移动（坐着时），这些做法通常会达到预期的目的。"看别处和走开"，在鸡尾酒会上是完全能为人们所接受的终止接触的方法。

> 加入一个群体的非言语技能。在我们想要建立或终止一种交往、加入或离开一个群体的时候,非言语信息发挥着一种调控社交情境的功能。目光注视、身体朝向或微笑表示对加入交谈感兴趣——当然,人们也可以像这幅漫画所描绘的那样,采用更加直接的提示!

自我展示

所有社会交际的一个基本特点是,我们的自尊和自我形象会在交际中受到检验。我们必须有效地(在新伙伴面前)树立并(在既定伙伴面前)继续保持我们的自我形象。当从自己习惯的社会环境迁移到一个不会马上受到像原来熟悉我们的人所给予的那种拥戴的新环境时,我们常常不得不向这个大群体中的大批陌生人展示自己。

在这种情境下,言语交流作为自我展示信息载体所起的作用非常小,我们不能向陌生人这样肯定地介绍自己说:"我是个极有魅力的人,既高尚又聪明、漂亮,大多数人都喜欢我,你也会如此。"尽管如此,传达这种信息的信号必须存在。我们一般是借助非言语手段来自我展示的,即按照情境的要求,用微笑、不时地点头或皱眉来表示友好、和善、不满或理解。更加直接的个人特性,如地位、性接受程度或财富,则可以用服装、容貌或各种标志(珠宝饰物、徽章)等信息载体来直接加以传送。

> 这个人想要传达什么吗？佩戴徽章、特定的服装、特定的发型以及面部表情，都能达到以非言语手段来自我展示的目的，并可服务于态度、个性特征等的交流。

传递情绪信号

某些非言语信号如面部表情，作为高度特殊化和具有文化普遍性的情绪状态信号载体而发挥作用。关于情绪的言语信息不仅传递速度慢，而且常常是模棱两可的。一个与此有关同时也十分有趣的问题是，为了有效地用语词传达情绪，我们就必须先清楚地辨识和标记自己正在体验的情绪，用面部表情发送情绪信息能快速地传达情绪。埃克曼等（Ekman et al.）指出，情绪和面部表情之间的联系之强，使得人们只需指令自己的面部肌肉移至与发送一种情绪信号相符的标准位置，就能体验到适当的情绪。

大多数社会的文化规范严格限制对情绪的言语交流。谁对谁在什么情境下能谈论什么情绪，是有严格规定的。非言语信息在大多数常见的情况下，不得不担负起传达情绪的重要使命。除面部表情外，焦虑、幸福、害怕、高兴或厌恶等情绪还可以通过别的信道来传达，包括姿势、手势、距离、目光等等。发送和解释这种情绪信号的能力因人而异。有些证据表明，在情绪交流方面，更出色的发送者和接收者是女人而不是男人。

交流态度

大多数持久的态度通常都既可用言语表达又可用非言语方式表达。对政治领袖、洗衣粉或罐头食品的反应可以议论，但辅助这种议论的非言语信号常常会意味深长地扩展言语的内容。研究表明，即使是最无偏见的电视新闻播音员，其播报各种政治新闻的方式也会无意中暴露出他们自己明显的政治信仰。在社会交往中，许多其他种类的态度，特别是那些转瞬即逝和不断变化的态度，则完全是由非言语信道来传达的。你对同伴的吃相、他所聊的话题、绕着食物飞的苍蝇，或者你对岳母所持的态度等，几乎不值得用语言评说。这些态度都是由持续不断流露出的微笑、点头、皱眉和目光接触等非言语方式来传达的。

信道控制

对社交情境进行调控的一个非常特殊的方面是调控让谁说话、说多长时间以及谁接着说。言语交际通常是高度组织化、结构化的，因为听觉传意信道的承载能力十分有限。不论群体多大，一次只能由一个人讲话，别人才能听清楚。为了合理地分配这种珍贵资源，就应该通过集中协调使大家轮流发言，以减少浪费。信道控制是指，非言语交流信号如盯视，具有控制言语信道使用的功能。

当一个群体是由两三个以上的人组成时，所需的协调可能是相当复杂的，而这种协调通常是在没有言语信息、没有明确的个人请求或给予发言许可权的情况下实现的。执行这种协调的非言语信号是很好识别的。讲话者通过放低声音、打量或扫视某个要接替自己的听众、放松语气和姿势等信号，来表示他准备让出发言权。正像迈克尔·沃克在几项实验中所证明的那样，这种微妙的话轮转换和话轮放弃的信号协调程序，远比人们以前想象的要复杂得多。

肯登就指出，用于讲话开始时的盯视和讲话结束时的盯视，其样式是十分不同的。希望取而代之的人常常通过捕捉讲话人的目光来表达自己的意图，或做个（时常能被人们听见的）深呼吸，向前倾倾身子，可能还会发出一些引人注意的姿势和手势信号。如果仪式因某种原因被打断，并且有几个讲话者同时打开话匣子，接踵而来的就是一场短暂的争斗。在争斗中，声音的洪亮、口齿的伶俐以及目光或手势的坚定等变项，会在大家一齐说出几个词之后决出谁是胜利者。由于非言语信号的潜在流动远比人们以前猜想的要复杂得多，所以，假如能使交谈中发生的大多数话轮转换不遇到障碍或产生明显的分裂，这就是一种非常卓越的技艺。

非言语信息的分类

我们绝不是孤立地发送和接收非言语信息：我们的交流是由目光、手势、声调等不断变化的多元信号构成的复合体。那么，怎样才能把人们所传达的这一连串复杂的信息描绘成完整的印象呢？梅里布赖恩（Mehrabrian）对大量的非言语行为进行了实验分析，他指出，非言语信息的意义可以按三个独立的维度来加以描绘：（1）用于传达喜爱和评价的直接或亲密提示；（2）用于传达身份差异和社会调控差异的放松提示；（3）用于传达警醒和应答的活动提示。

在表8—1中，你会看到每一维度中常用来传意的一些非言语信息的典型例子。比如，通过触摸、目光接触和拉近距离等直接提示，我们可以表示喜爱。放松提示传达地位和权力：一个人地位越高，他在这个维度中的表现便越轻松、泰然；而地位低的人则表现得紧张、谨慎。对交际伙伴的应答是通过活动提示来传达的：面部和身体活动的幅度越大，表明我们对同伴的反应也越大。

表8—1

用于传达喜爱、地位或调控以及应答的非言语信息种类

1. 直接提示（传达喜爱和厌恶）
    目光接触
    身体朝向
    身体前倾
    人际距离
    触摸
2. 放松提示（传达地位和社交调控）
    身体斜靠着
    双臂交叉在胸前直对未做出这种姿态的人
    躯体放松（斜躺着）
    手部放松
    对着正襟危坐的人跷起二郎腿
3. 活动提示（传送应答）
    一定的手势
    腿和脚的动作
    点头
    面部活动和悦人的表情
    说话的音量、速度和语调

第九章

丰富的非言语信息

运用你的眼神：凝视和对视

瞳孔会说话

交际中该看多少？

敌意的凝视

距离产生"美"

人际交往的界限

占据你的地盘

触摸和身体接触

说话的方式

以身体传意

在绝大多数的现实生活交往中，非言语信息是通过几条信道同时发送和接收的。我们同时用自己的眼神、表情、姿势、手势、音质、装束和距离行为来传达信息，这些信息是相互协调的，它们和言语信息也是相互协调的。例如，由某一信道发送的信号（如手势）的意义，受到另一信道信号（如目光接触）的限制，后者可以指明手势信号是发给谁的。但请务必记住，人们几乎从来没有孤立地使用过这些信号——完整的信息总是由几种成分构成的。

运用你的眼神：凝视和对视

目光接触是我们拥有的最常见、最有力的非言语信号之一。即使在现代西方文化中，眼睛中的形象也是最有力的视觉符号，人们对它会自动地做出关注和反应。广告家知道如何利用这种反应，只要浏览一下广告牌和杂志上的广告就会清楚这一点。很有意思的是，你会注意到，古代与目光有关的信仰或迷信至今仍残存于许多文化中。人们对"狠毒的目光"（按迷信说法会造成伤害）有一种习惯性恐惧，对这种目光的规避术至今在南欧的许多地方还很盛行。婴儿在能够认识大多数别的刺激物之前，就可以对类似于眼睛的图案做出反应。眼睛常常被人们看做心灵的窗户，多数人还认为眼睛在揭示内心信息方面具有特别重要的意义。教师如果疑心小学生在欺骗自己，便会令其看着自己的眼睛，他相信眼睛不会说谎（埃克曼和弗里森的研究倾向于认为，在手和腿的动作上寻找末梢信号可以更好地测谎）。

甚至连哲学家也对目光接触的意义给予了特别的关注。存在主义哲学家吉恩·保罗·萨特，在一篇论述相互主观性（intersubjectivity）和个人自由异化的著名文章中，就是用目光接触的例子来说明其观点的。他的论证是这样展开的：当别人看着我的时候，我被迫意识到我的个人主观性不是唯一的，他拥有自己的观察世界的方式，对此我无法接近。从他的目光中，我意识到自己在他的心目中只是一个客体，我的独特的个性和主观性对他来说是不存在的。他的目光接触是表示我的自由异化的信号。现象学家，如舒茨，在其社会交际分析中也认识到目光接触的重要性，即通过目光接触的最有力的传意而相互意识到他人的主观性，是这种分析的重心。

社会心理学家不太关心这种关于目光的主观信念。他们的精力主要集中在研究目光接触到底是如何在交流中使用的。凝视一般表明兴趣所在，旨在激起接收者的兴奋，但目光接触的确切含义主要取决于语境。目光接触可以表达亲密、参与和吸引，也可以表达支配、侵犯和优越。请想想一对妙龄情侣意味深长的目光接触与两个仇敌激战前意欲在心理上压倒对方的逼视，它们所具有的含义是多么不同。在这两种情况下，他们的凝视都是要激起对方的兴奋，但这两种兴奋的意义是有巨大差别的。

各种场合下的目光

爱　怕　烦　恨　信赖　狠毒

> 目光在说话！目光在许多人与人之间的态度和情绪的非言语交流中起着核心作用。

瞳孔会说话

尤其令人惊异的是，凝视不仅会使我们所凝视的人产生兴奋，而且我们的目光还可以传达我们自己的兴奋状态。在活动9—1中，你判定了两张照片中的哪一张更有魅力？除了一点小小的区别外，这两张照片实际上是完全一样的。其中一张照片上的瞳孔晶体做了点放大修描。如果你像大多数人一样，你就会选择那张放大了瞳孔的照片，认为其更有魅力。这样选择的理由何在呢？研究者们指出，我们瞳孔大小的变化不仅是对亮度的反应，而且还取决于我们的兴奋状态。我们的兴奋水平之所以不断变化，原因之一就是我们对自己周围的人和物有喜欢或讨厌的不同反应。

根据人们在这个问题上的重要研究，我们学会了并非有意识地注意别人瞳孔的大小，并将观察到的瞳孔大小的变化解释为自己交际伙伴（们）态度好、坏的指示器。赫斯（Hess）创造了"瞳孔计量"（pupillometrics）这个术语，来描述对于瞳孔大小如何受这种心理反应影响所做的实验分析。研究表明，人们在观看特别喜欢或特别讨厌的人物及物体照片时，会呈现瞳孔放大反应。与其他事情一样，性兴奋也可以由瞳孔放大传达出来。女人看到她们感兴趣的照片，如婴儿照或男性裸体照时，会出现瞳孔放大反应；反过来，男人在看到女性裸体照时也会出现瞳孔放大反应。同性恋的男人对裸体男性有瞳孔放大反应，对裸体女性则无这种反应。

活动 9—1

你更喜欢哪一位？

观看下面两幅照片，并迅速断定你认为这两张照片中哪一张更有魅力。断定后，接着阅读本章的内容，看一看你的选择是否和大多数人一样，为什么会这样！读过后面的内容后，你还可以用这些照片测验一下别人，看看他们的反应是否和你一样。

交际中该看多少？

尽管我们平时并未自觉地意识到自己使用目光接触的次数，但是研究表明，观看的恰当次数在大多数日常接触中是有微妙决定的。大多数交际的视觉平衡（谁看、何时看、看谁以及看多少次）是由性别、地位、关系的亲密程度和交际的性质决定的。即使在单边交际如演讲中，恰当的注视方式对于交际的顺利进行也是十分重要的。人们希望演讲者完全均等地分配与听众的目光接触，注意听众的兴趣、不满、厌恶、爱戴等非言语提示。反过来，演讲者也希望听众在大部分时间里看着自己。这些非常简单的规则一旦被违反，交际就会中断。

有一个可以更好地说明这个观点的例子。我在英国一所开放大学暑期班讲学期间曾做过一个实验，让学生们控制自己对教师（我的同事之一）的目光注视，使讲座的前半部分坐在教室左边的人都全神贯注地看着他，而教室右侧的人都不看他；讲座的后半部分情况相反。起初我的同事因为教室右边明显没人注意他而有些困扰，但通过移身于讲台左侧并将目光主要扫向注视着他的观众，从而很快适应了这种情境。当中途发生了转换时，他受到了很大的干扰，讲课乱了头绪，感到很难重新适应这一情境。当然，后来在向他解释了课堂上发生的奇怪行为后，他便宽慰了许多。问题的实质在于，我们总是依赖于这种简单的、使交际成为可能的视觉交流规则，即使微小的偏差也会造成交际中断。

在更加严肃的交往中，目光接触的次数是非常标准化的。一般情况下，听众对讲话者的注视略多一点儿，双方的目光对视在整个交际过程中只占一定比率。在典型的两人交谈中，人们大约有61%的时间是看着对方的，而双方注视同时发生（对视）的时间约占31%。对视的平均持续时间只有大约1秒钟，而单方面的注视一般为3秒钟。同一个人，注视对方的时间在听的时候比在说的时候要多一些（听时注视的时间占75%，说时注视的时间占41%）。在这些预期的注视模式中存在着一些重要的文化差异。有意思的是，黑人的注视模式与白人完全相反：他们一般在说话的时候注视对方多，而在听别人讲话的时候注视得少。

盯着对方看得太多，也许和注视得太少以及连一眼也不看对方一样，令人感到不舒服（参见活动9—2）。其他因素，比如，个人的亲和需要、他的性别以及竞争的情境等，也影响着目光注视。埃克斯莱因发现，女人总的来说比男人更爱注视对方，而这种注视在和谐的情境中比在竞争的情境中更常见到。在竞争情境中，长时间的目光接触会加剧紧张局势，尤其是对妇女，"在竞争情境中，对视中所固有的亲密可能被解释为战斗的亲密（the intimacy of combat）"。

活动 9—2

注视的规则

你可以用自己比较熟悉的方法做个小实验。首先，确信你所选的受试者是你的好朋友，他不会防范你对其采取的奇怪行为！与你所选的伙伴像平常那样进行交际，除了按下面所说的方式进行目光接触外，其余的行为都要像平时那样对其表示出尊重。交际开始5~10分钟后，按下述方式之一行事：（1）要么使目光接触的时间无限拉长,在你们一起度过的时间里始终盯着对方;(2)要么始终避免目光接触,连一眼也不看对方。注意,一定要确保你的其他行为及言语交流和往常完全一样。你的伙伴迟早会变得不知所措,最后会问你做出这种异常行为的原因。他的反应说明,注视的规则等微妙的习惯在使社会交际正常进行方面是多么重要。

敌意的凝视

目光接触并不总是吸引和亲密的信号,它在某些别的提示的配合下还可以传达侵犯。目不转睛的瞪视是一种古老的挑战和支配信号。儿童有时爱玩这种"盯得对方不敢再对视下去"的游戏,他们从这种游戏中所体验到的刺激和兴奋仍与长时间的目光接触有关。埃克斯莱因和耶林(Exline & Yellin)指出,充当侵犯信号的瞪视有其进化论根源。长时间的瞪视是许多鸟类以及狗和灵长类动物的支配信号。我们时常可以观察到,这些物种的成员把长时间的目光接触当做战前准备或争夺首领地位的手段。即便是两个不同物种成员间的瞪视,也能以同样的方式来解释。埃克斯莱因和耶林发现,当人类实验者瞪视着动物园里的猕猴的时候,这种行为显然也会被猴类解释为侵犯,并使其产生兴奋和恐慌。下次去动物园的时候,你可以自己做一下这个实验!

> 做侵犯性瞪视。不适当地盯视陌生人,常常会起到发送侵犯性信号的作用,致使接收者做出"厮斗或逃遁"反应。在一项研究中,停车在交叉路口而受到瞪视的司机,比那些未受到这种操纵的司机的"起行"速度要快得多。

人类中不适当的瞪视会造成同样的效果。动物对挑战信号的典型反应不是厮斗便是逃遁。埃尔斯沃思和他的同事们用一个有趣的、不受察觉的实验证明,同样的反应也存在于人类之中。一些遇红灯而停驶于交通路口的轿车司机，无端地受到实验者一群同伴的瞪视，另一些司机则未受到这种侵扰。因变量是司机的躲避速度（逃遁反应），规定为交通信号灯变绿后每位司机驶过交叉路口预定距离的时间长度。值得注意的是，遭受瞪视的司机比未遭瞪视的司机"起行"要快，埃尔斯沃思将这种情况解释为业已在许多别的物种中发现的古老的"逃遁"反应的改进形式。这一研究被重复进行，不仅限于汽车司机，而且还扩展到行人和骑车人等不知情的受试者，收到的结果基本上是一样的。由于不适当的瞪视明显是一种侵犯信号，这可能会引发侵犯反应，所以我不鼓励读者在没有适当防范措施的情况下重复这个实验！

距离产生"美"

充当亲密或侵犯信号的凝视，其意义主要取决于语境和其他非言语提示。阿盖尔和迪安（Argyle & Dean）指出，一切交际和个人关系中都存在着精细调节的亲密程度，这种亲密是由交际双方通过各种非言语亲密信号（凝视、微笑、距离等）的调节来保持的。我们在不同的交往中传达并保持着不同程度的亲密，这取决于我们正同谁交谈（朋友、同事、配偶等）、谈论什么（气候、金钱）以及交谈场所（街上、餐馆里、电梯中等）。

这种所谓"亲密平衡论"预言，当亲密信号以一种方式如拉近人际距离而增强时，人们会以另一种方式如减少目光接触来减弱亲密程度，从而对此进行平衡。在阿盖尔和迪安的实验中，受试者被安排与实验者的同性或异性同伙进行交谈，后者在交谈中与受试者保持着不同的人际距离。当实验者的同伴们移近受试者即交谈距离变小时，受试者便自动减少目光接触，以保持先前的亲密程度。

日常生活中，当人们进入一个密集空间如电梯的时候，可以观察到相似的现象。当人们在这种狭小的地方被迫选定异常近的人际距离时，一般的反应是减少或完全免除目光接触。电梯中的乘客一般不会互相正面注视，大概只是在刚进入电梯后或离开电梯前彼此瞥上一眼。这种目光接触减少所造成的后果之一，是使交谈变得困难或不可能了：不能注视和监察对方，就很难进一步交谈了。因此常可见到这样的现象：正在交谈的人走进电梯时一般会停止交谈，离开电梯时便又立即恢复了交谈（参见活动9—3）。

活动 9—3

距离太近致使交流停止

你可以系统地观察一下，在人们被迫拉近距离的情况下，比如电梯里、公共交通工具上等，亲密平衡论是如何起作用的。你应注意观察：（1）人们在进入一个狭小空间如电梯之前有没有交谈；（2）电梯中人与人的间距（一定程度上取决于电梯中的拥挤程度）；（3）大家目光接触的次数；（4）谈话是否停止了；（5）离开电梯后，谈话是不是又继续进行了。你大概会发现，当人们被迫拉近距离时，目光接触就减少或消失了，而谈话的中断也许与目光接触的消失有直接关系。

> 电梯中的（无）交际。当人们被迫选取异常狭小的人际距离时，例如，在电梯里，他们常常会以减少目光接触来抵消这种亲密性的增加。而目光接触的减少又会使交谈变得比较困难或不可能。

人际交往的界限

空间和区域的使用，大概是我们可以自由使用的、仅次于目光的第二种最普遍的非言语信号。研究者们通过两种不同的途径研究了距离和空间在人类交际中的作用。第一种可能的途径是描述性的、社会人类学的取向。霍尔（Hall）试图通过这种途径来描述调控着空间使用的各种文化规范和习惯，他把这个领域的研究称为"距离学"。与此相对照，萨默（Sommer）采用实验的、社会心理学的方法，研究了各种情境因素如何影响空间使用的问题。

霍尔指出，我们把自己的社会环境分割为完全不同的区域，这些区域环绕着我们的躯体，就好像是我们随身携带的看不见的"气泡"。他把这种环形个人空间带分为四圈：亲昵带（0～60厘米）；私人带（60厘米～1.20米）；社会—协商带（1.20～3.30米）；公共带（约3.30米以上）。这些交际带中的每一带圈都具有不同的规范、要求和行为特征（参见活动9—4）。

活动 9—4

跨进个人界限

霍尔关于存在着个人界限的观点很容易得到验证。你可以应用上面的例子，只需在社会界限内违反目光回避的规范，并观察所发生的情况。走在街上的时候，随意从朝你走来的几个人中选出一个受试者。总共选10名男性受试者、10名女性受试者。直盯着你的受试者，直到他（她）走到距你只有3米远的位置再移开目光。然后，对同样数量的受试者重复这一过程，但这一回要直盯到那个人与你擦身而过。在第二种情况下，受试者在跨进你的"社会"带时很可能试图以某种方式与你建立接触，有人甚至会问："你在什么地方见过我吗？"这显然证明，社会带内的目光接触只适用于熟人之间，而不适用于陌生人之间。

从一个行为带进入另一个行为带，通常是由明显的行为变化来标示的。举个普通的例子，我们在街上注视着一位走近我们但仍未超越公共带的陌生人时，不会感到局促不安；而当他跨进我们的社会带（约近于3米）时，目光接触通常便中断了。如果在这一分界点上我们还不把目光移开，那就需要打一些礼仪性的招呼（比如，微笑或含混的问候），表示在这个更亲密的区域发生了微小的社会接触。

我们与人们进行交往时所选取的距离，还取决于我们是否喜欢他们以及我们彼此的地位。朋友间的交往距离比陌生人要近，人们同地位高的人谈话时比同地位低的人谈话时拉得距离远。人类学研究途径的长处是，明确地考察了距离行为中存在的文化差异，这种文化差异有时很有趣。例如，在中东文化中，人际距离趋向于非常靠近。据说，阿拉伯人在其个人交往中喜欢启用几种感觉通道，包括嗅觉通道。因此，按照我们彼此接近的标准而站，他们就会感到不舒服。这些差异很好地说明了，我们对"正确"交际行为的期待是如此巧妙地保持着平衡。由于与同伴相对而立时过于接近了几厘米从而破坏了表面上看来不重要的距离规则，就会使对方在交际中明显地感到不舒服，并会使一个人被要求更大交际距离的这种社会文化所排斥（参见活动9—5）。

活动 9—5

站得太近的后果

社会心理学家们通过故意破坏我们遵循的明确规则的实验，证明了空间行为的重要性。在一项实验中，研究者只是比规范所允许的距离向谈话伙伴更移近了一些。他这样设法在谈话的屋内向那个人移动了几次，对方则以"逐步后退"来重建他认为比较舒服的谈话距离。你可以自己重复一下这个实验，从而验证距离规则在社会交际中的重要性。做这个实验只需找个比较宽敞的空间（如剧院休息厅或海滩）以及一位没有防备的谈话伙伴。然后故意选取只比平时近几厘米的谈话距离，观察一下那个人的反应！结果是对方一遇机会便会后退以重建其感到舒适的距离。如果有充足的时间允许你不断地朝他移动，那就可能会追得这个人团团转！

占据你的地盘

除了空间和距离这两种动态易变的非言语维度外，我们对物理区域还抱有更持久的权利主张。"地盘"是动物群落的最普遍特征之一。人类虽很少表现得像动物那样终身依附在地盘上，但仍同物理区域之间保持着相当微妙的关系。戈夫曼（Goffman）说，人类虽不拥有永久性地盘，却常常宣称对一定的区域拥有临时管辖权。另一种关于地盘的分类是由奥尔特曼（Altman）提出的，他对"基本"地盘（如住宅）、"派生"地盘（如共用的办公室）和"公共"地盘进行了区分。

关于人们如何表达他们的地盘权主张的例子有很多。度假者的野营地是个具有被人非法侵入危险的领域，所以，度假者们便以悬挂标志、设置临时围栏等多种形式，将其狭小的"派生"地盘与周围的"公共"地盘划分并保护起来。"周末园丁"们花费大量业余时间在他们的领地上劳动，把自己的小花园修整得明显地不同于邻居们的花园。办公室里的工作人员往往依恋自己的房间和办公桌。必须承认，我在国外大学工作期间，当听到我不在时被分配到另一间办公室的消息后，我也感到十分不安。

我们的基本地盘——住宅和居室——还能表现我们的价值选择和身份，因而具有作为其居住者非言语信息重要信源的功能。学者、官员或医生们对其办公室所做的安排和布置，也服务于同样的地盘功能。对办公桌的独特安排，可以使我们对走进办公室的人表示一种态度。把家具安放在适当位置，我们就可以把室内划分为明显可辨的"公共"区域（办公桌前）和"私人"区域（办公桌后）。有研究表明，只要看着一个人办公室、居室或学院寝室的照片，就能十分准确地猜出占有者的个性。

地盘标记举例。对图书馆阅览桌这样的公共地盘用高度个人化的物品（如吃剩下一半的三明治）来占留，也许是最有效的；用非个人物品（如一本书）则不那么有效。

除了这种永久性的地盘外，还有许多其他的公共区域，比如，我们只能短期占有的图书馆阅览桌、街道长凳、餐馆的饭桌。人们用符号性地盘标记如个人物品或报纸来占留这种临时性地盘。这种具有赶走"侵入者"效用的地盘标记，其效力与标记的个人特征成正比，与空间压力成反比。在大学图书馆中钻研的学者们，将个人物品（吃了一半的午餐）或非个人物品（一本打开的书），在繁忙或清静的时间段里，放在没有人的桌子上。常见的地盘侵入（你占留的地盘被别人抢了），更多地发生于地盘标记为非个人物品之时以及空间需求较大的情况下。这里面有个教训——如果你想在空间竞争激烈的情境下确保没人抢走你的地盘，就应使用纯属个人用品的地盘标记（参见活动9—6）！

活动 9—6

设立地盘标记

你可以通过这个活动来证明各种地盘标记的相对效力。找一个人们通常轮流占有地盘的地方（如机场休息室、铁路候车室、图书馆或公园中的长凳），然后放样东西在上面，放的东西可以是纯属个人所有的物品（一件衣服、书包、吃剩下一半的午餐等），也可以是非个人的标记（报纸、书等），看看它们的相对效力。你还可以分别在人少的时候和高峰期做上述实验，以调控争夺地盘的压力。注意观察你"标记"的地盘被人侵占的频度，以及这种侵占在不同的情况下需花费时间的长度。

触摸和身体接触

触摸在生命的早期是最重要的非言语信号之一。父母和婴儿通过触摸而传达大量的信息。但是，在大多数西方文化中，成人之间的触摸是由复杂的文化习惯来严格调控的。能触摸谁、触摸什么部位、怎样触摸、何时触摸以及谁来触摸，都有非常明确的规定。朱拉德（Jourard）让300名年轻的美国成年男女指出，他们身体的哪个部位可接受各种类型的他人（如母亲、父亲、同性朋友、异性朋友）触摸。对他们回答的统计结果表明，关于哪种类型的触摸可以接受，回答是非常一致的。这些统计结果概括在图9—1中。其他文化中的这种"触摸图"也许与我们的极为不同。例如，在许多佛教徒社会中是严格禁止触摸别人头上的任何部位的，因为头部被人们视为灵魂的寓所。

在我们的文化中，轻轻地触摸一般表示着亲密和关心，它会使被触摸者产生轻微的亢奋反应。有趣的是，这种触摸可以使对方产生更好的态度，即使在该人未意识到他被触摸的情况下也是如此。在这方面有一个不为当事人所察觉的研究，在图书馆里借书的学生们接过图书馆馆员拿给他们的书时，偶然被她的手所触及。然后，实验者找到这些学生并提出了一些问题。那些受到触摸的女生，表现出对图书馆馆员和自己都抱有更加肯定的态度。但男生未受到触摸的影响。另有证据表明，男性和女性对同一种触摸的反应不同。在外科手术前受到医院护士触摸的女患者有焦虑减轻和血压降低的反应，而在男患者身上却见到相反的反应。

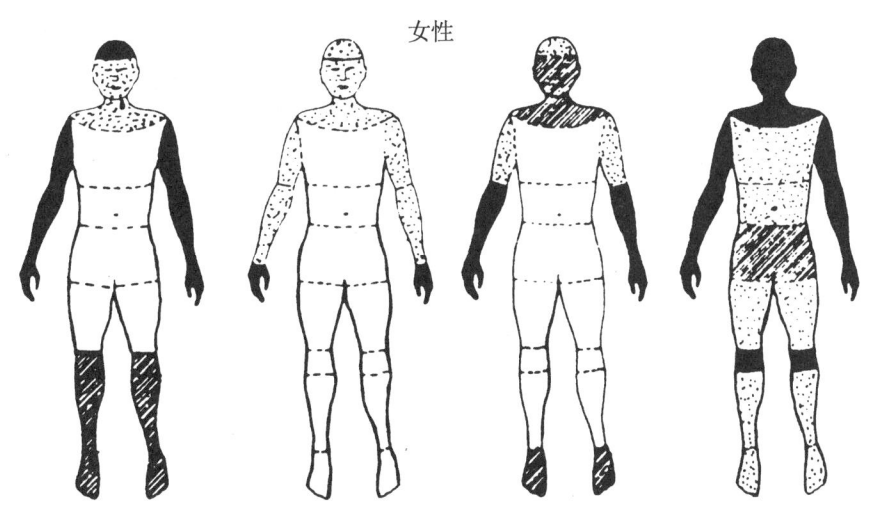

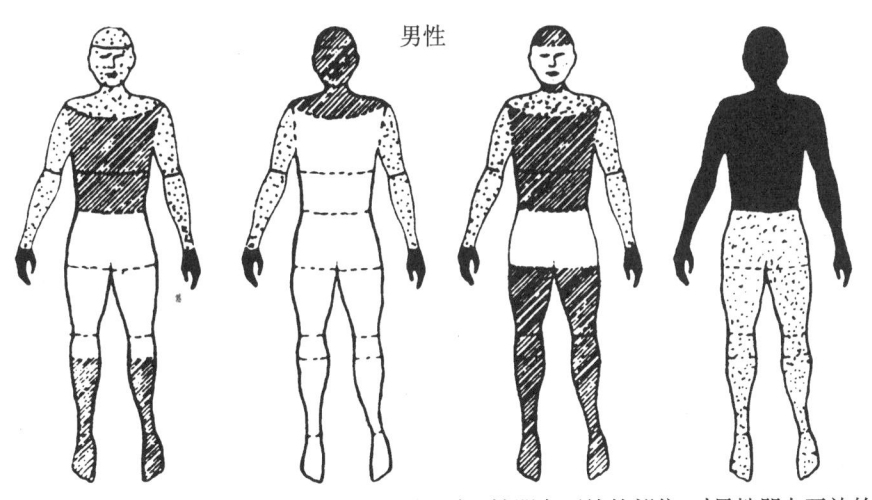

女性

对母亲开放的部位　　对父亲开放的部位　　对同性朋友开放的部位　　对异性朋友开放的部位

男性

对母亲开放的部位　　对父亲开放的部位　　对同性朋友开放的部位　　对异性朋友开放的部位

- 0~25%
- 26%~50%
- 51%~75%
- 76%~100%

图 9—1　触摸规则

男性和女性的可被母亲、父亲、同性朋友和异性朋友触摸的身体区域。

最常见的触摸是以一种礼仪形式出现的。赫斯林和博斯（Heslin & Boss）观察了旅客和送行的人在机场的触摸情况。他们发现，在这种场合下做出某种触摸表示的人几乎占了60%。男性主动触摸女性的情况比女性主动的情况更常见，年长者主动触摸年轻人的情况比年轻人主动的情况更常见。触摸也许还具有发送优越和支配信号的功能。谦卑的或地位低下的个人的身体比傲然在上的人的身体更易于接近，具有更多的"可接触性"。儿童、身体有缺陷的人、仆人或下属，通常更能接受这种非相互的触摸。"触摸策略"对两性成员之间以及不同的地位群体和阶层之间的触摸行为起着调节作用。男人在公共场合下通常主动触摸女性，两性间一定的身体接触姿势足以表达"所有权"，亦足以表达钟爱之情和堕入情网（例如，把手搂在配偶的腰上等）。

> 触摸规则。能触摸谁、触摸什么部位、何时触摸、怎样触摸、谁来触摸以及在什么情境下触摸，在大多数文化中都有十分严格的规定。

说话的方式

一次谈话中所说出的言语内容只代表着全部信息的一小部分。除了说出的话外，大量的信息可由我们的语调表达。我们说的话是语言信息，说话的方式则是副语言信息的一部分。从广义上说，一切非言语的声音提示都可视为副语言提示。有些副语言信息与所说出的话有非常密切的关系：讲话的时机、音调、节奏、音量和音速不是言语，但却与言语内容有密切联系。其他声音提示如口音、个人音色、声调或响度，也许是说话者更具永久性的个人特征，同任何特定的言语信息没有关系。其他能够独自传达信息的发音：哭喊、打呵欠、大笑、嘘声、大声叹气，也是这种副语言信息的典型代表。

我们从某人讲话的声音而获得的总体印象，也许还取决于日常话语中这些声音特征的特定结合方式。奥斯特沃尔德（Ostwald）使用话语频谱仪分析了精神病患者及正常受试者的音型。他用这种方法发现了四种不同的音型：（1）升音，发脾气、撒娇和激动时的音型，发现于某些精神病患者中；（2）降音，一些抑郁的和依赖症患者的代表性音型；（3）虚音，发现于某些身体衰弱或大脑受损的患者中；（4）外向、自信的低沉语音，常见于精神正常、身体健康的人的话语中。

语音是一种传达兴奋和焦虑的特别有效的信号。我们全都有听话听音的本领，一听人们说话的声音就知其是否处于激动状态。在极端情况下，传达严重的焦虑会造成各种话语障碍，包括口吃。声音提示还可用于测谎，一些研究报告表明，声调与表情相比的确是更好的测谎源。有些心理学家认为，音型的频谱分析可被用来当做一种可靠的测谎方法。这个断言尚未得到科学根据的明确支持。

像音色这样的令人难以捉摸的提示，对于医务工作者等主要依赖言语交流的人们，也许是非常重要的。米尔莫和他的同事们（Milmoe, et al.）用一种巧妙的方法考察了这种可能性。他们对在一个酒精咨询诊所工作的医生进行了研究，这些医生的任务之一是劝说患者自愿进行治疗。米尔莫发现，医生的音色对于能否成功地劝说患者进行治疗是至关重要的。当然，这个证据也许并不表明音色和咨询的成功之间具有因果关系。例如，具有怡人个性和同情心的医生，很可能讲话的声音更让人感到愉快，在接待患者咨询上也会获得更大的成功。

副语言提示并非仅限于态度和情绪交流。我们言语方式的其他许多方面，都在诉说着关于我们自身的大量情况。比如，一个人的口音可以传达他的民族归属、社会地位或教育水准。口音知觉还取决于讲话者的性别以及特殊的语境。在澳大利亚，浓重的英国口音在非正式的、朋友间的交谈中更易于为人们接受，而在正式的、官方的场合下则差一些。语音交流的许多其他方面的情况还受制于特殊的情境。在英国与我共住一室的一位同行，平时用浓重的伦敦方言与人交谈，以表示他的工人阶级出身及左翼政治倾向。但在与报界人士、新闻记者或出版商进行交谈时，其发音便出现了戏剧性变化：他操起上流社会阶层使用的"牛津"口音，这好像是为了显示其教授兼学者的身份。许多研究表明，相同的言语信息可以有极为不同的接受性和说服力，这取决于说话时使用工人阶级腔调还是上流阶层口音。许多职业群体都有与其角色身份一致的讲话风格。医生、律师、演员和教师一般都拥有这种表明角色身份的音型。

以身体传意

在与他人进行交际时，我们以自己的整个身体传意。正像埃克曼指出的，由我们的手、腿的微妙动作所传达的信息，可以有效地告诉观察者我们何时未讲真话。在所有的非言语交流信道中，"体语"大概是最为人们所普遍关注的。许多普及读物已展现了这个主题，并向读者担保肯定能提高他们洞察别人及自己的行为动机和意图的能力。体语的使用当然比这类读物所说的要复杂得多。尽管大多数正常的成年人发送和接收这种信息没有什么困难，但是许多交际问题都产生于身体交流的障碍。这也是社交技巧训练和诊治的主要应用领域。

性别和体语

身势交流的运用还与性别有密切关系。男性和女性有极为不同的动作模式。性别混淆常常伴以动作模式的混淆。一些同性恋者就是通过采用异性的动作模式来传达自己的趋异性身份的。当一个男人展现出女性动作，比如扭屁股、迈小步、搔首弄姿的时候，这通常就被视为同性恋的信号。

德斯蒙德·莫里斯等著名作家曾推测说，体动上的两性差异可以起到弥补人类物种第二性征相对缺乏的作用。就是说，因为人类中的男性和女性看起来彼此非常相像（至少在与其他物种作性别差异比较时是如此），所以我们便用不同的动作模式来表明自己的性别。这种观点很有意思，但至今还没有足够的实验证据来证实它（参见活动9—7）。

活动 9—7

男性和女性的体语

为了更好地鉴别男性和女性在体动方式上存在的重大差别，你可以执行下面这个简单计划。

1. 仔细观察10位同性成员和10位异性成员的：（1）走路方式；（2）就座时腿放的位置；（3）谈话时的手势；（4）就座时的身体姿势；（5）头和身体的配合方式。

2. 照着镜子模仿自己所观察到的异性动作模式。试试有何感觉？

3. 试一试在和好朋友交谈时模仿异性的动作模式。你自己有何感觉？你的朋友有什么反应？

姿势

姿势属于体动的一种非常特殊的类型。关于姿势，最值得注意的大概是它们具有很强的文化隶属性。法国人、意大利人和英国人掌握并使用着含义不同的姿势模式。只要简单地观察一下人们之间的交谈，比如两个意大利人之间的交谈，就可以证明这种差异的存在。我们的某些姿势具有独立的、确定的意义（比如，向上伸出食指和中指形成V形手势表示胜利，耸肩表示迷惑不解等等）。这种姿势有时称为象征。许多别的姿势本身无意义，而仅仅对某些言语的和非言语的交流起辅助作用（比如，教师用手势来加强或修饰其发送的言语信息）。这种仅仅用来辅助其他信息的姿势，被埃克曼和弗里森称为插图画。

第十章

给人以好形象：印象整饰

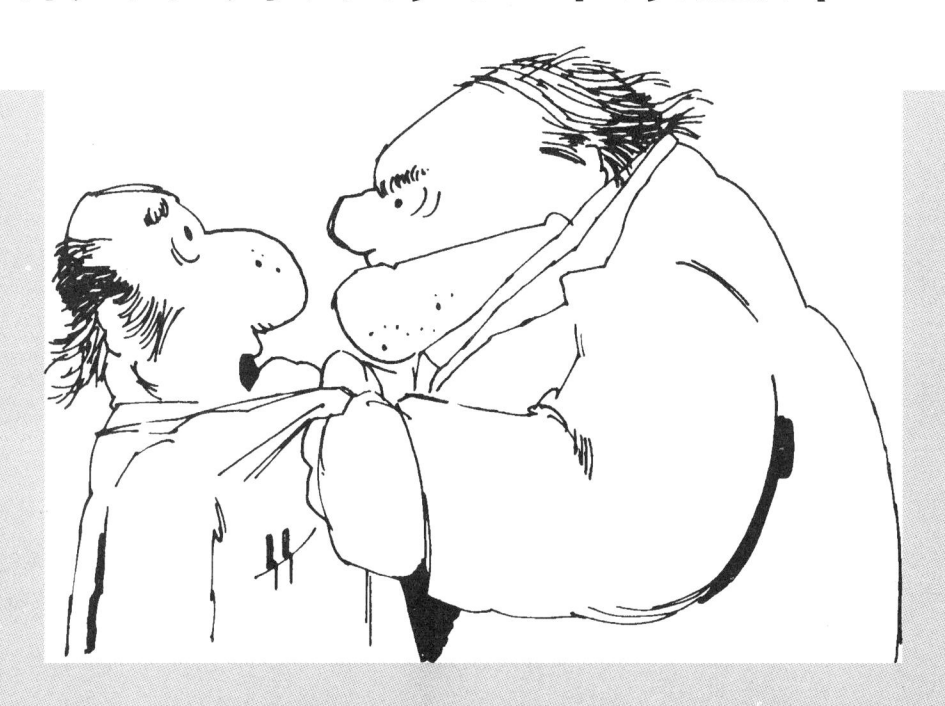

社交中需要"化妆"

好的"化妆"者

展示何种形象

别人眼中的我

调整自我形象

"公开角色"的一贯性

奉承的艺术

赞许需要

准确感知日常交际活动

预测特殊的交际活动

人们的大部分交流是为了达到某种目的，常常只是为了给我们自己创造一个好的、合意的印象而进行的。印象整饰，是一个描述我们影响自己与他人交流的计划、观念、动机和技巧总和的术语。交流的这个谋划和策略方面是非常重要的。这就好比做市场营销，我们为自己做广告、装饰橱窗和宣传推销，以便使自己在同他人的交际中获得最大的交换价值。如果我们的印象整饰策略是成功的，他人就会渐渐地以肯定的目光看我们，这反过来又改善着我们的自我概念和自尊心。在现代的交际环境中，我们不得不同许多人进行十分表面性的交往，因此具备迅速而娴熟地创造好印象的能力是非常重要的。在狭小的、人员比较集中的、面对面打交道的群体中，比如中世纪村落、小型生产公社或原始部落中，印象整饰是不太重要的，因为人们的真实品质在彼此间的长期交往中很可能被揭穿。

创造好印象，对于那些经常要和别人进行短暂而表面接触的人来说，比如政治家和推销商，是特别重要的。曾在里根政府中任职的美国国务卿亚历山大·黑格，在他的回忆录中对电视和形象整饰在政治生活中的重要作用做了如下评述："在很大程度上，电视摄像机已把自然的、非做作的品性和真情实感逐出了我们的国家生活。以往的规则是'我在说什么？'，现在则是'我该怎样表演？'"当然，政治家并不是唯一需要创造好印象以取得成功的人。从某种程度上说，所有的人都面临着同样的任务，在大规模的社会生活中，我们与他人的交往常常是短暂而表面的。正因为如此，像戴尔·卡内基《怎样赢得朋友和影响他人》之类的书能成为畅销书，就并非偶然了。

印象整饰这个概念，对一些人来说似乎具有消极的含义。它听起来好像是要人们以权术的、不诚实的实践来取代诚实的、坦率的交际。社会心理学家们可不是这样来理解印象整饰的。我们是从一切社会交际都受行为者的计划和动机影响这个规定的前提出发来阐述问题的。人类社会生活的特殊本质是，我们对自己、自己的交际伙伴和我们生活的世界都有一定的看法，并试图在自己与他人的交际中表达这些看法。因此，印象整饰同不诚实的交际完全是两码事。相反，它指的是这样一种基本的人类倾向性，即构想、谋划和调节自己的社会行为，以使我们展现在别人面前的行为，能够表达我们对自己和他人的看法。

社交中需要"化妆"

欧文·戈夫曼（Erving Goffman）在研究人际交流的策略、目标取向的性质方面，是一位很有影响的社会学家。戈夫曼运用日常交际的描述和批判分析相结合的社会学方法，创立了一种社会交际过程理论，即所谓"表演艺术"模型。这个理论的基本观点是，一般角色的扮演，尤其是戏剧角色的扮演，提供了一种最接近于人们日常交际活动的模型。像职业演员一样，我们在交际过程中试图扮演一定的角色，试图创造一种与我们自己的意愿相符的公开形象。我们像演员在台下排练那样准备着自己的节目（在我们的浴室里及梳妆镜前），不无小心地挑选着当天该穿的服装，想通过自己的表演使观众（朋友、陌生人或情人）对我们产生信任，接受我们所提供的自我展示并信以为真。

这个从戏剧借用来的术语也适于分析日常交际。就像舞台上发生的情况一样，我们的表演可能成功也可能失败。我们在演出中采用精选的剧本、背景或舞台。为办公室选配装饰品、为自己的居室选配家具或为自己挑选适宜在家穿的便服，这些都是和戏剧演出相似的活动：我们寻求建立一个表现和解释自己对社会生活特殊看法的舞台。我们还公开使用面具或"脸谱"来生动地表演自己。戈夫曼把"脸谱"定义为：一个人有效地为自己争取的积极社会评价。脸谱是按照人们认可的社会属性设计的自我形象。衣着、举止、口音和词汇，都可以成为我们向外界展现的"脸谱"的组成部分。

节目表演的失败、丢面子不仅会使我们陷入窘迫之境，还会对我们在社会关系中的可预测性和秩序感造成威胁。当人们"背离角色"而行动时，我们便会不知所措，不知怎样预见或应付环境，由此而造成的压力往往会导致人们共同努力"掩盖"失态，以重建正常、可预测的角色系统。在困窘及"丢面子"的事件发生之后，神经质的狂笑、不高明的俏皮话或痛苦的沉默都告诫我们：社交秩序已经被破坏了。通常人们会一起努力来修复那种受到破坏的秩序，如装出若无其事的样子，就是一种可以采用的策略。

策略性角色的扮演，如戈夫曼所述，乃是社会生活的一个极为普遍的特征："在面对面的交际中，共同维持对情境界定的过程，是通过相关性和不相关性规则而进行社会性组织的……我们正是将自己牢固的现实感归结到这些脆弱的规则上，而非外部世界的不变特性……令人难堪、言语粗俗或者言行不恰当，都是非常危险的，这会毁灭我们的世界。"

好的"化妆"者

虽然我们全都通过扮演角色来进行印象整饰，但我们并非都同样精于此道。要成为一个好演员、成功的"化妆"者,该具备什么条件呢?我们都认识一些从未失去过自信的人,他们总是使人愉快、讨人喜欢,但他们是好的印象整饰者吗?未必就是。有时候,丢面子、不知所措或发脾气也许是最恰当的印象整饰策略。就像舞台上演技出色的演员一样,一个好的印象整饰者必须清楚地知道观众需要什么,对人们做出判断的方式有透彻的了解,对自己所处社会情境的各种不同要求有敏锐的觉察。

奇怪的是,关于怎样通过操纵别人来积蓄自己的力量、提高自己的社会地位,这绝不是今人才发现的一种新现象。文艺复兴时期的学者马基雅维利(Machiavelli, 1469—1527)在他16世纪的经典著作《君主论》中,就对如何发展这种必要的策略技能做过详细说明。克里斯蒂和盖斯(Christie & Geis)复归到马基雅维里的观点,建立了一个可用来区分好坏印象整饰者的量表。他们的问卷包括这样一些项目:"待人的最好方式是讲他们爱听的话","完全相信别人的人是在自讨苦吃","谈论抽象问题的人常常并不知道自己在谈论什么"。用这个量表所做的广泛的实验研究表明,从事管理和与人打交道的工作的中产阶级都市男性,如行政官员和律师,在这个量表中的得分比其他人要高。但是马基雅维利主义(权术主义)与智能、教育和政治倾向之间没有什么关系。

权术主义量表在某些现实情境中也是有效的,比如,让得高分者和得低分者比赛讨价还价。在一项研究中,实验者要求高、中、低三个得分等级的权术人物自行分配10美元。结果,得高分者平均分得5.57美元,得中分者分得3.14美元,而得低分者只分得1.29美元!在另一项研究中,在权术主义量表上得高分的男人,通过传达恭敬、依恋以及需要理想伴侣帮助等信息,可以比其他男人更成功地劝说一个女人陪他们去吃饭。权术主义的另一个重要的方面是待人接物时头脑冷静,很少卷入个人情绪。

权术人物还更惯于使用谎言和欺骗等不正当的手法,只要这样做能取得成功且不易被人发觉。在一项研究中,实验者要求高、低权术得分者去完成一项任务——将一个据说是在参加某种考试的人搅得心烦意乱,使他再也无心参加考试。结果,得分高的权术人物制造了一系列令人触目惊心的事件,比如吹口哨,嗒嗒地敲铅笔,把人家用的圆珠笔拆散,"出人意料地"敲桌子;他们居然还一边做这些坏事,一边大声而真诚地向受害者道歉。这种操作技巧早已臭名昭著了。权术问卷的一个版本还可以用来评价儿童的该项品质。在布雷金斯基(Braginsky)的一项令人吃惊的研究中,要求10岁的受试儿童劝说别的孩子吃带苦味的小饼(小饼在奎宁液中浸泡过),受试的儿童被告知说,这个实验是市场调查训练的一部分。受试儿童每劝说另一个孩子吃掉一个小苦饼，便会得到 5 美分的奖赏。结果，回答权术问卷时得分高的儿童，平均使别的孩子吃掉 6.46 个苦饼，而得分低的孩子只劝别的孩子吃掉了 2.79 个苦饼。附带说一下，观察者对这些交际过程所做的评价是，权术高的儿童比权术低的儿童更诚实、更有办法、更天真可爱。

> "圣诞老爷爷，你真聪明！"权术主义由来已久！权术家的特点之一是，他们根据对象和情境而不断地变换自己的交际策略，他们的交流很有策略性。

展示何种形象

印象整饰这个术语意味着，在一定的情况下，我们有一些选择表达哪种特定自我形象的自由。在一个盛气凌人的人面前，我们也许想表现得更加武断、自信，而当交际伙伴换成了不装腔作势的谦谦君子时，我们则会装扮出比其还要温和、谦让的形象。通常，我们会选择与我们的伙伴展示的形象相匹配的表现。我们还努力使自己的行为与情境和交际伙伴对我们的期待相符合。即使在讨论的问题深刻地涉及政治态度的时候，人们也会调整自己在这种突出问题上的观点，以便与听众所期望的态度相适应。人们一般喜欢那些和自己相似的人，特别是在关系发展的早期阶段，彼此表现出与对方具有相似之处，看来是很有意义的。

这种形象整饰策略在日常生活中是十分常见的。在很大程度上，我们选择与自己喜欢和尊重的人相称的自我形象，而与我们讨厌的人形成反差。这对那些用社会知名人物如政治家或演员来推荐产品的广告商来说，肯定会构成一种经常存在的威胁。厌烦这些知名人物的潜在消费者们，也许仅仅想使自己同为该产品做宣传的人拉开距离，而轻率地排斥其推荐的产品。对那些利用自己的好名声推销产品的知名人士来说，危险也许会更大：消费者们也许仅仅想使自己与广告商和产品拉开距离，而逐渐讨厌起他们来！

别人眼中的我

虽然人们在改变自己向别人展示的形象方面具有很大的自由。然而，我们只有一个真实的自我形象，这也是人们的一种共同信念。所以据此推断，我们向他人展示的各种形象不知什么缘故总是有些虚假，常常与我们"真实的"自我相左。我们向他人展示的形象和我们"真实的"自我形象之间究竟是什么关系呢？

认为我们的自我形象由于某种原因而与我们所展示的各种形象相背离，自我形象在我们与他人不断变动的交往中固定不变，这种观点可能是错误的。正如象征互动论者乔治·赫伯特·米德和查尔斯·霍顿·库利所清楚地认识到的那样，这两个概念之间具有极其复杂的内在联系。我们对自己的看法并非独立于别人对我们的看法，而是它的产物。在日常的社会交际过程中，我们"试演"着各种各样公开的自我形象，演得最成功的形象最后就变成了我们对自己的持久看法中的一部分。正如米德所说："自我……本质上是一种社会结构，它产生于社会体验。"换句话说，自我并不是某种神秘的个人范畴，它是我们关于别人对我们的看法的表象，是别人对我们的反应的内化。因此，印象整饰不仅是一种影响他人对我们的看法的活动过程，而且最终还将决定我们对自己的看法！那么从实际上看，我们就变成了别人把我们所看成的那种样子！

我们成功的"公开"形象和我们"私下的"自我形象之间的相互依赖性，在琼斯、格根和戴维斯（Jones，Gergen & Davis）的研究中得到了很好的证明。这些学者让受试者们尽量装扮成最讨一位会见者喜欢的形象，而这位会见者实际上是实验者的同伴。会见者根据指示，对一半受试者的好的自我展示采取接受和强化的态度，而对另一半受试者的自我展示则采取拒斥和削弱的态度。之后，向所有的受试者询问他们认为其自我展示与其"真实的"自我形象之间实际相符的程度。结果，那些自我展示得到会见者承认的受试者，一般对自己的表演更加自信，认为他们真的就是那个样子。而那些失意的受试者，则倾向于把自己同自己展示的不成功形象分开。

法齐奥等（Fazio et al.）发现，人们的自我知觉甚至能为他们在访谈中被问到的问题种类所影响。在这项研究中，受试者被有选择地询问了一些信息，这些信息把他们描述成性格外向或者内向的人。随着交谈的进行，人们会表现出按访谈询问的指向来看待自己的倾向！

一些有趣的证据甚至说明，灵长类动物也可以拥有初步的自我概念，这种自我概念只有在这些动物被迫进入集中的群体交往环境之时，才可能发展。在动物中也像在人类中一样，自我概念是建立在能够把自己看做同其他个体有区别的个体的基础上的。在一项研究中，研究者们把一面镜子安放在黑猩猩的笼子前面。几天后人们注意到，黑猩猩们不再把它们镜子中的映象当做另一只黑猩猩来挑衅，而且还对着镜子整洁梳理和观看自己。但是，只有在经常与其他猩猩进行群体交往的环境下饲养的猩猩才能做到这样。单独饲养的猩猩没有关于它们是独立个体的自我观念，也从未习得镜中的形象是它们自己的映象这一事实。它们不知道自己物种中的其他猩猩，也就没有关于它们是区别于其他猩猩的个体的自我"概念"。

这样看来，为了发展我们作为独特个体的自我观念，就有必要进行社会交际。在人类中，这种自我形象的品质主要是由别人对我们的看法决定的，即由我们的表现与众不同、有别于他人而决定的。有几项研究试图明确地验证自我概念和别人的判断之间的相互依赖关系。这些实验的共同做法是，让受试者根据智力、自信、体态魅力和可爱性等量表对自己做出评判，并估计别人会怎样评价自己的这些品质。此外还须获得朋友和熟人的评定。一般会发现，对自己的某些特殊品质评价很高的个人，也认为别人对这些品质评价很高，而事实上他们也的确从别人那里得到了这种较高的评价。因此，这类研究表明，在自我概念和别人对我们的看法之间有很强的相互依赖关系。

有时候，由于情境的变化，我们的自我概念很快就会经受再评价。莫尔斯和格根（Morse & Gergen）指出，我们的自我评价受到相似情境下他人行为的强烈影响，这些人是我们对自己进行评价的"参照群体"。他们的实验为这些作用的存在提供了很好的说明。让受试者个人完成一份自我鉴定问卷，并告诉他们这是申请兼职工作资格审查的一部分。受试者答完该问卷前半部分的时候，房间里走进来第二个申请人。这个人实际上是实验者的同伴，他要么具有令人十分满意的品质（西装革履、腋下夹着科学和哲学著作、手里握着削尖待用的铅笔等），要么是一副非常让人讨厌的模样（肮脏、衣冠不整、不穿袜子、精神恍惚、对考试毫无准备）。

第二个"申请者"到达后，受试者开始答问卷中测量自尊的内容。如果这位考试伙伴是一副令人讨厌的模样，受试者的自尊便会比答问卷前半部分时明显地增强。

但如果考试伙伴的样子令人十分满意,情况就完全相反了。该研究表明,我们的自我概念甚至在短短一小时内就会发生戏剧性的变化,这种变化是由我们所获得的别人在同样情境下的信息决定的。

这就是说,自我概念并非像人们有时所想的那样,是一种深层的、稳固的、永久的自我形象。它是高度社会化的创造物,是别人对我们的看法的产物,反过来又受到我们印象整饰技巧的强烈影响。在短短的一天当中,我们就可能时而感到自己很聪明,时而又感到自己很愚蠢;一会儿觉得自己长相很漂亮,一会儿又自愧其貌不扬;有时自信得很,有时又挺害羞。这一切变化都取决于我们对自己处境的判断,取决于别人对我们的反应。

调整自我形象

我们在社会交际中想要展示的自我形象,是社会情境的要求和我们的自我概念的共同产物,而我们的自我概念本身是在过去与他人的交际中产生的。并非所有的人都对这些要求同样敏感,同一个人可能对他在某些情境下的自我展示更自觉,而对另一些情境下的自我展示则不那么自觉。

杜瓦尔和威克伦德指出,当一个人的注意力向内集中于自身时,或者说,当我们成为自己注意的客体时,便处在客观的自我意识状态中。一个人可以通过镜子、照相机、录音机等手段,来达到使其直接注意自己的目的,进入客观自我意识状态。我们都熟悉这种情境:当照镜子、照相摆姿势或对着录音机讲话时,我们暂时地成为自己注意的焦点。在这时,我们对自己的表情、声音以及别人对我们的表现会怎么看,有特别自觉的意识。研究表明,在这种强化的客观自我意识情境下,人们变得更加关心别人会怎么看待自己的行为方式,更加严格地遵守社会规则和规范,其交际也会变得更具有可控性和"策略性"。

我们在认识自我、觉察别人看待我们的方式以及各种社会情境的要求方面,还存在着意识程度上的持久的个体差异。有的人能仔细监察自己的社会行为,有的人则完全不能有效地监察他们自己。斯奈德把能进行自我监察的个人定义为"出于对社交适当性的关心,对别人在社交情境中的表情和自我展示特别敏感,并以这些提示为指导来监察他自己的自我展示的人"。斯奈德建立了一个包括25个项目的测量个人自我监察能力的量表。你可以根据活动10—1中斯奈德的量表,增设一些与其相似的项目。

活动 10—1

你监察自己的程度如何？

下面的陈述描绘了对种种情况可能做出的个人反应。请仔细阅读每一陈述，并确定它在多大程度上适合于你。回答时尽可能诚实一些——不存在正确与错误的问题！

在下面两栏中的一栏打钩

	对我真实或近乎真实	对我不真实或近乎不真实
(1) 我能对自己并不真正喜欢的人表现出友好。	____	____
(2) 在聚会上，我总是让别人成为注意的中心。	____	____
(3) 我总是对不同的人采取不同的态度。	____	____
(4) 我不很善于模仿别人的行为。	____	____
(5) 如果不能确知应该如何行事，我便从别人那里获得提示。	____	____
(6) 我发觉很难让别人喜欢自己。	____	____
(7) 我或许会成为一个行事老练的人。	____	____
(8) 我不为取悦别人而改变自己的主张。	____	____
(9) 即使同不喜欢的人打交道，我也总是装作很愉快。	____	____
(10) 我不善于改变自己的行为以适应不同的情境。	____	____

你可以这样来给自己的回答打分：把你对双号问题的答案为"不真实"的回答，和对单号问题的答案为"真实"的回答相加计算总数，你的得分越接近10，你就越可能是一个自我监察能力高的人。在斯奈德的研究中，特别善于监察自己行为并使其适应情境要求的人，如职业演员，完成相同问卷的得分特别高。请记住，这只是关于自我监察之项目种类的举例说明，并不是一个正规的心理学量表，所以对你的得分不必太较真！

经该量表测试得分高的人，更善于根据情境的要求改变自己的行为，更善于传达哪怕是自己没有特别体验到的情绪，也更善于监察和估计别人对自己的行为所做出的反应。斯奈德和蒙森（Snyder & Monson）的一项研究为自我监察提供了很好的说明。在这项研究中，参加一个讨论小组的受试者被告知，他们的讨论情况将被录像，其录像片让同一讨论小组，或只向别的学生播放。结果，自我监察力高的受试者能根据谁是未来的观众而修正自己的行为。当观众是自己讨论小组的成员时，他们便表现出可爱、随和等为组内成员乐于接受的特性；当未来的观众是别的学生时，他们便表现出独立、自主、不从众等自认为会引起别的学生重视的特性。自我监察力低的个人在两种情境下的行为都是一样的，不管未来的观众是谁，一概表现出中等程度的独立和从众。因此，自我监察能力可以使一个人通过改变其行为以适应自己察觉到的不同观众的要求，来进行印象整饰。

"公开角色"的一贯性

好的印象整饰者似乎应具有变色龙那样的特性，他几乎能随意操控其自我展示策略，以适应每一种情况。这种谋略应用在我们偶尔碰见或只有表面交往的人身上有时候是非常成功的，但在所有持久性的关系中，自我展示的一贯性就变得极其重要了。我们不能一天表现得慷慨大方，而另一天却小气吝啬；也不能今天对人热情友好，明天又对人十分冷淡。一旦确定了别人所接受的"公开角色"，我们就倾向于保持一贯性并维持那种形象。

有几项研究表明，对一贯性的要求是印象整饰的一个极为重要的因素。许多直接的推销方法就是基于对人的一贯性需要的认识而发展起来的。弗里德曼和弗雷泽（Freedman & Fraser）指出，某个人一旦被说服答应一个较小的、合理的要求，表现一贯性的需要将诱使他答应后面较大的、不合理的要求。他们因此而将这种现象称为"得寸进尺"效应。他们通过一个实验证实了自己的预言：作为一个小小的请求，学生们先说服加利福尼亚的家庭主妇们在一份请愿书上签名，请愿书涉及安全驾驶或保护环境等问题；再说服她们把一张小小的写明此种请求的标志贴在自家的窗子上。几周后，再次同这些家庭主妇接触，又增加了一些上次未接触过的家庭主妇作为对照组。这一次，学生们让她们答应一个"大"请求，把写有同上次一样内容的大标志牌安放在自家的庭院前。有意思的是，上次答应了那个小请求的家庭主妇们，更可能答应这次的请求，以便和原先的形象保持一致。

第十章 给人以好形象：印象整饰

> 印象整饰一贯性的重要意义。我们的自我展示如果没有一贯性，势必会使自己丢面子、失信于人乃至显得滑稽。对许多人来说，保持一贯的形象简直太重要了，仅仅为了表明自己的行为具有一贯性，他们甚至不惜去做违心的事情。

这种得寸进尺的手段自然是为走街串户的推销人员所熟知的，他们一旦劝诱你为其提供较小的帮助（比如，给他们倒杯水），那么你就更有可能为其提供较大的帮助（比如，买他们一部百科全书）。一种与此相关的销售方法也利用了人们这种保持一贯性形象的需要。这种方法是汽车推销商们所惯用的，查尔蒂尼、卡西奥波、巴西特和米勒（Cialdini, Cacioppo, Bassett & Miller）将其称为"变本加厉法"（low-ball）。根据这种方法，先要以特别优惠的低价劝诱潜在的顾客做出购物决定。稍后，顾客却被通知："老板没有批准这个低价，因为这会使我们亏本"，接着就给出一个比原来高得多的新价格。人们为了与原先做出的购买决定保持一贯性，常常会按这个新的、更高的价格把东西买下来。

保持"良好"形象的需要，还可以被销售人员以其他的方式加以利用。一个大的、不合理的请求（如捐钱、索物）被拒绝后，人们常常有一种对随之而来的小的、较为合理的请求做出让步的倾向，为的是不使自己显得"太小气"。这是"得寸进尺"效应的反面，又叫"进尺得寸"效应——对象为了弥补自己先前拒斥推销商而给其留下的不完美印象，便会答应他们的某些请求。在所有这类事例中，一个人的行为是自觉地受保持自己一贯良好形象的需要指导的，尽管这样做要付出很大代价。

日常生活提供了许多这种印象整饰策略的奇特实例。为了显得庄重、始终如一而不是反复无常，为了保全面子，人们总是会竭尽全力的。

奉承的艺术

印象整饰的一种常见形式，是一个人通过讨好而寻求获得来自特定他人的支持或肯定性评价。"讨好"一词常做贬义，用来描述不诚实的和不真实的影响别人的手法。实际上，讨好并不必然是欺骗，大多数人在自己生活中的这个或那个时刻都会使用讨好的方法。琼斯对这个问题进行了卓有成效的研究，并做出了一个广义的界定：讨好"包括行为者旨在增加自己吸引对象之魅力的几乎一切社会行为"。按这个标准，讨好确实应该是一种非常普遍的社会现象！根据琼斯的观点，有几种主要的常用讨好策略。它们是：（1）称赞别人的进步，或简单地奉承；（2）在观点、判断和行为上从众；（3）在自我介绍时自吹自擂；（4）哗众取宠（参见活动10—2）。

讨好通常是一件非常复杂的人际工作，恰恰是因为好印象在许多场合下十分有用，所以人们很可能对讨好行为抱有戒心。为了对付这种疑心态度，讨好者们创造发展了复杂而巧妙的讨好术。对上司不一味奉承，而是挑些小毛病进行建设性批评，对主要成绩则加以赞扬，这可能是更可靠的方法。对讨好者来说，让人感觉到自己的行为很真诚是十分重要的，但这一点并不总是最紧要的。对别人感到最没把握的特性加以称赞，能使奉承的威力得到充分发挥。人们都会由衷地接受别人对自己容貌的好评，即使吹捧者的动机值得怀疑。

一定的讨好策略的选择，还取决于对方的相对地位和权力。琼斯、格根和戴维斯要求成对的海军军校学员——有的地位相等、有的地位不等——彼此进行讨好（尽可能和平共处），或者不讨好对方（尽可能保持真诚）。然后，对记录下的信息交换过程进行各种讨好策略分析。分析结果表明，地位较低的受试者（军校新学员），以奉承或称赞别人的优点为自己拿手的讨好策略；而地位较高的学员（老学员），则倾向于以主动的自我展示和对海军事务看法上的从众作为自己的策略。由此看来，尽管说讨好是地位高和地位低的个人的共性，但使用何种讨好策略更佳，却是由个人的社会地位决定的。

活动 10—2

地位和讨好

从下述人物之间的交际活动中至少选出两组情况进行观察：

(1) 两个地位相当的偶然相识之人（比如，两个在超级市场闲谈的家庭主妇，两个在公共汽车上闲谈的乘客）。

(2) 两个地位不等的一般相识之人（比如，商店经理和雇员）。

(3) 两个地位相当的朋友或亲属（配偶、同事等）。

(4) 两个地位不等的朋友或亲属（父子、兄弟等）。

观察其信息交换过程，并按是否使用了琼斯所述的四种讨好策略来分析每一种交流。看一看，是否由于交际伙伴相对地位和亲密程度的作用而使这些交际之间存在着差别？

人们为什么要讨好？与通常的看法相反，人们并不只是欲达到某种具体目的时才讨好，即使没有直接的利益，我们一般也会努力展示好的自我形象，努力赢得他人的承认和好感。得到别人赞许这一事实本身就会自我强化，不需要任何额外的预期利益。琼斯指出，当讨好具有特殊目的时，我们的动机可分为以下几类：(1) 获得或希望获得实际利益，如晋升或增加薪水；(2) 防备别人的危害（如反复无常的上司或恶意报复的亲属）；(3) 最后，也是最普遍的一点，被人喜欢的需要。最后这种动机在日常生活中是非常普遍的，尽管不同的人需要别人这种积极评价的程度有明显不同。下面我们将看到这一点。

"先生，我衷心感谢你非常善意的、建设性的批评！"讨好的原因之一是使传意者免遭伤害。传意是否真实往往并不特别重要，因为人们极愿意相信那些对自己感到最没把握的特性所做的恭维。

赞许需要

人们需要和珍视别人赞许的程度是极不相同的。那些对赞许有较强需求的人，会比那些需求较弱的人采用花样更多的印象整饰策略（尽管不一定取得更大的成功）。克朗和马洛（Crowne & Marlowe）设计了一个测量这种特性的量表，名为社会赞许性量表。该量表由两类词语组成。第一类描述了虽值得赞许但事实上任何人都很难达到的态度和行为，比如，"我从不说谎"或"投票前，我全面调查了所有候选人的资格"。第二类词语描述了不值得赞许但却为大多数人所普遍具有的特性，比如，"如果达不到自己的目的，我有时会气馁和抱怨"。对第一类词语做出肯定回答且对第二类词语做出否定回答的人，对赞许有强烈的需求——他们竭力炫耀自己，即使其回答的真实性极低也在所不惜。

但是，对赞许有强烈需求的人不一定是好的印象整饰者。他们在群体中是温顺、随和的，因为害怕被人抛弃而很少主动与人交往。正如施伦克概括的那样："赞许需求强的人，其人物画像是：非常渴望被别人喜欢，但却缺乏充分利用社交情境的自信、果断和技能。"

准确感知日常交际活动

印象整饰极大地依赖于一个人正确解释各种社会情境要求的能力。我们所参与的、作为我们日常交际组成部分的事件，对我们的行为、知觉、印象整饰策略及情绪产生着主要影响。

我们与他人之间的包含着印象整饰的大多数日常交际，发生在完全确定的、规范的交际程序或"社交事件"（social episodes）的框架内。你或许已经注意到，这个词也来源于戏剧术语。我们用"场景"这个词替换它也同样合适。这两个词意味着，我们的交际活动几乎总是遵循着可预测的程序，好像是由一个商定好的"剧本"支配着。要寻找这种反复出现的交际事件的例子简直太容易了。星期六上午和配偶一起去买东西，与办公室里的同事一起喝咖啡，同朋友一起下馆子，排队等公共汽车时与熟人闲扯，都是这种日常交际的常见例子。令人十分惊奇的是，我们与他人的几乎所有日常交际，实际上都可以纳入这种数目有限的循环程序之中（参见活动10—3）。

活动 10—3

你的日常交际活动有哪些？

这个活动会使你了解一些可用来研究人们思考社交事件方式的简单方法。首先，在一叠卡片上写出过去两天里你所参与的一切社会交往（至少包括一个他人）。注意每次交往的全部有关细节，比如，时间、地点、交往伙伴、活动内容、持续时间等。写完这些后，再在另外的卡片上写下你平常的生活中经常发生、却恰好在过去这两天里未发生的社会交往。

你能列出多少事件？你认为自己尽了最大努力而列出的事件反映了你的社会活动范围吗？

接下来，根据你的看法，按它们彼此相似的程度把这些事件分成种类不同的几组，在桌子上把这些卡片分成几"堆儿"。在判定两个事件是否相似时，你可以采用自己喜欢的任何标准。不断调整你的分类，直到自己完全满意为止。就是说，在你看来，同一组中的所有事件比起别的组的任何事件，的确在某些方面是更相似的。

你建立了多少种事件分类？在分组中你采用了哪些特性？在划分事件的种类时，你所依据的主要是自己对交际活动的感觉（比如，好—坏，自信—羞怯等等），还是根据其客观特性（比如，家庭中的事件，公共场所中的事件）？

研究者们发现，大多数人根据15～30种这样反复出现的事件，就足以概括出自己日常交际的程序。掌握每一种事件的要求，对于成功的交际和印象整饰来说是必不可少的。我们在足球比赛上使用的手势和非言语提示，完全不适合于在宴会上使用；我们和上司一起讨论工作问题时所用的语言和目光，也不同于我们在家里闲谈时使用同样信号的方式。善于社会交际和印象整饰，不仅意味着懂得如何运用言语和非言语交流的方式，还意味着确切知晓不同事件所需要的行为种类。

社交事件的要求和规定，是在我们日常交际的过程中建立起来的。如米德所说，人类将自己的经验抽象出来并使之符号化的独特能力，使其能够创造前后一致的自我表象和自己的社会环境。在我们所从事的一切交际活动中，我们的行为都是以自己从前在相似事件中积累起来的经验为基础的，而这些抽象的交际要求反过来又作为交际本身的结果而得到肯定或修正。具体地说，我们在参与社交事件的过程中习得事件的规则，这些规则一旦被掌握，我们就可以运用它们来指导自己在其他相似事件中的行为。问题是：研究这种难以捉摸的社会交际表象果真是可能的吗？

大多数研究认为，人们很难识别 30 个以上的这种事件，而且他们倾向于主要根据自己对一种交际的感觉来区分它们。交际事件的客观特性在这种判断中似乎也只起着比较小的作用。

预测特殊的交际活动

我们如何确切知道一个特殊的交际事件将要发生？提醒我们注意一项具体交往类型的提示是什么？在这方面，有几种信息是重要的。第一种信息是物理环境，或交际活动发生的行为场所。巴克等心理学家发现，只要分析一下人们在各种时间进行交际所处的全部物理行为场所，就足以描述出一个小镇上发生的所有交际剧目。街角、剧场休息厅、餐馆或公共服务机构，这些行为场所对通常会发生于其中的交际种类施加着非常强烈的影响。对交际事件起着规定作用的第二种信息源，是交际双方的个人关系。你可以对不同的人采取完全不同的态度，这是由他是不是你的亲戚、你期望此次接触后进一步发展还是终止这种个人关系等因素决定的。

弄清交际事件的要求，准确地认识哪些是恰当的、可以为人们接受的行为，乃是成功的人际交流和印象整饰的重要要求。社交技能和自我监察能力较强的人，对交际事件也具有更加精细、敏锐的观察力。

第十一章

个人关系的形成

社会心理学研究的个人关系

社会性是人类所固有的吗?

人被隔离后会怎么样?

孤独

人为什么喜爱交际?

亲和与吸引

人际关系中的"趋利避害"

"敌人的敌人是朋友"

社会交际和个人关系的发展具有紧密的内在联系。在同他人进行交往时，我们的行为总是表达着一定程度的吸引力和亲和性，它们似乎是与自己同对方的现存关系相适应的。一切社会交际最终又反过来作用于双方原有的关系和亲密水平，不是使其得到肯定或加强，便是使其受到削弱，这是由那种特殊交往的后果决定的。所以，社会交际事件既是人们之间亲和与吸引的原因，同时又是它们的产物。

研究人际关系的心理学家们是这样提出此类问题的：人们为何普遍寻求相互交往？什么东西使一个人吸引着另一个人？什么样的人将成为朋友？偶然的恋爱关系在什么情况下会发展为婚姻？个人关系在某些时候为什么没有进展？这些问题也是自古以来哲学家、作家、诗人和艺术家们十分感兴趣的问题。我们的大部分文化遗产是由那些沉积了爱情、友谊、同志或亲属关系等强烈亲和情绪的著作构成的。

社会心理学研究的个人关系

亲和性关系在我们的生活中发挥着轴心作用，这或许是社会心理学家们对这种高度个人化和涉及经验的课题进行冷静科学考察的主要原因。许多人仍然认为，个人关系是我们生活中神圣不可侵犯的部分，不应该将其暴露在很可能打破其神秘性的客观分析之下。一些政治家甚至还对社会心理学关于浪漫爱情的研究提出了严厉批评。美国参议员威廉·普罗克斯米勒就曾说过："我相信两亿美国人想使生活中的一些事情保留神秘性，我们最不想知道的事情真相，就是为什么一个男人会爱上一个女人以及一个女人为什么爱上一个男人。"

许多人都对关于人类个人关系的科学研究抱有这样的怀疑态度。我认为这种担心是没有必要的。我们不可能在不远的将来就把关于人类个人关系的一切方面都弄清楚，所以，神秘性和浪漫主义还有其充分存在的余地。从另一方面来看，西方社会中在人际关系上遇到严重困难的人数持续增长。菲利普·津巴多对社会性孤独和羞怯做了广泛的研究，他发现这些交际障碍不仅在美国而且在许多别的国家也日益成为主要的社会问题。你可以重温一下第一章对于现代工业化社会中许多人越来越感到孤独的某些可能的历史原因的有关概述。为了能帮助人们摆脱这种困境，我们必须用科学方法来研究个人关系。尽管对这个课题的认识还存在着很大的空白，但关于个人关系的研究在揭示人们相互吸引的方式和原因等方面，还是取得了一定的成就。

社会性是人类所固有的吗？

我们首先提出一个根本性的问题：建立亲密的社会关系真是必要的吗？一个人独处、没有别人相伴，是不是也能生存，而且会生活得更好？答案似乎很明确："不能"。我们时常听到说，人类是一种天生的群居动物，这个论断显然有很多真理。我们似乎都寻求和乐于相互为伴，个人关系在我们的生活中起着极其重要的作用。合作性的群体活动能力大概与我们这个物种的进化成就有很大关系。

我们把生命中大部分时光都花在与他人的交往上。拉塔尼和比德韦尔（Latane & Bidwell）对一所大学校园内的人们做了一个简单的观察。他们发现，所看到的个人中有60％在与他人为伴。女人很可能比男人更爱结伴，至少在公共场合下，女人会比男人表现出更多的亲昵行为。我们把自己在一天里的全部交际活动记录下来，可以更准确地了解我们和别人在一起度过的时间所占的比率。杜克丝（Deaux）用这种方法发现，她的受试者独处的时间仅占其非睡眠时间的25％。其余的时间是这样分配的：12％的时间与异性成员在一起，15％的时间与同性成员为伴，30％的时间置身于两性组成的群体中。当然，并不是每个人都这样分配时间。

人们在社交倾向方面有很大的差异（参见活动11—1）。斯沃普和鲁宾（Swap & Rubin）提出了人际取向这个概念，它可以定义为：一个人"对别人感兴趣和做出反应"的程度。人际取向就像是一种个性品质，而且按这些作者的看法，可以用标准化的心理学量表来有效地加以测量。正如我的一位同事所见，作为反常现象，社会心理学家及其他学者好像是这种近乎具有普遍性的社交倾向模式的例外情况，我们似乎大部分时间是独处的，独自阅读、写作、坐在计算机屏幕前操作，我此刻就正在独自写这句话！

活动 11—1

你爱交际吗？

你是个爱交际的人吗？社交接触在你生活中的位置很重要吗？你知道自己醒着的时间有多少花在和别人的交往上吗？先在一张纸上写下你估计自己睡眠以外的时间花在下列事情上的百分比：（1）独处；（2）和异性在一起；（3）和同性在一起；

(4)在同一性别群体中；(5)在混合性别群体中。你可以用同以下方法检验自己的估计与实际情况相符的程度。写几天日记，记下你在每15分钟内的活动，注意记下这期间你在干什么、在什么地方以及和谁在一起。然后，你可以把自己与各种人在一起的总时间加起来。你还可以利用日记的记录，按照位置（在何处？）和活动类型（工作、闲暇等）来分析自己的活动。运用这个简单方法，你肯定会揭示出有关自己实际交往模式的有趣情况，它们和你以前的估计也许完全不同！

人被隔离后会怎么样？

当人们由于某种原因被迫放弃日常的社会接触而在与世隔绝中生活的时候，会发生什么情况呢？由动物哺育并在不与任何人接触的情况下长大的人类婴孩，为我们提供了一些有关的信息。对于这样的个体，无论日后怎样精心地进行培育，也很难使其消除智力迟钝的症状。

通过研究正常、健康的个体由于某种原因陷入长期隔离而形成的心理反应，我们可以对隔离的后果做出更加可靠的图解。关于船难幸存者奇迹般地维持了数年孤独生活的经历，有过许多历史的记载和文学描写。它们所报告的情况一律是消极的。尽管有丰富的食物和栖息之所，但与他人接触机会的丧失，马上就成了他们痛苦和沮丧的根源。其他心理症状，如幻觉、自言自语或同动物说话，也是长期隔离的常见反应。

1959年沙赫特（Schachter）以付给男性志愿参试者每人每天20美元（当时的价值比今天高得多！）的代价，让他们待在完全与世隔绝、没有窗户、只有人工照明的小屋里。受试者在固定的用餐时间得到食物，但不允许他们见到任何人，也不能阅读书报、听收音机或看电视。五位受试者对隔离的反应很不一样：一个人只在里面停留了20分钟，另一个人在里面待了8天，其余的人大约待了2天；有人报告说没受到什么影响，有人则报告说待在里面异常难熬。

看起来，人们忍受孤独的能力、所需的社会接触和社会刺激数量，是有很大的个体差异的。赫布（Hebb）、艾森克夫妇（Eysenck & Eysenck）等心理学家认为，由于在兴奋水平上存在着个体差异，因此，人们需要从他人那里获得刺激的适度水平也不同。艾森克认为，这种由生物和遗传因素决定的潜在兴奋水平差异，也能够解释外向—内向和神经质等主要个性差异。这种理论似乎暗示着，社交倾向与一个人的基本个性模式及其遗传学和生理学构成有关。虽然这是一种令人振奋的理论，而且是把社会行为和生物学变量联系起来的一种不多见的尝试，但艾森克的理论模型所提出的问题在心理学文献上尚未得到满意的解决。

"波梅伦琪小姐，谢谢你的信任。不过，我确实认为我对怀孕的猫咪无能为力！！"隔离的常见反应是寻找别的生物为伴，如和动物做伴，并将差不多所有的人性都赋予这些动物。

暂时性社会隔离还会产生另外一些有趣的后果。在社会接触被剥夺期间，人们通常变得极易接受新的体验和影响，能体验到生动的梦境、幻想乃至幻觉。在极度与世隔绝中生活的人所报告的"幻想"和"幻象"，至少有一些是由宗教信仰因素造成的，比如隐士或僧人的幻觉就属于这种情况。隔离还使人极易接受外界影响。短期隔离有时还被用于诸如劝人戒烟等治疗目的。在社会隔离期间或之后进行这样的交流，其效力比在其他情况下要大得多。如此看来，我们都需要与自己的人类伙伴进行社会接触以保持正常的心理调节，尽管在个人究竟接触多少才"最适宜"的问题上存在着很大的个体差异。社会接触被剥夺是令人烦恼的，它会把大多数人弄得晕头转向而易受他人左右。

孤独

在我们的生活中，大多数人都经历过一些孤独的时刻。我们时常会渴望与人交往、和别人一起活动、博得大家的认同和喜爱。孤独体验是个很难定义的概念，因为人们对社会接触有不同的需要和要求。有的人即使有许多朋友也会感到孤独，而另一些人或许只要有一个人陪着他便感到非常愉快。鲁宾斯坦和谢弗（Rubinstein & Shaver）从大约 25 000 名美国人中，获得了有关这种体验的详细信息。他们发现，在孤独者的生活史中，父母离婚是主要的原因，这些人的痛苦产生于被父母明显地遗弃这样一个事实。完成活动 11—2，测测你的孤独感。

活动 11—2

你孤独吗？

孤独很难加以客观定义。研究者们在研究孤独问题时，常常采用与这个量表相似的自我报告量表。完成该量表时，请仔细阅读下述每个问题，并尽量据实以答。回答方法是挑选以下 5 种答案之一，在每题后面相应的序号上画圈：

1. 这种情况绝对不适用于我
2. 这种情况大概不适用于我
3. 我没有把握做出判断
4. 这种情况大概适用于我
5. 这种情况绝对适用于我

1. 我总是感到非常孤独。	1 2 3 4 5
2. 我认为交朋友很难。	1 2 3 4 5
3. 我总是独自做事情。	1 2 3 4 5
4. 我总是等待电话和书信。	1 2 3 4 5
5. 我觉得我怕见人。	1 2 3 4 5
6. 我常常受人排挤。	1 2 3 4 5
7. 我希望更多地了解和自己有来往的人。	1 2 3 4 5
8. 我认为人们并不真正理解我。	1 2 3 4 5
9. 我没有吸引人的个性。	1 2 3 4 5

只要把在每一个问题后面所圈的数字加起来，你就可以得出自己的答题分数。分数越接近于 45，你就越可能是个有孤独感的人。以上量表并非正规的标准化测试工具，但它与研究者们常用的孤独量表在形式和内容上都是相似的。

人们所报告的不同种类的孤独包括如下类型：(1) 绝望（孤立无援、恐惧和悲观失望）；(2) 厌烦（见异思迁、厌烦和忧虑）；(3) 抑郁（感到孤独、意气消沉和悲伤）；(4) 自卑（自惭形秽、无安全感和愚笨）。人们对孤独做出何种反应，主要取决于他们对孤独的解释。你也许记得，归因理论家们是按照一定原因的定位（内因—外因）和稳定性（稳因—非稳因）来对这种解释进行分类的。用内部—稳因（比如，相貌、个性）来解释其孤独的人，大都表现得消沉和沮丧。而那些把不够努力（内部—非稳因）当做孤独原因的人，最乐观和有信心去改变。非稳因—外因（比如，我的孤独是因为刚换了新环境造成的）使人渴望走出困境的变化，而稳因—外因（比如，人们都在故意排挤我）则常会引起敌对行为。

那些长期处于孤独状态的人，即使对自己已经适应、完全能应付和参与的偶尔的社会接触，也会畏首畏尾。"孤独似乎被社会交际和随后的隔离加重了。"这是说，孤独的人不愿意为偶尔的意外接触而冒险，因为这些接触会使长久的孤独痛苦加剧，而不是得到减轻。

与孤独联系最密切的个性品质是羞怯。害羞的人畏惧人类接触，尤其是与权威人物的接触或带有伤害感情性质的接触。津巴多发现，近80%的人在其生活的某段时间里羞怯过。羞怯是可以通过认真训练来克服的，虽然它在某些情况下是一种令人满意的品性。由于躲避了社会接触，害羞的人有更多的时间去思考和理解别人，不太可能对其同伴采取侵犯或防范行为。正像你会看到的那样，进行恰当而适宜的人类接触并不是一件轻松的工作。

"我为何如此孤独？"孤独体验带有很强的主观性，对孤独的反应也主要取决于人们对自己的境遇所做的解释。

人为什么喜爱交际？

人类究竟为什么要如此不懈地寻求相互交往？我们和别人在一起是为了摆脱什么呢？对人类喜爱交际的原因有几种心理学解释。按照某些学者的观点，别人的陪伴本身起着奖赏和强化的作用。也许是由我们的进化史决定的，我们倾向于更多地把他人看做自己的良好体验产生的根源，而不是坏体验之源。这种"习得体验"（learning experience）最终造就了一切潜在的社会接触。

另外一些理论则认为，与他人交往是使我们能够评价自我的必要条件。按照这种观点，在缺少其他客观标准时，人类便运用社会性比较的方法，对照他人来评价自己。没有同他人的交往，我们就很难评价自我，并形成始终如一的自我形象。我们在前一章已经看到，自我概念主要是一种社会创造物，是在人们的交际过程中并根据我们从交际伙伴那里接收的反馈信息而建立起来的。然而，另一种关于人们喜爱交往的解释——社会交换论——则认为，我们之所以寻求人际交往，是因为与他人合作比起独自生活来，可以使我们获得更大的酬赏和满足。所以，交际是我们借以达到自己的目的并因此而获得奖赏的必要手段。

和别人在一起还有助于减轻压力，所以，为某些事情而焦虑或担忧的人常常找人做伴。沙赫特通过一项有趣的实验证实了这种倾向的存在。一些女大学生被告知，她们在实验中将会受到一些电击。其中有些受试者被告知说，电击时没有疼痛感，就像用手抓了一下一样。另一些受试者却得到通知说，电击时很痛，但不会留下任何后患。然后告诉所有受试者，实验装置正在调试，会耽搁几分钟，问她们是愿意一个人待在屋子里等候，还是愿意到另一间屋子去和别人一起等候。

沙赫特预料，预先得知电击很痛而忧心忡忡的女人，可能更愿意在有人陪伴的情况下等候。结果，32位心怀这种焦虑的受试者中，有20位选择了和别人在一起等候实验。30位低忧虑的受试者中，只有10位做出了这样的选择。可见，人们在为某些事而焦虑或紧张时尤其需要别人陪伴。在继续进行的研究中，要求处于焦虑状态的受试者进一步选择，是愿意和预知电击疼痛的人一起等候，还是愿意和没参加实验的人一起等候。结果，大多数受试者选择了和与自己的境遇相同的人一起等候。这说明，与境遇和我们一样的人在一起对于减轻焦虑是特别有效的。因为"同病相怜"！但是，别人在场是否就能使我们的感觉更好一些呢？这也取决于特殊的情境。在人们因等待参加令人难堪（而不是使人感到疼痛）的实验而焦虑的时候，他们中的大多数人宁愿单独去等候。

亲和与吸引

如上所述，和他人在一起的需要、参加社会活动的愿望，几乎是普遍的现象。但我们并不是简单地和随机选择的随便什么人一起共度时光。我们的社会接触，通常是经过对更大范围中可能的接触对象加以选择之后才发生的。我们究竟是如何做出这种选择的呢？是什么决定我们同一个人还是同另一个人建立个人关系呢？在我们的大学班级、工作单位、街坊邻里或自己参加的各种俱乐部中，有成百上千的、具有潜在可能的接触对象，我们何以决定与其中很少几个人建立更亲近的关系呢？这里存在着几个重要的变项。最令人惊讶的是，在个人关系发展的早期阶段，我们实际上并未决定与谁交往，我们并非有意识地选择交际伙伴。决定表面接触潜在范围的主要是外在的变项，我们甚至很少意识到它们的存在。

相识阶段最明显但也更容易被忽视的因素是空间和时间：为了认识潜在的伙伴，我们必须在同一时间处于同一场所。看起来好像很怪，但这个显而易见的事实对我们的社会接触具有最为直接的限制。千百万人生存于世界上，而我们一生能够与之交往的人却只占极其微小的百分比。在和我们有过交往的人中，相处时间较长、关系比较密切且对其有所认识的人，更是寥寥无几。这个小小的群体便是我们未来的熟人和朋友的潜在来源。几项使人感兴趣的研究表明，空间上的接近在友谊的形成中具有重要意义。

在一个著名的实地研究中，菲斯汀格、沙赫特和巴克（Festinger, Schachter & Back）对物理距离在个人关系发展中所起的作用产生了兴趣。人们居住得近，有更多的见面机会，这些条件容易使他们建立起友谊吗？这些研究者对麻省理工学院住房设计方案中新居民之间的友谊发展模式进行了分析。他们预料："迁入该社区以前很少接触或根本没有过接触的居民，其友谊很可能在回家和离家路上或在附近散步途中等短暂而被动的接触基础上得到发展。这些短暂的碰面如果很经常，就可能发展为点头之交，尔后演变为交谈关系；如果心理因素正常，最终便会建立起友谊。"

研究结果基本上支持了这些预见：两套公寓间的物理距离越小，居民们发生友好关系的可能性就越大。在这项研究中，当要求居民列出自己最好的朋友时，挨门邻居被提出的次数占41%，隔一个门的邻居被提出的次数占22%，隔两个门的邻居被提名为朋友的仅为受试者的10%。我们在后面将会看到，类似的偶然事件，比如，第一次上课你碰巧挨着谁坐或者谁碰巧占据了邻近你的书桌、工作台或办公室，会影响到你几年内朋友关系的发展（参见活动11—3）。

活动 11—3

空间和友谊的关系

你可以自己搞个小设计，来检验一下菲斯汀格、沙赫特和巴克的研究成果的有效性。准备一张你现在的居住环境（建筑物、街道等）的物理布局的小草图。在这张图上标出以下所有个人：（1）你仅仅见过却从未说过话的相识之人；（2）你与其只有点头之交的人；（3）你偶尔与之说话的人；（4）你称之为朋友的人。空间距离与你同这些人群的个人关系有什么联系吗？如果你发现距离和友谊没有联系，你能想出可以解释自己特殊情况的特点来吗？

当然，菲斯汀格等的研究成果仅仅说明物理上的接近可以促进吸引，并不意味着它必然造成吸引。的确，强迫性接近常会起完全相反的作用。住在拥挤公寓中的人们，由于防范着别人对其私生活的可能侵犯，所以同远邻的关系往往比近邻更友好。但是，当人们新到一个地方且其社会接触受到限制时，那些碰巧接近他们的人显然就成了选择未来朋友的候选人群。我在牛津大学研究生公寓——那里居民的社会地位与菲斯汀格及其同事所研究的对象不无相似之处——的三年居住生活，的确留给了我那样的印象，即彼此住得很近或共用一个楼梯的人比远邻更有机会成为朋友。

物理上的接近常会导致吸引，因为它增加了短期接触的可能性。一个明显的事实是，向另一个人简短的"曝光"，往往是增加自身吸引力的有效机缘（参见活动11—4）。对这种常见效应的最恰当解释是，向一个人反复"曝光"会使彼此越来越熟悉，熟悉的人和物对我们有更大的吸引力。在给学生的试卷判分时，我常常意识到这个事实。如果班级很大而且由许多不熟悉的人组成，那么，在我偶然碰到一个熟悉的名字时，便会不自觉地产生一种好感和期望。

活动 11—4

熟悉和喜欢的关系

人们对某个人更感兴趣，真的只是因为那个人面熟吗？要检验这个假设，你需要找一些不同人物的同样形状的照片。比如，新闻照片上的足球队员、内阁成员或毕业班同学等等。把这些照片裁剪成同样大小的一套。从这套照片中随意挑出一半，并把挑出来的照片记下来。向受试者出示这些挑出的照片，并给他们一点时间审视每张照片，比如，可以请受试者猜猜每张照片上的人的年龄。

一两天后，在你的受试者肯定忘记了所看的那些照片时，把整套照片拿给他们看。这一次，要求他们按吸引力大小而为每张照片打分。你可以采用下面的7分制量表：

我认为这张照片上的那个人极有吸引力　　1 2 3 4 5 6 7　　我认为这张照片上的那个人极无吸引力

取大家两次判断的平均值。你会发现，尽管人们不可能记得自己以前是否看过某一张照片，但总的来看，他们会认为熟悉的照片（他们已看过的那半套）比不熟悉的照片更有吸引力。

有时候，吸引也许完全是由意外因素来驱使的。我们心情愉快、心满意足时在舒适优雅的地方见到的一个人，可能比我们心情不愉快时在嘈杂喧闹环境中见到的同一个人对我们有更大的吸引力。斯塔茨夫妇指出，我们可能会按照典型的条件反射原则，无意中将人与好的或坏的品质关联在一起。在他们的实验中，受试者们看到一些名字（比如，布赖恩、汤姆、比尔等等）的时候同时让他们听到令人愉快（比如，高兴）或使人不快（比如，痛苦、丑陋）的词语。然后，请受试者给他们看到的名字打分。结果，那些碰巧之前与令人愉快的词有联系的名字，比那些同烦人的词有联系的名字所得的评价更好。同样的道理，现实生活交往中的情境和语境会在我们头脑中与一些假定的个人品质相联系，从而影响具有那些品质的个人对我们的吸引力。

人际关系中的"趋利避害"

学习论提出了一种可供选择的解释。伯恩和克洛（Byrne & Clore）的感情强化论（the reinforcement-affect theory）主张，我们为那些过去向我们提供过正强化或奖赏的人所吸引。当一个人做了某些使我们感到高兴的事、说了某些使我们感到愉快的话时，我们就"学着"在愉快感和诱发它的人之间建立起一种联想。之后，我们就被那个人所吸引。这种非常简单的吸引理论是以一个更为古老的学说——视奖赏观念和享乐主义为人性的基本成分——为基础的。这种古老的学说认为，人类行为大致可以解释为一种趋利避害的需求。学习论的强化概念以这种享乐主义原则为基础，因此，用它来解释人际吸引并不比应用享乐主义理论好多少。

交换论是初级学习论模型的进一步发展。它考虑到交际双方在个人关系中付出的代价和获得的利益，这是一种关于人类关系的明确的经济学观点。它假定，每一个人在他与别人的个人关系中都怀有获"利"动机，即所得超过所付出的代价。在这种功利性的个人关系中，交际双方都必须对自己的获利行为有所限制，否则，一旦某一方付出的代价大于其所得的利益，这种个人关系就会终止。

尽管这种观点看起来太过功利性，但它非常接近于至少某些在个人关系中最广泛使用的做法。在古往今来的许多社会形态中，一个配偶的"奖赏值"，是由家庭成员根据广为接受的关于配偶价值的观念而明确评估出来的。只要瞥一眼报纸上刊登的"个人"广告，就会使你清醒地认识当今人际市场上的主要财富：相貌漂亮、年轻、富有、喜爱旅游和冒险、教育程度等等。直到最近，专业"媒人"还在为这样一些令人伤脑筋的工作奔忙：权衡一位待嫁新娘的美貌、嫁妆、社会地位与一位待娶新郎的家庭背景、品德、金钱和相貌是否合适、般配。

这种交换原则至今仍在通行，只是作为风俗习惯在形式上有所削弱罢了："相对于以往的家族交易来看，的确可以说，在商定婚姻的问题上已发生了从讨价还价的态度向更注重爱情关系的转变，但每个人至今仍须为自己讨价还价。"

> 这对夫妇般配吗？我们倾向于假定，不管表面现象如何，大多数个人关系的双方都一定是等价般配的。异性恋关系中常有的交换是年轻漂亮的女人配又老又丑却有钱有势或有才华、有德行的男人。

我们一般倾向于设想，在所有的个人关系中，这种个人资本一定都是匹配甚佳的。当看到一位极有魅力的年轻女郎与一个又老又丑的男人结合时，不管表面迹象如何，人们马上就会推测，他们之间一定存在着某种利益交换关系。年老的丈夫或许极其富有，或许具有为其年轻妻子所倾倒的卓越才华，又或许他过去曾为她提供过重要帮助。杰奎琳·肯尼迪和阿里斯托特尔·奥纳西斯结婚的时候，大多数人都自然而然地认为发生了一场公平交换：这对伴侣彼此提供了等价的人际资本。研究表明，像相貌俊美这样的个人资本具有永久性效用，它甚至能反映其伴侣的可观察到的社会地位。一个男人和一个漂亮女人在一起时，常常会比没有漂亮女人陪伴时受到人们更多的好评。

"敌人的敌人是朋友"

认知平衡论对亲和与吸引做出了另一种解释。按照这种观点，我们倾向于选择那些有助于自己保持一贯的、平衡的世界观的人为友。因此，思想、态度和行为与我们一样或相似的人是可爱的朋友，因为他们坚定了我们对世界的看法。弗里茨·海德和其后的纽科姆（Newcomb）是认知平衡理论的主要倡导者。他们认为，个人关系中的三个基本要素——个人（P）、他人（O）和态度目标（X）——可以按有限数目的三角形关系来综合分析。

举例说，如果我（个人，P）喜欢我的朋友约翰（他人，O），我们又都支持医药国有化（态度目标，X），那么，这种个人关系便是平衡的、稳定的。然而，如果我（P）喜欢约翰（O），但他不赞成我所支持的医药国有化，认知不平衡便出现了。这种不平衡只有在约翰或我改变对X的看法时，或者在我改变对约翰（O）的看法时，才能得到解决！因此，约翰对我的吸引力明显地取决于我们所陷入的这种三角形认知单元的数目和种类。

另一方面，如果我对约翰漠不关心，那么他的态度是否和我一致，对我来说就无所谓了：这种个人关系可以说是非平衡性的，不会有进一步的结果（见图11—1）。在非平衡性关系中，我唯一可能的偏好是，希望某些不幸之事，比如，受到惩罚，发生在我所不喜欢的他人身上。纽科姆和费瑟（Feather）进一步发展了海德的认知平衡模型，具体说明了各种要素间可能存在的平衡性、不平衡性和非平衡性关系的种类（图11—1）。正如大家看到的，这种简单方法可以十分有效地解释P、O和X之间的各种可能的关系！

存在于处理个人关系中的这种认知平衡原则得到了有力的支持。在一项对以后的个人关系研究产生了重大影响的著名研究中,西奥多·纽科姆考察了"熟识过程"。纽科姆所感兴趣的是,个人态度、价值和观点的相似,是否真像平衡论所预言的那样与友谊选择相关联。他的受试者是一群互不相识的男大学生,他们同时住进了一所学生公寓。在此之前,先就他们对本公寓其他学生的态度、评价和感情做出估计,搬入公寓居住期间又就此进行了几次评估。研究结果表明,搬入公寓前在态度和价值方面就比较相似的学生,最终真的成了朋友。而且,彼此合得来的居住者对其他居住者的评价一般也是相似的,这说明,他们对第三者的相似态度还是其友谊发展的一个构成因素。

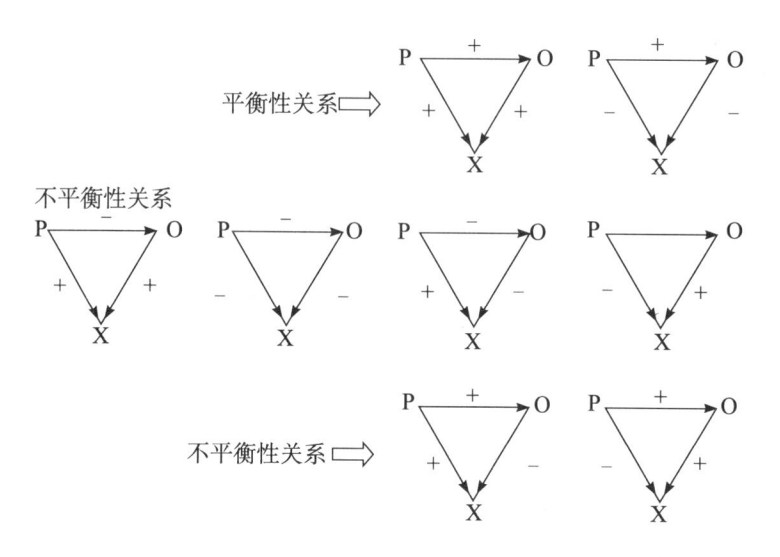

图 11—1　平衡模型举例

P=个人,O=他人,X=态度目标。箭头指示方向并表示每种态度的价值。如果 P 对 O 持肯定态度,其个人关系可以是平衡的,也可以是不平衡的,这取决于他们对 X 的态度。如果 P 不喜欢 O,其个人关系就是非平衡性的。

这项研究率先为态度相似是个人关系发展的重要因素的观点提供了证据,它肯定了平衡论的预见。"相似相吸"是个人关系发展的最重要原理之一。但认知平衡论还有一些更为深远的意义,比如,在一个人碰巧是我们敌人的敌人的情况下,我们会仅仅因为这个理由而喜欢他吗?

平衡论预见到了这样一种结果。阿伦森和科普(Aronson & Cope)试图通过一项实验来评价这种可能性。在这项实验中,一些受试者受到一个实验者的无礼对待,另一些受试者则受到他的热情接待。然后,他们当中有些人"偷听到"这个实验者的上司对他的严厉训斥，另一些人则听到那位上司对他的赞扬。再后，这位上司逐个慰问了受试者，并请他们以打电话的方式给他的工作提供帮助。结果，打来电话的大多数是那些受到实验者伤害而讨厌实验者并偷听到这位上司对实验者加以训斥的受试者。而那些听到这位上司对他们的敌人（那个实验者）加以赞扬的受试者们，则不那么乐于提供这种帮助！尽管看起来可能很奇怪，但这些受试者似乎更愿意同他们看到正在苛责别人而非与人友善的人交往，这仅仅是因为他恰好是在苛责他们的敌人。

> 敌人的敌人是朋友。平衡论的预见之一是，我们会喜欢那些对自己的敌人造成伤害的人，即使在这个人缺少其他可爱品质的情况下也是如此。这便是阿伦森和科普的研究发现（参见上文内容）。

第十二章

个人关系的发展

个人关系发展的过程
我认识你，你不认识我：个人关系的第一级水平
表面性接触阶段：个人关系的第二级水平
亲密关系：个人关系的第三级水平
建立接触的第一步：接近他
背景相似才有共同语言
爱美之心，人皆有之
人以群分：态度一致性
需要的互补性：相异相吸
有才者更有魅力
低自尊的人更需要朋友
好品性赢得好人缘
交往中的平等
个人关系中的得失效应
自我表露的艺术

我们一生中花费如此多的时间和别人在一起,其最终结果是建立起大量时间长短不等、强弱程度不同的个人关系。与食品商在小店角落里的愉快闲谈之交,和某位同事的正式而礼貌的个人关系,对岳母隐藏的深深不满,以及从共同童年生活发展起来的强烈而深厚的友谊……这一切个人关系都有其按照一定的模式发生、发展并最终达到稳定平衡态的过程。还有许多个人关系未能获得令人满意的进展,它们现在只保留在我们淡淡的记忆里。我们全都有过许多这种终止个人关系的经历。为什么中学时的友谊或恋爱关系起初是那么令人痴迷,但却没有像当时我们所期望的那样得到发展呢?

哪些因素制约着个人关系的成败呢?当然,我们与他人建立的每一种个人关系都是彼此有别的,但我们能否认识它们发展的一般规律呢?更准确地说,在个人关系发展的不同阶段中有哪些因素在起作用呢?在本章中我们将对以上内容进行说明。

个人关系发展的过程

随着个人关系的发展,许多事情也随之变化:喜欢、强度、信任、可预测性、相互依赖性,这些只是随便提到的几个方面。但人类关系最重要的一般特征大概是参与者之间的关涉度。莱文杰和斯努克(Levinger & Snoek)指出,关涉性(involvement)是个人关系最重要的特点。他们以这个特征为基础建立了一个个人关系发展的模型。其模型是基于这样的假定而建立起来的,即一切个人关系都在理论上的双方关系两极——从完全无接触到十分亲密或一致——之间变动。这个连续变动的过程可以划分为几个阶段(参见图12—1的左边部分):零接触、单相识(只有一方认识另一方,而没有实际交往)、表面性接触(包括表面的、非个人的交际)、亲密(此时发生一定程度的现实、深入的交往)。

我认识你,你不认识我:个人关系的第一级水平

这种类型的个人关系只包含交际双方微乎其微的接触,仅有一方对另一方的单方了解,而没有任何实际交往。我们的社会性关系绝大多数属于这种类型;大部分人是我们从远处来"认识"的。乘公共汽车时坐在你身边的人,街道上与你擦肩而过的人,你喜欢的电视剧演员,从你窗外经过的身穿漂亮裙子的女人:按照莱文杰

第十二章 个人关系的发展

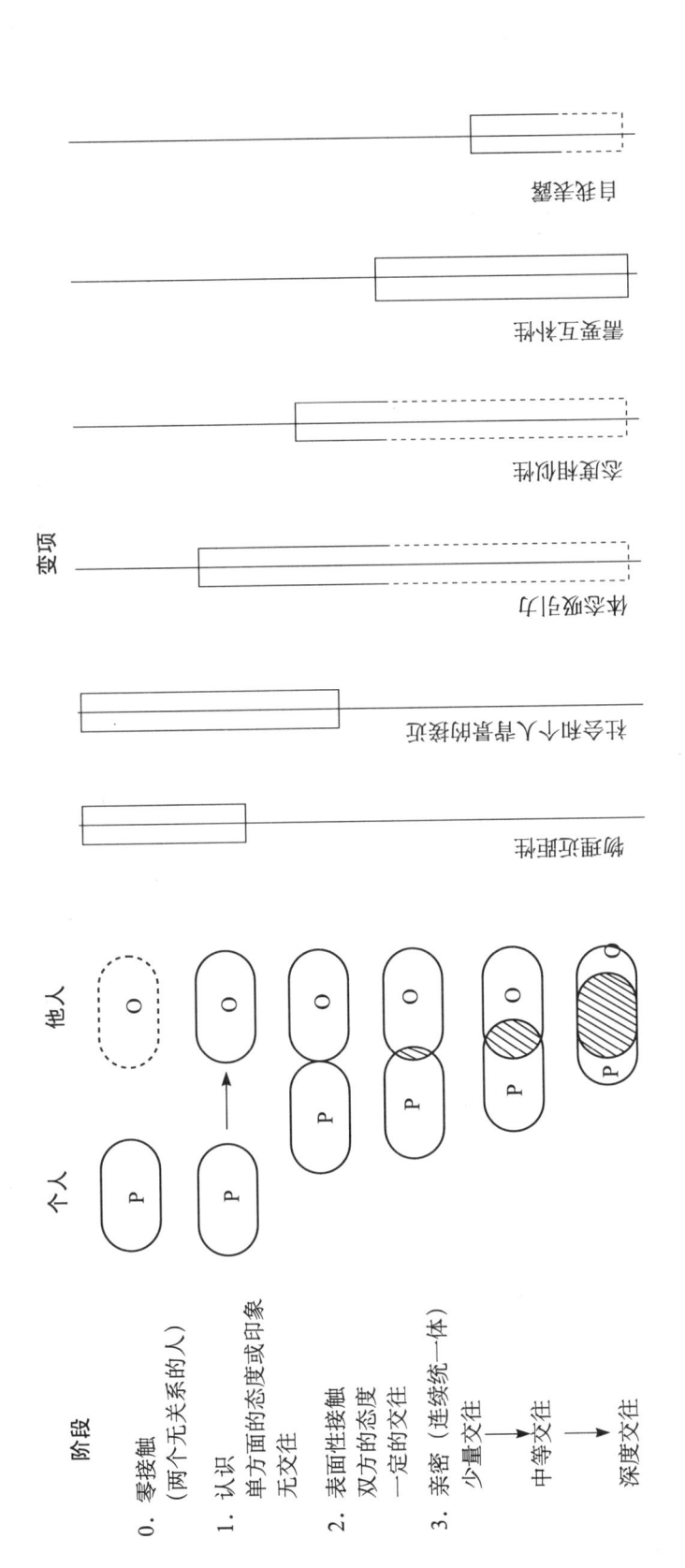

图12—1 个人关系发展模型

阶段

0. 零接触（两个无关系的人）
1. 认识 — 单方面的态度或印象 无交往
2. 表面性接触 — 双方的态度 一定的交往
3. 亲密（连续统一体）
   - 少量交往 → 中等交往 → 深度交往

变项
- 物理吸引
- 非言语人际反应
- 身体接引力
- 语言相容性
- 需要互补性
- 目标一致

左边表示关涉水平不断增长的个人关系发展阶段，右边列举了决定每一阶段进展的最重要因素。

和斯努克的模型，这些都属于第一级水平的个人关系。我们观察一个人，以这样或那样的方式做出反应（赞许、喜欢或不满），但往往连一句话都未曾交谈便擦肩而过。

不过，这种单方面的、第一级水平的个人关系有时也可以发展为深入的、关涉性的经历。常见的例子是影星和影迷之间的关系，或观众与著名女演员的关系（试图暗杀里根总统的约翰·欣克利宣称，他爱着一位电视女演员，他要成为名人从而与她结识，这是驱使他行刺的原因）。但在大多数情况下，第一级水平的个人关系是短暂的、表面性的，因而很少能使人陷得很深。尽管第一级水平的个人关系常常是微弱的，但它们却是我们更加复杂的个人关系赖以发展的基础。是什么力量促使它们进一步发展呢？哪些因素影响着我们对只有一面之交或表面性接触的人的反应方式呢？请继续阅读下面的部分。

表面性接触阶段：个人关系的第二级水平

那些包含着一定程度的实际交往的个人关系，绝大多数处于个人关系的第二级水平。莱文杰和斯努克把表面性接触定义为具有微弱关涉的个人关系，人们在这种关系中基本上是以严格规定了的角色来进行交往的。如我们与商店售货员、旅馆招待员、邮局职员、保险代理人或汽车推销员等所发生的那些接触。我们倾向于把这些个人看做某种规定角色的执行者，而非其本身与众不同的独特个体，我们与他们的关系也是非个人化的。当然，还有其他一些个人关系也可以停留在表面性接触水平上。如果你始终把自己的婶娘仅仅看做"婶娘"，从来也不与她进行一定程度的交往，那么即使这种关系维持25年，它也可能仍是一种表面接触的个人关系。

在这种表面性关系水平上，一个人所具有的可能决定个人关系是否进一步发展的特性，大部分是可以直接观察到的表面特性。角色的表演、穿戴、体态魅力、目光接触、微笑、姿势和个人特异动作等言语和非言语信号的使用等特点，对我们应对这种表面接触的方式有很大影响。因为许多的表面性接触关系都发生在商业领域内，所以扮演这些角色的人们常常要经过特殊训练，以便尽可能使委托人和顾客产生好感。使用文雅的言语和非言语信号，常常是侍者、电话接线员、招待员和售货员职业教育的一部分。

亲密关系：个人关系的第三级水平

在日常语言中，我们通常只称第三级水平的个人关系为"个人关系"。只有在这个水平上，交际双方才存在一定程度的真正的个人关涉和亲密性。在第三级的个人关系水平上，我们把自己的交际伙伴看做一个独特的个体，我们理解并欣赏他内心对世界的主观看法，彼此之间在情感、认识和行为上存在着一种亲密关系。双方或多或少地具有同样的感情、同样的想法和同样的行动。个人关系发展到这个水平应归功于自我表露、态度和价值观念的一致、个人需要的互补性以及相互欣赏对方的个性等因素的作用。发展中的亲密关系的一个特别使人感兴趣的方面是双方的情感投入。例如，为什么初恋之情那样强烈，随后的发展亦情爱甚笃，但在共同的婚姻生活中双方的感情却可能冷淡下来呢？我们对这种变化发生的原因尚知之甚少。恋爱关系是第三级水平的个人关系的一个特殊类型，对此我们将在下一章进行详细的介绍。

> 另一种类型的爱情？初恋的强烈情感涉入常常会愈演愈烈。但在持久性的异性关系如婚姻中，感情也可能日渐冷淡。

建立接触的第一步：接近他

我们的个人关系中最具有决定性的遴选因素，大概就是物理近距性了。这是决定我们在周围的众人之中将认识哪个人、哪个人将跨越零级水平（没有个人关系）至第一级水平（单相识）之界的主要因素。许多研究者都指出，空间上的靠近是个人关系中的一个重要因素。西格尔的一项研究大概是该原理的最好例证。在这项研究中，一所警察学院严格地按照新学员姓名的字母顺序安排教室座位，分配寝室。就是说，两个学员姓名的第一个字母越靠近，他们在教室里坐的距离越近，彼此住的寝室也越靠近。6个月后，要求每位学员提名谁是他在这所学院里的最亲密的朋友。结果学员提名的最好的朋友只在字母表上与其相隔平均4.5个字母的距离，从而证实了空间近距性对择友具有主要影响。

背景相似才有共同语言

当然，不是所有处在我们附近物理环境中的人都能成为朋友。第二个因素——社会和个人背景相似——在影响人们之间的单相识关系和表面性接触是否发展方面，也起着重要的过滤器作用。我们更可能发现和留意那些经历、信仰、职业、地位和收入与自己相似的人。一旦与这种人相识，我们之间的个人关系，比起与那些社会和个人背景与自己不同的人们的关系来，至少将更可能进展到表面性接触的水平。统计情况表明，大多数卷入友谊、婚姻或浪漫恋情的人，都有极其相似的背景。

爱美之心，人皆有之

体态吸引力在一种个人关系能否从没有接触进展到第一级水平（单相识），以及从单相识进展到第二级水平（表面性接触）方面，起着主要的影响作用。相貌——一个人可见特征中的首要特征——通常是人们决定是否与其所认识的人进行交往的基础。在几位年轻姑娘中你会邀请哪一位跳舞？在鸡尾酒会的众多客人中你将找谁攀谈？在几位空闲的商店售货员中你愿意请谁提供购物服务？对这些情境只要稍微想一下，你就会认识到体态吸引力在你做出这些决定时是何等重要！这些人的相貌对诸如此类的选择起着主要作用；未被选择、确定为交际对象，便意味着个人关系的发展在单相识阶段就终止了。

体态吸引力究竟是什么性质的东西呢？美貌主要还是存在于观看者眼中。定义吸引力没有固定不变的科学标准，今天被认为有魅力的东西，到了明天也许就不那么富有魅力了。比如，审视一遍不同时代的油画，你就会相信关于女性美的观念在几个世纪内已经发生了重大变化。每个时代都有各自的魅力观念，而我们关于体态魅力的标准在自己的一生中也在不断改变。

美貌的确是一种令人难以捉摸的品性；甚至微小的表情变化也能影响魅力评分。对美貌的判断还取决于我们即时做出的比较：一位女大学生被评价为比平时缺乏魅力，只因为对她做出评价的男生刚看完一部表现具有美丽容颜的女人的电视剧——《霹雳娇娃》。对于魅力标准来说，关键在于其为一定年龄、阶层、地位或地理区域内的人们所共同持有。所有接受这种标准的人都知道相貌"漂亮"极其重要，都可以从容地评价彼此的体态外貌。

我们生命中的特定时期，如青春期，几乎是以对体态外貌的痴迷为标志的。我还记得，在我的青年时代，穿着打扮几乎成了世界上最重要的事情；姑娘和小伙子们无论是在娱乐场所跳舞还是在单位工作，总是保持着漂亮的仪表。尽管相貌漂亮在社会生活中具有明显的重要性，但心理学家对这个领域的研究相对来说却是起步较晚的，真正的研究直到20世纪60年代才开始，到1974年才出现大量有关体态吸引力的研究文献。阿伦森对人们长期忽视体态吸引力研究的原因做了如下推测："很难弄清楚体态吸引力的作用为何没有被更系统地加以研究。也许，在某种程度上，我们不愿去寻找表明漂亮女人比不漂亮女人更招人喜欢的根据——这样做不晓得为什么好像不民主似的。"

尽管人们对自己的长相多少有些无能为力，但研究者们确实发现了阿伦森所猜想到的情况：体态吸引力在人物评价方面起着主要作用。戴恩、伯施艾德和沃尔斯特希望证明"是否存在体态吸引力的定型，如果有，就可以从几个角度来研究这种定型的内容"。这种研究的程序很简单，在以后的许多研究中也具有代表性。在研究过程中，向受试者出示一些人物照片，照片上的人事先已被分为体貌有魅力、无魅力或一般三类，要求受试者根据多项差别量表对其进行评定。评定结果表明，长得漂亮的人，除胜任父母能力一项外，几乎在所有方面都得到了较好的评价。

有魅力的人被认为人格更高尚、更加幸福、更有能力、更可能结婚——但相貌一般的人被认为更胜任做父母。（不知为什么唯有父母的身份被认为是与相貌漂亮无关的。大概因为人们认为长相漂亮的人更惯于朝秦暮楚？）这些评价本身令人惊奇。你是否也发现，这些判断实际上是在受试者只看到这些人的长相而对别的一无所知的情况下做出的呢？他们的判断显然道出了有关他们自己的期望和内隐个性观的一些十分重要的东西，其中体态吸引力明显地起主要作用。

体态吸引力还具有许多别的优势。相貌漂亮的人走到哪里都受到优待。兰迪和西格尔（Landy & Sigall）发现，同一篇小品文，在其作者被描述为是一个有魅力的而非相貌平平的女人时，就会得到男士们的倍加好评。看来，我们好像都认为"美就是善"。人们还认为，相貌漂亮的人应比无魅力的人对自己所犯的错误承担较少的罪责。戴恩（Dion）发现，不招人待见的孩子犯了错误，一般被认为很严重而且可能再犯；而一个招人待见的孩子在同一时间犯的同样错误，却被认为不那么严重而且也不大可能再犯。埃弗仑（Efran）让一些大学生扮演大学模拟法庭上的角色，对另一些被指控有不端行为如考试作弊的学生做出判决。结果，陪审员不太愿意相信相貌漂亮的被告受到的指控，判决中也很少有严厉的词句。

然而，"美就是善"这个假定具有一些明确的限制条件。当人们发觉一个人在利用他的漂亮相貌来逃避什么的时候，那么对体态漂亮的人的判决便尤为严厉。西格尔和奥斯特洛夫（Sigall & Ostrove）指出，如果一个漂亮女人利用她的美貌去犯罪（诈骗），她就会受到更加严厉的惩罚；但如果从事与她的美貌无关的犯罪活动（偷窃），罪行虽然严重，却会得到比别人更宽大的处理。甚至连微笑也可以起到和美貌一样的作用：福加斯、奥康纳和莫里斯（Forgas，O'Connor & Morris）的一项研究表明，微笑的学生与他们不微笑的时候相比，受到的好评更多，而他们因过失所受到的惩罚却更轻。

人们为何如此坚信美貌与好的个人品性有联系呢？一种可能的解释是，美貌产生了"光环效应"，这是第四章所谈到的一种现象。也可能是相貌漂亮的人确实更有能力和技巧吗？在"美就是善"这个普遍的信念中包含着真理吗？戈德曼和刘易斯（Goldman & Lewis）提出了这样的问题。在他们的研究中，事先被评定为体态漂亮的大学生与某个实际上看不见他们的异性伙伴交谈（通过电话）。谈话结束后，要求每个学生对他们（没看见）的谈话伙伴的可爱性、焦虑和社交技能做出评定，并说出自己在多大程度上想与此人见面。

令人惊奇的是，研究结果表明，尽管没有见面接触，长得漂亮的学生比起不漂亮的学生来，的确被谈话伙伴评定为更可爱、更有社交技能。这说明，在对漂亮者的普遍成见中也许真有某些合理的东西。虽然这些人的出身也许并不优越，但很可能是漂亮的人从童年起就和他人有更好、更得意的交往。因此，他们可以成长为更有能力和更可爱的人。

人以群分：态度一致性

个人关系一旦进入表面性接触阶段（第二级水平），就出现了更多地运用个人内在特性来影响那种关系发展的机会。在个人关系的初级阶段，对其发展影响最大的个人特性大概就要数态度相似性了。阿里斯托特利当时就对这种倾向有所认识，他写道："把同样的事看成好事……把同样的人看做朋友的人是朋友。……我们喜欢与自己意见一致、志同道合的人……他们和我们趣味相投。"上一章谈到的纽科姆的实地研究，以生动的事例令人信服地说明了态度和喜欢之间的关系：搬进一所公寓前对事情所持的态度相似的学生，在以后的日子里更可能成为朋友。常言道："物以类聚，人以群分。"这一说法显然有某种现实的基础。

在纽科姆的实地研究之后，关于态度相似对喜欢的影响的研究在社会心理学实验里也广泛开展起来。在一个典型实验中，先对受试者参加实验前一段时间（常为几周）的态度分别做出评定。然后，受试者读到一份关于另一个伪装成态度与其相似或不相似的人的材料。最后，请他们说出自己喜欢那个人的程度。伯恩就这个课题进行了一系列广泛的研究，他始终认为，受试者和对象之间相似态度的比率与喜欢紧密相关。这种联系在各类人种群体和文化中都普遍存在，它的影响非常大。

在这种研究中，受试者实际上从未见过他所评定的人。按照莱文杰和斯努克的观点，这种个人关系仅处于单相识水平，还看不到面对面接触的前景。问题在于，我们在多大程度上能从这种表面性个人关系的研究结果中，概括出现实生活中发生的、包含颇多亲身投入的个人关系的一般模式呢？比如，交际伙伴在极端苛刻和充满压力的环境下见面时，态度一致也预示着吸引吗？格里菲特和维奇（Griffitt & Veitch）试图检验这种可能性。他们研究了 13 位志愿受试者之间的吸引发展模式，这些志愿者被关在模拟恶劣条件的住所中一起度过了 10 天。这期间，他们置身于拥挤、不舒适的铺位、高温、潮湿和限制食品等恶劣条件之中。在这种苛刻的条件下，人们会预测，谁能保持最基本的人格，远比态度一致更能对他人产生巨大的吸引力。

但使人非常惊奇的是，13 位志愿者中初次见面前通过完成一份 44 个项目的问卷而被评定为态度一致的人，在模拟实验结束后真成了好朋友。为了查明相似—吸引的联系是否真像伯恩所说的那样牢固，其他研究者也纷纷转向现实生活中的个人关系研究。坎德尔采用问卷法，从 1 800 多位 13～18 岁的年轻人中收集到大量材料。她在分析受试者和最好的朋友的态度与价值观时发现，它们又一次紧密地联系起来。拥有一致的态度和价值观，显然是发展个人关系的重要因素。

态度一致究竟为何在个人关系从第二级水平向第三级水平的发展中发挥着如此重要的作用呢？对此，有几种可能的解释。根据海德的认知平衡论，我们也许只是高兴看到自己的观点和信念得到别人的肯定。按照学习论的观点，那些想法和我们一样的人更可能使我们对其产生好感、给我们以正强化，从而使我们很快就与这种人建立起较深的个人关系。请想想你第一次见到某人并初次谈论起各种问题时的情景。事实上，你们谈论的大多数问题都涉及个人态度（对有关的熟人、生活方式、宗教信仰、食品、饮料等）。十分明显，一个人对事物的看法与你越相似，你就越为他所吸引。正像格里菲特和维奇的研究所表明的那样，这种最初的吸引似乎可持续很久，甚至在更深的个人关系中起着作用。

需要的互补性：相异相吸

一般说来，关于态度一致性的研究证实了相似相吸的普遍信念。但是还存在着一个同样普遍的与之矛盾的信念，即具有不相似的、互补品性的人在密切的个人关系中具有最大的相互吸引性——"相异相吸"原理。这两个信念中哪一个是真理呢？我们都认识或了解一些双方极不相似的夫妻或情义深厚的朋友，在他们那里，不相似好像是个人关系中的主要凝聚力。在这种个人关系中，人们之间似乎是彼此互补的。

互补假说最先是由温奇提出的，他认为，在寻找伴侣的问题上，人们也许倾向于选择能满足自己需要并与自己的倾向互补的人做配偶。性格外向和性格内向的人、顺从型和支配型的人、依赖型和扶养型的人，可以相互吸引以满足彼此的互补需要。一种个人关系已建立后才发展出互补性，这也是可能的。在共同生活的过程中，人们可以建立起一种充分利用双方不同个性的"生活方式"。

我们怎样才能排解相似性和互补性这两种假说间的明显冲突呢？科克霍夫和戴维斯（Kerckhoff & Davis）在一项有趣的长期实地研究中，试图解决的正是这个问题。他们招募了大批"非常恩爱"的夫妻充当受试者，对他们多方面的个性和态度进行测评，还要求这些夫妻说出他们对自己婚姻的满意度。大约6个月后再次与受试者见面，向他们询问在这期间个人关系发展的情况。科克霍夫和戴维斯发现，对那些在实验开始时只有短期（少于18个月）相互了解的夫妻来说，态度一致是其个人关系发展的最佳预示器。但是，对那些实验开始时已有长期（超过18个月）接触史的夫妻来说，个人需要的互补就显得更加重要了。

怎样解释这些明显冲突的实验结果呢？科克霍夫和戴维斯提出了一个关于个人关系发展的"过滤假说"。在个人关系发展的最初阶段，相似的社会和个人背景、空间近距性和体态魅力等表面特性，具有重要意义。此后，一致的态度就在情侣间较深的结合中发挥主要作用了。只是在更晚些的时候，随着双方愈益坠入情网，个人需要的互补性才开始起核心作用。过滤假说具有很大的直观魅力，可以很好地解释莱文杰和斯努克提出的各种个人关系发展模型。遗憾的是，要获得这种过滤处理的确凿证据极为困难，因为它要求研究者对个人关系进行超长期的跟踪研究。

这种长期研究很难实现而且常常出问题。莱文杰、西恩和乔根森（Levinger, Senn & Jorgensen）试图重复科克霍夫和戴维斯的实验结果，但没有成功。他们发现，个人关系成功的最佳预示器，是实验开始时交际双方所报告的关涉程度，以及他们共同从事的活动范围。不过，几乎可以肯定，影响个人关系发展的各种因素，在个人关系发展的不同时期起着不同的作用。这些作用在某种具体的个人关系中产生的实际结果，是由对方的期望和个人关系的类型等因素决定的。

有才者更有魅力

毫无疑问，那些有才能、有智慧、有成就的人，对我们大多数人来说，比那些没有能力、不聪明、无成就的人更有吸引力。即使在观察者或判断者一点也不能从未来伙伴的才能中受益的情况下，这种偏爱依然根深蒂固地存在。似乎智慧和能力具有与体态魅力同样的、与之相联的光环。当然，很可能物极必反。极有才能的人不一定招人喜欢，他们的能力也许会被别人看做一种威胁，从而招来厌恶。事实上，我们对天才人物的喜爱，在他们摔了跟头或犯了错误之后可能会增多，因为这使他们更像凡人（也更像我们自己）。

一些有趣的例子可以说明人们的这种心态。阿伦森注意到一件怪事，肯尼迪在猪湾事件①中惨败后的声望实际上提高了。"肯尼迪年轻，英俊，潇洒，诙谐，富有魅力，行动敏捷；他是个求知欲很强的读者，杰出的政治家，战争英雄……他有一位漂亮妻子……两个逗人喜爱的孩子……和一个天资高、紧密团结的家庭。一些难

---

① 1961年4月17日，在美国中央情报局协助下逃亡美国的古巴人，在古巴西南海岸的猪湾向菲德尔·卡斯特罗领导的古巴革命政府发动了一次失败的入侵。该事件标志着美国反古巴行动的第一个高峰。——译者注

免的错误（像对一个大的失败负有责任），可能使他在民众的眼里更有人性，因而更可爱"。阿伦森、威勒曼和弗洛伊德试图在更为可控的实验室条件下检验这种心理活动过程。他们要求受试者对力求代表大学界参加竞选的候选人的魅力进行评定。其中一位候选人显示出高超的才干和能力，正确地回答了92%的问题，另一位候选人则能力平平，只正确回答了30%的问题。此外，有一半受试者看到候选人犯了一个小过失——将咖啡洒了自己一身。

实验结果表明，与预料的一样，候选人越有能力，就越受欢迎。那么，小过失（洒咖啡）对候选人的魅力有何影响呢？令人奇怪的是，能力高超的候选人洒了咖啡后更受爱戴，而能力平平的候选人却由于这个小过失而获得更坏的评价。在缺乏其他信息的情况下，我们似乎都喜欢有才能的人；如果他们像常人一样犯错误，我们甚至会更喜欢他们！

> 过失对吸引的影响。能力高超的人犯有微小过失，可以使那个人更有吸引力。缺乏才能的人的重大过失，通常会造成完全不同的后果！

低自尊的人更需要朋友

吸引和自尊也是密切相关的。招别人喜欢是产生良好自我评价的最重要根源之一，而在我们自卑和自尊心较低的时候，则特别重视和珍惜同别人的良好关系。沃尔斯特（Walster）在一项巧妙的实验中证实了这种关联性的存在。在受试者等候实验时，实验者派了一个仪表堂堂的男同伴主动向她们献殷勤，说他被她们迷住了，并要求和她们约会。实际受试期间，给这些女受试者在一些测试中的表现以正、负两种反馈，从而使她们当中有人产生了良好的自我感觉，有人则自我感觉不佳。在实验结束时，除了别的问题外，还向她们询问了对在休息室遇见的那个男人的喜欢程度。结果表明，受试中被负反馈搅得心神不安的女人，比那些被正反馈增强了自尊感的女人更喜欢那位男士。

自尊的程度在我们决定寻找哪种人为友的时候也起着一定的作用。在自尊感"低"及感到不安全时，遭到排斥或拒绝很有可能成为一种毁灭性打击，所以为安全起见而靠拢可能会善意待你的人，是一种明智的策略。基斯勒和巴罗尔（Kiesler & Baral）发现，自尊被"提升"的男性，会向很有魅力的女人求爱。相反，自尊降低的男性受试者更倾向于无魅力的女伴，认为这样成功的几率会更高。因此，在自尊感较低时，赢得别人喜爱似乎是最珍贵的，而且很可能得到被爱者的回报，我们可能很重视以此来选择自己的伙伴。

好品性赢得好人缘

除上述才能和自尊这样的个人品性外，其他一切个人属性都可以影响我们喜欢一个人的程度。一般地说，我们用喜欢来奖赏"好"品性，以厌恶来回报"坏"品性。什么样的品性可爱、什么样的品性讨厌，这是很容易确定的，只要请一大批人把他们关于各种个人品性"可爱性"的判断告诉我们就行了。诺曼·安德森正是这样做的，他计算出了555种个人品性中每一种品性的平均可爱值。在可爱品性的评估中存在着很大的个人差异。对诚实和真挚的评价普遍很高，但不同的个人完全可以选出不同的品性安排在自己"可爱性"序列的首位。

交往中的平等

喜欢对等的个人关系而讨厌不对等的个人关系，这几乎是人们的一种普遍倾向，它对吸引也有强烈影响。当得知某人喜欢我们的时候，我们也会不自觉地对那人产生好感。反过来，对别人表示好感，是促使其以喜欢来回报我们的最佳方式之一。在一项研究中，某学术沙龙的一些成员得知另一些成员喜欢他们。结果，一旦具有组成较小团体的机会时，人们便愿意与喜欢自己的人共事，表现出相互喜欢。当然，相互性原则起着双向作用。我们不仅喜欢那些喜欢我们的人，还讨厌那些讨厌我们的人。相互吸引的倾向是如此强烈，以至于许多商业企业都试图利用人们的这种倾向。通过对雇员进行训练，使他们能通过表情等方式向顾客传达喜欢的信号（比如，微笑、注视和礼貌用语），就可能换取顾客的酬答，从而使他们越来越以肯定的目光看待这个组织。

个人关系中的得失效应

这种无意识的相互性反应，是相当表面化的第一级（单相识）或第二级（表面性接触）水平的个人关系的最大特点。当一种个人关系多少有些确定的时候，我们从对方所获得的评价以及他们对我们所构成的吸引力，很可能就取决于相互性之外的其他因素了，并且可能经历较大的变化，这种变化有时是在短期内就发生。一个有趣的问题是，别人喜爱中的这些变化是如何影响他们对我们的吸引的呢？我们是喜欢对我们始终持肯定态度的人，还是喜欢开始持否定态度、后来才喜欢我们的人呢？按照简单强化论的观点，我们应该更喜欢前一种人，因为我们在相联系的时间里从他那里得到了更多的正强化。但事情并非如此简单。我们往往更加珍视从起初不喜欢我们的人那里获得的好感；反之，一旦我们讨厌起某个人来，对一个曾经是我们朋友的人的厌恶，便远远胜过对一个我们从未与之有过良好个人关系的人的厌恶。

这种发生于个人关系吸引水平上的变化被阿伦森称为得失效应。通过向受试者提供各种序列的个人评价，就能够检验得失假说。阿伦森和林德在一项设计巧妙的实验中，先允许受试者以完成调查任务的名义去"偷听"同伴对自己的评价，当然，他们的所谓同伴实际上是实验者的同伴。"偷听"到的这些评价或者总是肯定性的或否定性的，或者先肯定后否定（丧失状态），或者先否定后肯定（获得状态）。然后，请受试者指出他们喜欢该同伴的程度。结果表明，人们对只在后来才给予自己好评的同伴（获得状态）的喜爱程度，超过了对一直给予自己好评的同伴的喜爱程度；而"丧失"状态（先肯定后否定）下对同伴的厌恶程度，则超过对一直否定自己的同伴的厌恶程度。

这种得失效应在日常生活中也许很常见。有时候，单凭非言语表达的变化就可以有效地引出这种矛盾反应。在克洛、威金斯和伊特金的一项研究中，受试者观看了一部以非言语信号传达吸引信息的录像片。结果，冷淡——热情顺序的非言语反应，被受试者评定为比一贯热情的行为传达了更多的吸引。但是，这些考察得失应的研究都还局限于短暂的第一级或第二级个人关系水平。这些效应在婚姻或友谊等长期个人关系中扮演何种角色呢？阿伦森推测，在大多数典型的婚姻中，吸引力在这种个人关系的初恋阶段是最高的，而在以后阶段中，这些良好的感情则往往呈下降趋势。这种常见的"丧失"模式可以导致吸引力不均衡下降，而这反过来又成了某些婚姻破裂的原因。

自我表露的艺术

一旦个人关系发展到表面接触或互有好感阶段，推动它进一步发展的重要驱动力之一就是双方适量的自我表露。向对方介绍你自己并探知他的情况，是一种加深个人关系的有效方法。乍看起来，自我表露好像很容易，但实际上它是一个相当复杂的活动。谁、能对谁、在个人关系的哪一阶段、表露什么，这些都是由精细的协调规则和要求来调节的。关于自我表露的研究是由朱拉德（Jourard）开创的，他设计了朱拉德自我表露问卷。该问卷由60道个人交谈话题组成，实验时要求受试者从中选出与各种潜在伙伴交谈时感到舒服的不同话题，并对它们进行排序。

朱拉德以这种方法表明，大多数人头脑中存在着明确的"可表露性"等级。与气候、公共事务、爱好、兴趣、态度、工作等联系较多的特定话题，是可以毫不犹豫地加以表露的。其他与金钱、身体个性或性行为等有关的话题，除非个人关系已达到十分亲密的水平，通常是不向一般人表露的。在谁向谁表露的问题上，还存在着重要的性别差异。女人对自己的母亲表露得最多，其次是女性朋友、男性朋友，最后是父亲；男人也对自己的母亲表露得最多，接下来的顺序是男性朋友、父亲，最后才是女性朋友。表露的程度也随双方的喜欢程度而变化。

按照朱拉德的观点，能够表露自己，对于保持正常的心理调适来说是非常重要的。正是通过自我表露，我们才获得了相互支持的亲密社会接触；没有自我表露的生活将是使人无法忍受的。实验结果表明，男性的自我表露一般比女性要少得多，这也许是男性紧张和患病的主要原因。

朱拉德还指出，自我表露在个人关系发展中起着特别重要的作用："两个人之间一旦建立起接触，彼此都向对方'暴露'自己，他们的个人关系便会继续协调发展。不仁换不义，真情换坦诚。这是个普遍真理。"自我表露还是促使表面接触的个人关系转变为亲密接触的手段。正是通过内心表露，"扮演着相关角色的陌生的人们，便协力将他们之间的关系变成一种更加'个人化'的关系，在这种关系中亲密的增加即使不为某一方所欢迎也能为其所容忍"。现在似乎完全可以认定，任何特定的个人关系都有一个能为双方所容忍和预期的自我表露的"最适宜的"度。如果双方在这一适度范围内逐渐、缓慢地增加自我表露，会有助于加深和发展个人关系。

但是，单方面、大幅度地增加自我表露，可能会产生反作用。鲁宾发表了一项实验结果。他在这项实验中考察了低、中、高三个等级的自我表露在表面性接触阶段对吸引的影响。他的受试者是在机场休息厅候机的旅客，实验者们接近这些人，请他们看一页手书，并请他们根据书法水平对书写者个人做出判断。实际上这些手书上的书法都是同样的，只不过书写的内容不同，有的包含着低度亲密的自我表露，有的包含着中等亲密的自我表露，还有的包含着高度亲密的自我表露信息。结果表明，高自我表露的个人不一定被评定为最有吸引力。事实上，中等水平的自我表露比极高或极低的自我表露更招人喜欢。

我们重复了这个实验，不过我们不是以书写信号作为刺激物，而是使用录音磁带。我们要求受试者根据一个人录在磁带上的讲话音质，对他做出评定。实际上，这些讲话声音都是同一个人的，但所说的内容不同，也是按照从低表露（比如，谈论天气）到高表露（比如，谈论个人的性生活）的变化而编排的。我们的实验结果和鲁宾的实验结果基本上一致。中等自我表露的对象比太高或太低表露的对象更招人喜欢。太少的自我表露和太多的自我表露一样，得到的是否定性评价。过快地表露出非常亲密信息的人之所以受到疏远，大概因为我们认为，他不是精神失常，就是谋求从我们这里得到我们尚未准备回报的同样高水平的亲密表露。这两种可能性都意味着，高自我表露者可畏，而且也令人生厌。

既然在正常的个人关系中循序渐进地增加自我表露是非常重要的，那么，我们该如何完成协商和调节彼此的自我表露策略这样一件复杂的工作呢？戴维斯提出，存在着三种选择可能性：（1）双方可以争夺表露控制权，这是当彼此在个人关系中投入很大时可能出现的情况；（2）双方可以经过坦率的讨论，共同来决定他们认为合适的亲密水平；（3）一方可以承担个人关系"管理者"的角色，主动地逐步提高自我表露的水平。戴维斯在研究这些选择性方案时发现，在缺乏其他指令的情况下，受试者易于采用第三种策略。一方倾向于承担起提出增加亲密性话题的责任，另一方则默默地接受这种安排。当双方都鼓足勇气坦率地讨论亲密性问题时，第二种即民主的自我表露策略往往是最可能采用的。

因此，自我表露是个人关系尤其是亲密水平逐步提高的个人关系发展中最重要的决定性因素之一。在调节各种类型的伙伴关系的自我表露水平和程度方面，文化规范起着主要作用。性别和个人背景差异以及相互性的需要，对于谁表露什么，也发挥着重要影响。自我表露活动潜在地受到交际一方或双方共同的控制。最重要的是，我们敞露自己的心扉的本领大概是一种心理需要，是使精神得以健康调适的必要条件。

> 过犹不及。（我的）自我表露引出（别人的）自我表露，并能成为促进个人关系发展的主要力量。但过多或不适当的亲密自我表露会起反作用，使对方起戒心。

第十三章

亲密关系

爱情

喜欢和爱慕

有趣的爱情理论

越受阻越相爱：罗密欧与朱丽叶效应

亲密关系的发展阶段

文化对亲密关系的影响

亲密关系中的冲突

处理令人不满的事情

亲密关系的终止

同他人的亲密关系，大概是我们一生中参与最多的经历。坠入情网，拥有好朋友，与自己的父母、子女和兄弟姐妹融洽相处，对我们所有的人来说都是极其重要的事情。大多数人认为，同别人保持良好的个人关系，对于他们的幸福而言几乎是比生活中其他任何事情都更基本的。这一点也为实验研究所证实。坎贝尔、康弗斯和罗杰斯做了一项关于各种事情对人们的相对重要性调查。他们发现，对大多数被调查者来说，金钱和事业，与拥有好朋友、美满的婚姻和幸福的家庭生活相比，是相对次要的事情。

还有重要的证据说明，缺少这种起支撑作用的亲密关系，会给个人带来严重的后果。美国人寿保险委员会的统计比较报告令人震惊地指出，孤独或独身的人同已婚或生活于亲密关系网中的人相比，其患中风、结核病、癌症、酒精中毒等疾病和意外伤亡的可能性要高得多，其死亡率和自杀率也更高。某种亲密关系的终结，比如，离婚或父母、朋友、配偶的死亡，是我们所有痛苦生活体验中最为痛苦的事情。在这一章，我们将考察亲密关系的一些特点，首先要考察的是一个对我们大多数人都极为重要的问题：爱情。

爱情

在前面两章，我们对人际吸引和个人关系的发展做了一般性探讨，在这种探讨中尚未对人们多种不同类型的个人关系加以区分。我们认为，个人关系最有价值的共性，是对同伴持肯定态度、喜欢、尊敬或关心。但有些个人关系又在此基础上前进了一大步：它们包含着更加强烈的情感。现在到了对一种非常特殊的个人关系——爱情——进行周密考察的时候了，这是一种在许多方面都不同于其他个人关系的关系。爱情关系是人类情感中最典型、最强烈和最难忘的情感体验。可是，爱情的主观体验非常难以测量。因此，社会心理学家们对影响爱情发生、发展的社会和心理因素研究的兴趣，远远超过了对这种体验本身性质的研究。

喜欢和爱慕

我们在第十一章已看到，测量人际喜欢有几种不同的方法。那么，这些方法也可以用来测量爱情吗？鲁宾认为，爱慕和喜欢应被视为"在一定程度上相互关联，但又是一个人对另一个人的不同寻常的态度"。鲁宾创建了一种态度量表，以测量不同于喜欢的爱慕。他首先收集了大批有关爱情关系的量项，将其编入"爱情量表"。他认为，爱情具有三个有别于喜欢的特点：（1）挂念，或关心对方的幸福和健康；（2）依恋，或需要对方的陪伴和关心；（3）亲密。相比之下，喜欢通常具有如下特征：对同伴持有好评、好感和高度尊重；设想对方与自己相似（见活动13—1）。

活动 13—1

爱慕和喜欢

请指出以下每一陈述在多大程度上反映了你对（1）现在或最近的恋爱对象，及（2）最好的朋友所怀有的真实感情。按7分制给每一判断打分，1＝我完全不同意该判断，7＝我完全同意该判断。

	我最好的朋友 姓名_____	我的恋爱对象 姓名_____
1. 如果他不愉快，我有责任使其高兴。	_____	_____
2. 我认为他是非常理智的人。	_____	_____
3. 我感到我和他可以无话不谈。	_____	_____
4. 我认为他对工作非常负责。	_____	_____
5. 我几乎可以为他做任何事。	_____	_____
6. 我认为他是个非常老练的人。	_____	_____
7. 我常感到有一种占有他的欲望。	_____	_____
8. 他的判断总是正确的。	_____	_____
9. 不和他在一起，我就觉得打不起精神。	_____	_____
10. 我认为自己同他十分相像。	_____	_____
11. 我发现几乎在任何事情上都可以原谅他。	_____	_____
12. 他是个非常聪明的人。	_____	_____

现在，请分别按你最好的朋友和你恋爱的对象两类情况，把你给单号问题和双号问题打的分数分别相加，这样你就可以分析自己的评分了。将这些分数填在下面的空格处：

单号问题（1，3，5，7，9，11）总答分 _____ _____
双号问题（2，4，6，8，10，12）总答分 _____ _____

事实上，单号问题与鲁宾的爱情量表中的量项非常相似，双号问题则同其喜欢量表中的量项相似，这两个量表是为区分这两种个人关系而设计的。因此，你应该在爱情量表（单号问题）上为恋爱对象打出高分，在喜欢量表（双号问题）上为最好的朋友打出高分，这至少是鲁宾在大批受试者中得出的结论。阅读过下面的内容后，你也许想对每个问题做一次更仔细的思考，这有助于你更好地了解喜欢和爱慕的区别以及它们各自的主要特点。

鲁宾用"爱情量表"和"喜欢量表"测量了大批恋爱中的男女，请他们根据这两个量表指出自己对恋爱对象及最好的朋友的感受。不出所料，恋爱对象在爱情量表上得分更高，而最好的朋友在喜欢量表上得分更高。这说明鲁宾的量表确实把这两种联系密切的个人关系区分开了。另有研究表明，与喜欢量表的得分相比，爱情量表的得分更好地预测了一对男女结婚的可能性。爱情量表的得分还和可观察到的行为差异有密切联系。在一项研究中，鲁宾用单向观察镜对等候实验的若干对男女进行了观察。结果发现，与在爱情量表上得分较低的男女相比，在爱情量表上得分高的男女使用了更多的非言语信号表达彼此之间的兴趣，相互对视也更频繁。

> 婚姻的重要性。令人满意的长期亲密关系，如婚姻和友谊，对大多数人来说几乎比生活中其他任何事情都更重要。

爱情的另一个特点是带有性成分，这是单纯的喜欢关系所没有的。德莫和派斯芩斯基（Dermer & Pyszczynski）想要观察性兴奋对爱情量表评定的影响是否比对喜欢量表评定的影响大。他们先让男受试者阅读一份描述一个女大学生性幻想和性行为的材料，待其性欲被激起后，再让其根据爱情量表和喜欢量表评定自己的女朋友。结果，在接受爱情量表测量时，性兴奋增强了其女伴对这些男性的爱情吸引力，但在接受喜欢量表测量时，性兴奋却没有增强其喜欢反应。

排他性通常也是一种与单纯的喜欢无关的重要的爱情成分。这意味着，一种强烈的爱情关系可以逐渐支配一个人的社会生活，从而损害其他种种个人关系。在最近一项研究中，米拉多等发现，与尚未进入求婚阶段的恋人相比，开始求婚的情侣其感情陷得越深，他们所接触的人越少、越不频繁、时间也越短。有趣的是，许多爱情关系的稳定性似乎不像其他个人关系那样主要依靠公平来维持。双方在爱情生活中的相对得失，可以是长期不公平的。

> 喜欢和爱慕并非一回事！爱情是一种与单纯的喜欢极为不同的吸引。它具有感情强烈、关怀、依恋、深陷其中、排他和亲密等特点。而喜欢更可能包含相互尊重、彼此有好评以及双方相似。

由此看来，爱情吸引是一种既相似于又不同于喜欢的吸引。但爱情本身并不是一种永恒不变的感情。我们都从亲身体验中认识到，对一个恋爱对象的感情是可以涨落的，初恋的强烈情感体验既可以发展为越来越深的依恋之情，也可能随着时间的流逝而逐渐淡漠。沃尔斯特夫妇（Walster & Walster）还明确地区分了两种类型的爱：热情的爱和伴侣的爱。热情的爱是强烈的、诱人的，伴侣的爱则是比较平稳、深沉和持久的爱情关系。不过，在这两种爱中，情绪反应都是非常重要的，不能囿于喜欢这样一种简单态度的传统定义来解释它。

有趣的爱情理论

爱情似乎是一种完全不同于其他人际吸引形式的情绪。但是，爱如果是一种情绪，它就很可能受到同其他情绪完全一样的心理活动的影响。按照沙赫特和辛格的情绪二因素理论，情绪由心理兴奋和我们给其附加的认知标记两种成分组成，后者是人们根据当时可以获得的信息而将兴奋解释为某种情绪。应用这一观点来看待爱情，我们可以设想爱情也是由这样两个独立成分构成的，即兴奋和认知标记。

换句话说，"爱恋"不是一种基本的人类体验形式，我们必须"学会"识别那些使得我们将自己的兴奋情绪标记为"爱情"的提示。例如，在我们的文化中，这种提示便是，存在一个异性伙伴，我们可以接近他，而别人不可以（排他性）。什么可以被标记为爱情，也取决于我们周围的文化。在不同的时间和地点，对爱情成分的权威界定可以截然不同。乍一看，这样一种标记理论也许使人难以接受，因为我们大多数人认为，爱情体验是一种独特的、易于识别的感情。我们"知道"自己何时在爱就行了，不必像沙赫特和辛格所说的那样去寻找适当提示来解释自己的兴奋。

伯施艾德和沃尔斯特（Berscheid & Walster）根据沙赫特和辛格的思想，并使用同样的自我归因框架，提出了一种爱情理论。他们把爱定义为由两种成分构成：（1）兴奋，（2）对该人来说这种兴奋可以被标记为"爱"的适当提示。这个模型是说，一个人体验到的生理兴奋——不论它产生于何种原因，只要周围的提示是恰当的——越强烈，他便越感觉到在"爱"。也就是说，只要我们把兴奋的原因归结为爱，任何兴奋都能导致爱意增加。有几位实验者试图创造一种情境，在这种情境中，由某种外部因素引起的兴奋伴随某些提示"爱"的适当标记同步出现。

达顿和阿伦（Dutton & Aron）按以上设想做了一个实验。正处于兴奋状态中（刚走过一座摇摇晃晃的悬桥）或处于非兴奋状态中（走过一座稳桥）的男性受试者，受到一位俏丽女人的探访（爱的适当标记），或受到另一位男人的探访（爱的不适当标记）。结果证实了伯施艾德和沃尔斯特的理论：受试者在兴奋状态中遇见那个女人时，更为她所吸引，而对那个男访问者的感情却未受到兴奋的影响。在一项辅助研究中，达顿和阿伦发现，因等候预料中的电击而处于兴奋状态的男受试者，与未受到这种兴奋操纵的受试者相比，也更为一个实验者安排的女人所吸引。但这些研究结论具有不充分性。因为在由恐惧或焦虑引起的这两种兴奋情境下，那个女人之所以被喜爱，更可能是因为她的出现具有酬赏和减轻焦虑的作用，而不是由于任何真正的吸引。

怀特、菲什拜因和拉特斯坦（White, Fishbein & Rutstein）的两项实验结果表明，对兴奋的错误归因确实能促成爱的体验。在第一项研究中，兴奋是由中性的体操表演操控的。被体操表演激发进入兴奋状态或未被激发、没有进入兴奋状态的男受试者，分别观看了两位他们预知以后会见到的女大学生的录像。其中一位女生的相貌和举止很有魅力，另一位则没有魅力。有魅力的女生说："她正期望同大家见面，尤其想见到受试者，她现在没有男朋友。"她穿着显示体态魅力的紧身衣，烫头发并化了妆。没有魅力的女生则"穿着松垮的、无魅力的服装，用害感冒的声音说话，头上包着围巾……并做了一番枯燥无味的讲演"。看完录像，要求受试者从三个方面评定他们看到的女生：（1）一般的个人品质；（2）自己喜欢她的程度；（3）自己爱她的程度。与未唤起兴奋的受试者相比，兴奋的受试者更为那位有魅力的女生所吸引，而对那个无魅力的女生则更无动于衷。

这项研究表明，兴奋不仅能导致爱恋——如果对象合适的话，还能引发相反的感情：兴奋者比未兴奋者对无魅力对象的判断要坏得多！看来，在对象为有魅力的女性时，兴奋的受试者大概会把自己的兴奋错误归因为爱恋，而在对象是无魅力的女性时，他们则会把兴奋错误归因为反感或厌恶。

越受阻越相爱：罗密欧与朱丽叶效应

在日常生活中，兴奋产生的最常见的根源之一是挫折。当相爱者发现他们前进的道路上存在着障碍，来自经济上的、宗教信仰的或父母的压力阻挠着他们个人关系发展的时候，其反应往往是愈加相爱和依恋。的确，西方许多经典的艺术和文学著作都阐释过这个原理。罗密欧与朱丽叶的故事大概是家喻户晓的例子。按照伯施艾德和沃尔斯特的理论，这种由挫折激发的兴奋，也许是经过相爱双方的再解释而使他们变得愈加相爱的。

德里斯科尔、戴维斯和利佩茨（Driscoll, Davis & Lipetz）研究了外部障碍对爱情关系强度所产生的影响。他们让91对已婚夫妻和49对未婚夫妻完成一套量表，以测量爱情、信任、交往和父母干涉程度。结果表明，对已婚夫妻来说，父母干涉和爱情没有什么关系；但对未婚夫妻来说，那些遭到父母干涉的受试者表达出更强烈的爱恋。在后来的追踪研究中，德里斯科尔和他的同事们还发现，父母干涉的变化与相爱者爱恋变化互相关联，从而清楚地证实了"罗密欧与朱丽叶效应"的存在。

我们也许应该注意，在德里斯科尔等所研究的情况中，来自父母的否定性反应在进行实验时已经被成功抵制。无疑，许多有前途的关系未能牢牢扎根，使得"罗密欧和朱丽叶效应"未能发生。我们也可以杜撰出"蒙塔古和卡普莱特效应"这样一个术语，来描述那些于真正强烈的关系建立起来之前就被外部作用成功拆散的爱情关系。不过，只要在最初的冲击中幸存下来，外部冲击造成的挫折就很可能使脆弱的爱恋得到加强。

亲密关系的发展阶段

爱情只是人们之间投入亲密感情之关系的一种形式，尽管它也许是一种最强烈的形式。其他许多亲密关系，如友谊、母爱、父爱等，也在我们的生活中起着支配作用。怎样才能更好地描述出不同种类的亲密关系的不同特点呢？你也许还记得莱文杰和斯努克提出的个人关系发展模型，这个模型对达到亲密阶段的个人关系的发展方式谈得比较少。莱文杰在一篇文章中提出了这个问题："我们怎样才能测量相互依赖的等级呢？高、低 P—O（个人—他人）交往分界的最佳标志是什么呢？"他认为，亲密关系大致上具有三个明显的特征：不时的强烈感情，广泛的行为相互依赖，以及长期的持续性。

确实有一些实验证据支持了这种观点。兰蒂斯和莱文杰（Rands & Levinger）要求他们的受试者评定亲密程度和性别构成不同的成对伙伴表现出不同行为的可能性。评定结果表明，他们是按照两个主要的归因方向——情感相依和行为相依——来区分不同种类的亲密关系的。也就是说，双方的关系越密切，共同行为活动的数量越多、范围越大，他们之间的情感涉入和相依性也就越大。性别构成也在其中起作用：男性伙伴间的情感相依性，被评定为明显地少于女性伙伴之间或异性伙伴之间的情感相依性。然而，亲密性的增加不仅意味着彼此间越来越增加好感：互相批评和周期性地闹别扭也成为亲密关系的一个重要组成部分。因为交际双方有时候必然要进行谈判，确定彼此的需要，解决活动中的冲突。人们常常用交换理论来分析亲密关系中的"予"和"取"。一种理论认为，与各种各样的行为联系在一起的代价和利益，对一种亲密关系的发展起着决定作用。

在考察了这几种作用之后，莱文杰提出了长期个人关系的五阶段发展模型，为便于记忆，简称 ABCDE。其中，A 阶段指亲密关系初期的吸引。B 阶段指亲密关系的构建。C 阶段指持续时期，是亲密关系发展的中期阶段。这一阶段可以采取几种形式，比如：(1) 持续地成长为双方满意的相互依赖关系；(2) 志趣相投，但共处时没有激情；(3) 不稳定的涨落型亲密关系。D 阶段指关系的衰落或恶化。E 阶段是终止阶段，它指的是通过死亡或某种别的分离形式而造成的关系终结。

在亲密关系发展的每个阶段，我们还受到共同文化传统和规范的影响，在亲密关系的"范型"中可以发现这些传统和规范的表现形式。

文化对亲密关系的影响

爱情关系及其他亲密关系都可以划分为各种不同的类型。到目前为止，我们对相对独立的亲密关系类型之间的差别尚未给予足够的注意。但十分明显的是，诸如"一夜风流"，"几年婚约"，"和老伴儿的柏拉图式（精神恋爱）亲密关系"或"20 年夫妻"等不同的亲密关系类型，代表着极为不同的期待和剧情范型。在每种文化中，都存在数量有限但具有普遍性的亲密关系范型。当我们初次见到一个新人时，我们便迅速地拓展了亲密关系大致模样的定义。我们是在自己的亲密关系构念贮存、自己熟悉的亲密关系类型等已有的知识基础上进行这种工作的。这种亲密关系定义通常是为我们文化环境中的成员所共同享有的。亲密关系研究中最有意思的工作之一，就是拓展亲密关系的形式分类，研究这种拓展知识的要求如何影响亲密关系的实际发展。

休斯顿和莱文杰在考察文献的过程中发现"尚不存有亲密关系的完整分类，这是一个人们正在开始认识的难题"。大多数早期研究，比如，莫雷诺的社会关系研究、纽科姆的影响相识过程研究和菲斯汀格的住宅区研究，考察了现实生活中自然、真实的亲密关系。但在过去十几年间，大多数实验研究却局限于实验室中陌生人之间单方面印象或表面性接触研究。休斯顿和莱文杰在考察 1972—1976 年吸引研究的过程中发现，发表的研究成果有三分之二以上只考察了第一级和第二级水平上的个人关系，其余三分之一中的大多数研究了同性友谊及未婚和已婚夫妻的亲密关系。其他种类的亲密关系如柏拉图式的精神恋爱、通奸行为、父母与子女的亲密关系以及跨性别的友谊等，就很少有人去研究了。

因此，弄清各种亲密关系类型相互区分的方式非常重要。在我们的一项研究中，我们要求一大批受试者列出他们所熟悉的所有异性关系的种类。在此基础上，我们选出人们提到最多的 25 种亲密关系类型作为进一步研究的对象（见表 13—1）。我们感兴趣的是人们用以区分这些亲密关系类型的那些特征。我们将对这 25 种亲密关系的描述每一种记在一张卡片上；请后续组的 129 位受试者按他们认为相似的程度，把这些亲密关系类型进一步划分为若干小类。结果，每个受试者对这些亲密关系的划分基本上是一样的，也就是说大家对每一小类应包括的亲密关系类型的认识是相似的。我们运用多维测量程序——探查受试者用以判定哪些亲密关系相似的潜在表象的方法——分析了这些判断。我们发现，这 25 种异性关系的样式是根据三个主要特征来描绘的：(1) 一种亲密关系为社会所赞许的程度和平衡程度；(2) 双方相爱和承担义务的程度；(3) 这种亲密关系是否涉及性。

表 13—1

25 种常见亲密关系的范型

(1) 社交聚会上言语和肉体的调情，人走情断。
(2) 约会数月后，与男（女）朋友同居一个时期。
(3) 两个订婚男女事实上的性关系。
(4) 不期而孕后的草率早婚。
(5) 两个年轻教徒持久的、非性的亲密关系。
(6) 主要靠强迫维持的"关系确定的情人"关系。
(7) 持久而密切的柏拉图式精神恋爱关系。
(8) 与其他异性成员保持的稳定亲密关系。
(9) 独身生活几年后的中年鳏夫再婚。
(10) 一夜情。
(11) 25 年的婚姻。
(12) 与一个年龄大、阅历深的人以性为主的关系。
(13) 学校中的师生恋。
(14) 永久性社会群体成员间的短暂而动摇不定的亲密关系。
(15) 长时间恋爱后结成的有活力的婚姻。
(16) 单方深陷情网的关系。
(17) 与已婚者的私通关系。
(18) 两个学生间短暂的、以性行为为主的关系。
(19) 两个年轻人之间互感愉快的、无规则的偶尔幽会关系。
(20) 通过书信和电话与曾有过亲密交往的外籍人士保持的延续关系。
(21) 短暂而令人销魂的假日之恋。
(22) 求学期间长期炽热的"确定的情人"关系。
(23) "一见钟情"而速定终身，而且十分强烈的亲密关系。
(24) 短促而亲密的初恋。
(25) 以前虽经双方努力却未成眷属、一遇机会便旧情复发的亲密关系。

这种研究为我们准确地测知各种亲密关系，比如，婚姻关系、柏拉图式的精神恋爱、逢场作戏的幽会或通奸之间的认知差别提供了条件，更重要的是弄清了我们是否要研究这些知觉在亲密关系发展中的作用。有证据说明，在包含着大量调适和转变的亲密关系（如约会关系）中，双方预先的知觉和期望对这种亲密关系的兴衰起着重要作用。人们还根据他们对各种亲密关系类型的知觉来选择自己的交往类型。

阿盖尔和弗恩海姆（Argyle & Furnham）发现，对一定交际情境和活动的偏爱，深受双方亲密关系类型的影响。

文化范型和个人知觉在诸如约会等亲密关系中是特别重要的，这种亲密关系中潜藏着大量的变化和适应性调整。对约会关系的共同知觉，是把它看成约会双方深深相爱、彼此对未来生活伴侣抱有极大好感和期望的最快乐的时期。但实际情况却可能并非如此。对大多数未婚情侣来说，约会是充满巨大变动的时期，并且也是他们第一次面临着无数大大小小难题的时期，这些难题在他们共同生活时很可能一下子涌现出来。这是一个正视现实、认识困难、顺应对方个性和习惯的时期，是一个准备共同承担责任和义务的时期。研究表明，约会双方对这种亲密关系的最初知觉和期望，对他们以后能否成功地在一起生活具有很强的影响。那些起初只看到这种关系的美好一面、对未来充满不切实际的幻想的情侣，在以后生活中遇到的困难，会比那些比较现实的情侣要大得多。关于人们对亲密关系的观察方式特点的研究，有助于我们认识这种知觉和期望在亲密关系以后的成功发展中所起的作用。

亲密关系中的冲突

亲密关系不一定是快乐情绪体验和美满行为涉入的同义语。亲密往往是通过以双方满意的方式解决冲突而获得的。情侣们处理冲突的方式有很大差别。曾有一项研究考察了已婚夫妻解决冲突的策略，其中有三种是带共性的，即简单地逃避冲突；通过主动进攻对方而解决冲突；通过妥协解决冲突。在这些策略中，只有最后一种对保持婚姻美满有益，前两种都会产生消极作用。福尔伯和佩普洛（Falbo & Peplau）列举出了13种在亲密关系中常用的有效策略，它们包括询问策略、协商策略、表露爱憎情感策略、说服策略、退缩策略等等。专家们按两种特性对这13种策略进行了区分，即它们的直接性（直接的还是间接的）以及涉及一方还是双方（单边的还是双边的）（参见活动13—2）。

活动 13—2

你是如何取得成功的？

你是怎样与他人成功相处的？你采用哪些有效的策略处理不同种类亲密关系中的冲突？试回答下述问题：

（1）回忆你与恋爱对象最近发生的一

次争执。你当时成功地采用了何种策略?

(2) 回忆你最近与一位权威人物(上司、父母等)发生的争执。再想想你处理那种情况时所采用的策略。

(3) 想想你最近和一位比你年轻的人或下属发生的冲突。你是如何处理这一冲突的?

你大概会像大多数人那样,发现自己使用的有效策略依情况不同而有很大的变化。你是根据情境的要求来选择最佳策略的。请试着按福尔伯和佩普洛规定的直接性和侧偏性(laterality)两个度向,对你的有效策略进行分类。你当时采用的是直接的还是间接的、单边的还是双边的策略呢?这对你来说也许是一个反思自己的策略何以成功的好机会。你能用一些别的策略更妥善地处理这些冲突情况吗?

处理令人不满的事情

亲密关系很少按照"理想"模式发展。例如,一般的婚姻关系在经历了一个美满的时期之后,几乎肯定会或多或少地呈现出某种下降。在交换理论的框架中,这种下降也许是由一方(双方)觉察到在这种亲密关系中所付的代价增加、所得的酬赏减少而造成的。按照莱文杰的观点,在亲密关系早期形成阶段和后期衰落阶段,双方对在这种关系中的得失是特别计较的。放弃之前其他选择的机会成本成为这种关系"对等性"的重要因素。对构成全部亲密关系基础的交换"公平"的重重忧虑是一个潜在的危险信号。

正在恶化的亲密关系是否真会终止,主要取决于有无可供选择的合适伙伴。人们在看不到更好的替换者时,往往会维持令人不满的亲密关系。婚姻的破裂最常见的是由一方或双方获得"第三者"的性亲密关系而促成的。人们很少用孤独来取代不美满的婚姻。在一般情况下,一种亲密关系美满度的下降引起的反应有四种可能:(1) 退出——正式脱离亲密关系;(2) 诉说——探讨解决问题的出路,寻找外部帮助,力求改善关系;(3) 忠贞——等待和期待关系改善;(4) 不理睬——无视对方和问题,挑剔对方,"一心要把事情弄坏"。

人们选择这四种反应中的哪一种来对待令人不满的事情,主要取决于三个因素:(1) 问题出现之前,对这种亲密关系的满意程度;(2) 个人在这种亲密关系中投入的资源量(比如,一起花费的时间、分担的财产等等);(3) 最佳替代者的品质。

毁约的女人。退出是处理亲密关系中不满意之事的一种方式，这种方式在原来就对这种亲密关系不太满意或涉入不深的情况下很容易被采用，尤其是在有第三者介入的情况下。研究表明，由女方主动终止的恋爱关系，一般很难再保持偶尔的继续友好交往。

亲密关系的终止

不论个人决定以何种方式处理不满意的亲密关系，这种关系有时是难以修补的。在当代社会，涉入很深的亲密关系不是由于一方死亡而告终的情况已越来越司空见惯。"白头偕老"不再是现代婚姻的有效行为准则，据估计，现在美国大约有40％的婚姻关系将以离婚而告终。人们享有的自由越大，他们的亲密关系完整无损地幸存下来的可能性也就越小。我们曾简单提到自法国大革命和个人主义的、理性的哲学出现以来，西方世界发生的社会和文化变迁。自由主义、个人主义和流动性并不总是与亲密的个人关系相调和的，后者顾名思义是约束性的，因为它们意味着长久不变和承担义务。

现代社会鼓励自由和流动性，而且提供了多种可供选择的亲密关系类型。这不仅使婚姻关系变得紧张起来，而且连亲密的友谊和传统的家庭关系也经受着严峻考验。那种从上小学延续到进坟墓的强烈而坚定的友谊，那种建立在几十年共同家庭生活基础上的父母—子女关系，今天是越来越少见了。至于爱情关系，希尔、鲁宾和佩普洛发现，在他们研究的231对大学生情侣中，有103对（占45％）两年后便告吹了。告吹事件在情侣生活发生较大变化时最可能出现。大学生活的开始或结束阶段是"流行"期，那些由人介绍、感情不深的情侣关系尤其容易破裂。大多数绝交不是由双方而是由其中一方提出的，提出者更可能是女方。有趣的是，如果是男方提出绝交，这对男女以后还可能保持非正式的朋友关系，而由女方提出的散伙，则很难再保持朋友关系。

婚姻破裂意味着更加严重的社会问题，因为它所影响的不只是个人，而是整个家庭。尽管很难获得精确数据，但受婚姻破裂之害最深的也许是孩子。这种不利影响造成的恶果并不总是显而易见的，心理的创伤比生理的或肉体的损害更难以估量。我们对亲密关系发展原因的了解，好像远比对它们何以终止的了解要多得多。

> 由男方主动终止的亲密关系。由男方主动终止的亲密关系，常常会继续保持非正式的友谊。

第十四章

人际关系的社会影响

他人在场会影响行为吗？

别人的行为会影响你吗？

各种"跟随"

行为蔓延

服从

领导

人们的一切交际活动都包含着施加一定程度的社会影响，甚至连最表面化的接触也会给参加者留下印迹，不管这个印迹多么微小。严格说来，我们向他人说出的每一种看法，提出的每一个请求，采取的每一个行动，都将对该人产生这样或那样的影响。当然，社会影响还有许多更有力的形式，这种影响主要产生于大群体中。到此为止，我们的注意力主要集中在同时只有两个人进行的交际或称为双边交际上，而事实上，我们的交际活动并非都发生于成双成对的个人关系中，我们往往同时和几个人打交道。对时间分配的研究表明，我们同他人接触所花的时间，实际上相当多地是同时和几个人在一起度过的。在这种时候，我们就在不同程度上发挥着永久性社会群体成员的作用。

只同一个人打交道，与同整个群体交往有很大的差别。群体，即使仅凭借其成员众多这一点，也能对个人施加远比单一伙伴大得多的影响。但群体交往所需的技能，比同单一伙伴的交往也相应要难得多，对个人的要求也高得多。当然，这并不是说一切形式的社会影响都为群体所特有。从众、顺从、群性助长作用和领导，是以群体为基础的社会影响过程的典型形式；而像服从等社会影响则并非群体所特有。

他人在场会影响行为吗？

他人在场促进积极行为

要真正认识他人的影响在我们的行为方面所起的重要作用，就必须从考察最简单的情况入手来展开论述。仅仅因为其他人出现在面前，没有任何社会交际，这会对我们产生何种影响？心理学家们早在19世纪末就注意到，当有他人在场的时候，人们完成个人任务的情况比其独自操作时要好。这种效应不管是在他人观看行为者时（观众效应），还是在自己也从事同样的个人活动时（同动效应），都会发生。例如，特里波莱特（Triplett）发现，有别人陪伴比单独一个人时能更快地缠起渔竿绕线轮上的渔线。特拉维斯（Travis）认为，只要有一个观众在，就能改善受试者追踪旋转体（始终盯住旋转盘上的一点）的操作，其得分大大超过他独自完成这一操作时的最好得分。

在对这种现象所做的一项更系统的研究中，奥尔波特要求受试者完成一系列从简单（把一篇文章中多余的字删去）到复杂（撰写驳论文章）的任务。受试者可以独自在一间屋子里做这项工作，也可以和其他5人共处一室。结果，差不多所有的工作都是5个人在一起时完成得更好。心理学家们称这种情况为"群性助长"效应。但是，他人在场的改善作用不是绝对的。如果到场的人意见不一，事实上会降低完成复杂工作的效率。

这种所谓的"群性助长"效应具有多大的普遍性呢？几位研究者考察了动物的情况，目的是要看其他物种中是否也存在着群性助长的情况。陈（Chen）将蚂蚁单只、成对或3只一群放进盛了沙土的牛奶瓶中，仔细地观察这些蚂蚁在各种情况下的筑穴情况。结果，成群的蚂蚁一放入瓶中就很快地开始筑穴，其中每一只的挖掘量都比它单独作业时大。"群性助长"效应在其他几种动物的实验中也得到了证实，例如，金鱼学习游迷宫的实验。另外，据发现，当笼子里的老鼠增加到3对时，它们的交配活动就变得更频繁了。

但是，并非所有的实验都显示出"群性助长"效应。在奥尔波特的研究中，当要求完成复杂、生疏的任务（智力性推理）时，其他人在场就降低了受试者的操作能力。达希尔（Dashiell）也发现，在进行复杂的乘法演算时，如果有一个观众在场，出错的可能性会更大。佩辛（Pessin）报告说，观众在场干扰了记忆工作。一些动物实验中也报告了类似的"群性抑制"情况，例如，人们发现，雀类和鹦鹉独自完成特定任务的情况，比有其他同类陪伴时要好。

我们该怎样解释这些相互矛盾的实验结果呢？何时处在群体中有助于个人操作，何时又有碍于这种操作呢？罗伯特·扎琼西（Robert Zajonc）认真考察了收集到的所有证据，并提出了一个令人惊奇的结论：在任务简单或重复操作的情况下，别人在场总是会提高操作能力；而在他人注视下完成生疏、复杂的任务时，则会降低操作能力。扎琼西认为，如果我们假定他人的出现总是会引起兴奋并增加冲动和动力，那么这些不同的实验结果就可以得到调和。

当任务为人所熟悉时（机体的条件反射高），一般会增加行为的动力，从而改善操作；而在任务是新的、不熟悉的情况下（条件反射低），则会增加冲动水平，从而干扰而不是助长学习和操作过程。我们只要适当地调控一下操作过程的难易程度，就可以轻而易举地对这个理论做出评价。亨特和希勒里（Hunt & Hillery）正是这样做的。他们让受试者学习走简单或复杂的迷宫。可以一个人走，也可以和其他的人一起走。结果是，受试者一个人走复杂的迷宫时成功率最高，与其他人一起走简单的迷宫时成功率最高。

扎琼西的激发论并不是对群性助长效应的唯一解释，对人类的群性助长来说尤其是如此。他的理论似乎忽视了这样一个事实，即人们不仅是以不自觉兴奋的形式无意识地对他人的在场做出反应，而且还运用解释和区分不同情境的能力有意识地

> 群性助长作用举例：当两个以上的人同时从事一项容易掌握的个人任务时，操作过程通常会得到改善（同动效应）。

进行反应。科特雷尔指出，仅仅他人在场就能引起兴奋，这至少在一定程度上说明，我们在被人注意时清楚地预料到会获得某种形式的评价，以及由此而来的奖赏和惩罚。"正是由他人在场而引起的这些预感，增加了个人的冲动水平"。当他人虽然能身临现场却无法评价我们的操作时（例如，因为他们当时没看着我们或被蒙住了眼睛），通常只会产生微弱的群性助长作用。

玛库丝（Markus）设计了一个有趣的、实验对象觉察不到的实验，使兴奋和对评价的焦虑的不同影响分别得到较好的证明。受试者在单独或有他人陪同的情况下，从事一件容易、熟悉的工作（穿上自己的衣服），或困难、生疏的工作（穿上一件新的、不熟悉的衣服）。在有他人陪同时，又分别安排了两种情况：观察者能看到受试者的操作，或不能看到。结果表明，能够"评价"受试者的观察者在场时，极大地改善了受试者对熟悉工作的操作，却极大地干扰了对生疏工作的操作。不能"评价"受试者的观察者在场时，具有相似的作用，但作用程度弱得多。

如上所述，甚至只需有他人在场，就可以对我们的行为产生强烈的并且大概是不容置疑的影响。这种影响在许多日常情况下可能是非常重要的。所有在他人面前或和他人一起进行工作的人，都容易受到这种群性助长和抑制作用的影响。演员、歌手或竞技运动员尤其容易受这种影响。然而，在现实情境中，兴奋不大可能是对他人在场的自发的、不可控制的反应。其中，兴奋程度还取决于造成威胁的程度或情境生疏的程度，以及受试者能在多大程度上监察或"注意"其他人的出现。许多研究表明，"在其他人一出现就会影响任务操作的情况下，社会性监察是不可能进行的"。

他人在场导致消极行为

当他人不单纯是被动的观看者或同路人，而是和我们共同从事某一合作活动的时候，他们对操作过程的影响可能就复杂得多了。共同活动首先常常意味着个人操作不能被客观地加以评价。在这些情况下，人们有时会表现出拉塔尼等所称的"群性懈怠"（social loafing）。该术语是指，当人们发觉个人对群体任务的贡献不能被确认时，他们便倾向于在工作中偷懒。对这种反应的一种解释认为，多个人的共同操作使责任心趋于淡化。由于众多群体成员对行为结果共同负责，因而个人的积极性和责任感便受到削弱。

同样的情况在需要自愿帮助另一个人时也可以观察到。拉塔尼和达利（Latane & Darley）研究了旁观者对街道、地铁列车、办事处等公共场所发生的偶然事故或紧急情况所做出的可能反应。他们发现，在这些情况下，能够帮忙的旁观者群规模越大，其中的每一个人自愿去帮忙的可能性就越小。这当然不是由人故意操纵社会影响造成的结果。每一个旁观者都认为有帮忙的必要，但又都设想别人会去这样做。群体越大，越容易使人设想别人会去干需要干的事情，设想陷入麻烦和困境的潜在代价太大。这是一种典型的、非常微妙的群体影响，它是由对较大社会群体中的行为责任感的不自觉淡化造成的。

如果仅因为有他人在场就能对行为产生如此大的影响，那么实际交往显然会使这种影响进一步增强。在"真实的"群体活动中，人们不只是相互为伴，而且还相互作用，并直接影响其他群体成员。

别人的行为会影响你吗？

社会生活中最使人迷惑不解的事情之一就是众多作为个体而存在的、基本上都有很大差异的人们，居然能相安无事地生活在组织、团体和社会之中。这是怎样做到的呢？是什么力量迫使人们为了加入更大的社会组织或群体，而放弃自己的某些独特的个人意志和习惯呢？显然，能够遵从和接受我们所属社会组织的近乎专横的规范，是人们交往的基本条件。一切人类群体，包括社区组织、工作小组、大学乃至整个社会，只有在其成员遵从一定规范的情况下才能存在。所有的群体都倾向于制定自己不成文的（或成文的）行为准则，要求其个体成员遵循。这种遵从何以成为可能呢？迫使我们像他人那样行动的作用机制是什么？这些都是从众研究所涉及的问题。

关于从众的最基本的事实，大概是群体中的人们容易近乎盲目地发展共同的、以众意为准的行为方式或观察方式，甚至在完全没有客观理由这样做的时候也是如此。谢里夫（Sherif）用一种巧妙的方法证明了这种倾向的存在。他利用了人们在漆黑暗室中常有的错觉——一个静止的光源，看起来却好像在游动（所谓似动效应）。受试者在估计该光源运动情况时所提供的判断通常有很大差异，其相差幅度从几厘米到一米，甚至更大。

谢里夫将社会因素引入了这种本来就有模棱两可解释的情境。他要求人们在别人面前做出自己的判断，这些人开始时的判断自然是十分不同的。经过几次尝试之后，受试者们便开始修正自己的判断以求与他人取得一致。最后，这些判断终于统一到一个大家都接受的"群体规范"上来了。这个实验展现了一种近乎纯粹的从众形式。它说明，在缺少可靠信息的情况下，我们似乎都跟着别人跑，我们好像有一种无意识地与别人想法趋同的倾向。

这种群体规范一旦被确定下来，受试者们便会理直气壮地采用它。在后面的个人实验中，他们的判断继续与前面的群体舆论保持一致。人们难道会坚持纯系人为制造的群体规范吗？雅各布斯和坎贝尔（Jacobs & Campbell）通过计算该受试组中一个"小团伙"的判断，建立起这样一种人为规范。该"团伙"的成员一致坚持光源移动比常规高得多的判断（15～18，而不是"常规"说的 3.5）。然后，他们保持着每判断一次就替换一位受试组成员，直到组内的每个位置都更换了几次新人为止。他们发现，直至受试组全体成员换到第六代新人，还是保持着那个人为制造的规范！好像那个小组里都是因循守旧的人，甚至在最初采用那种规范和习惯的理由经过很长时间已不复存在的情况下也依然如此。

如果判断所涉及的不是可做多种解释的刺激物，而是一个一目了然的对象，那么情况会怎样呢？当别人的判断明显错了的时候，我们还会去追随吗？对于这个问题，大多数人可能会回答"不"。阿希详细考察了这种可能性，并得出了一些非常出人意料的结果。他让受试者对清楚可见的线段长度做出简单的判断，例如，判定三条线段中哪一条与第四条标准线一样长。这是一件极容易完成的工作，每个人在单独被提问时，都能给出正确的答案。

但阿希感兴趣的是群体影响。他设计了一种情境，使几个人（都是实验者的助手）在最后一个人（唯一"真正的"受试者）之前下判断，然后再让最后那个人下判断。在前几轮实验中，实验者那几位助手的回答显然十分正确，真正的受试者也和他们一样。然而不久，那几个人开始一致给出错误答案。在这种情况下，你如果是那个受试者，你会怎么做呢？是否定那些人的错误，给出你认为正确的答案，还是追随他们，做出明显不正确的回答？令人吃惊的是，当时大约有35%的受试者做出了第二种选择。他们甚至在错误十分明显的情况下遵从了那伙人建立的规范。

阿希还考察了一些影响从众的具体变项。例如，群体越大，从众压力真的就越大吗？有趣的是，情况并非如此。一个三人或四人小组产生的从众压力，几乎与一个大得多的群体同样大。但在一些现实生活情况下发现了不同的结果。米尔格拉姆（Milgram）研究了日常生活场所——纽约一条繁华街道上——的从众情况。他让同伴目不转睛地盯着一座办公楼第六层上的一扇窗户。当只让一个同伴这样注视时，从众率很低，只有4%的过路人仿效。当让5个同伴一齐仰望那扇窗户时，从众率增加到16%；让10个同伴这样做时，从众率是22%；而让15个同伴这样做时，从众率则达到40%。也就是说，群体规模的增大，进一步增加了从众影响。但是正如我们马上就会看到的，阿希和米尔格拉姆实验中的从众压力种类是极为不同的。

按照阿希的观点，影响从众的另一个因素是支持者的出现与否。阿希发现，在至少还有另一个人也不同意错误的群体判断时，从众倾向便随之呈现出显著下降。受试者这时不再感到自己孤立了，并明显地增强了"抵制"那伙人的勇气。

随着阿希的发现，其他许多心理学家也对从众研究发生了兴趣。格鲁茨菲尔德（Crutchfield）设计了使受试者不再面对而坐的分隔间，并在他们单独坐在分隔间接受实验时，将据说是其他群体成员的选择通过电动显示器通知给每一个人。即使在这种大大降低了"群体压力"的情境下，他人的看法（实际上是由实验者自己操纵显示器而提供的）仍然起着巨大的作用。受试者仅仅通过显示器获悉其他受试成员都认为一个判断是真的，就可能不由自主地赞同这种近乎荒谬的看法（例如，"据概率统计，美国男性的平均寿命估计为25岁"或"男性身高平均比女性高8～9英寸"）。

从众的程度还取决于受试者所处的特定文化背景。米尔格拉姆比较了法国和挪威受试者在判断声调长度时的从众程度。他发现，生活于个人主义和异源文化中的法国人，与生活在珍惜团体精神和一致性的同源文化中的挪威人相比，其从众倾向要小得多。肖维尔等（Shouval et al.）提供了一个更有意思的文化差异例证。在现今居住在以色列的儿童中，那些过去生长在苏联的儿童与一直生长在以色列的儿童相比，前者的从众倾向要大得多。原因很容易找到：因为过去曾生活在苏联儿童需要懂得纪律和服从，生长在以色列的儿童就完全不一样了，他们度过的是顽皮、冒险和坚持个人权利的童年。以色列成年人似乎也残留着"顽固的个人主义者"品性。曼恩（Mann）在一项关于耶路撒冷公共汽车站排长队的候车人的从众倾向研究中发现，需要有6~8人站成一队时，才能促使多数新来的人排到队伍后面。看起来，"在耶路撒冷，排队候车并不是一个很牢固的习惯"，而在其他文化环境中，如英国，这种公共从众（public conformity）的形式是高度发达的。

各种"跟随"

在这些各式各样的从众情境中到底发生了什么呢？为什么显然十分正常的人，在个别提问时对正确答案了如指掌，只因为前面的人给出了明显错误的回答，他们便随波逐流了呢？这些研究清楚地说明，从众压力对我们大家都有非常强大的影响。我们似乎都感到极需顺应他人，像他人那样思考，为他人所承认。不过，这些不同实验中包含的各种从众之间也存在着很大差别。

在谢里夫的研究中，受试者大概真的逐渐相信，别人的判断事实上比他们自己的判断更准确。当保留不同的个人观点时，他们并未简单地从众以求得被接受——他们也几乎肯定是因为接收的信息而改变个人观点的。在阿希的实验中，情况就大不一样了。受试者虽然在公共场合下遵从了大多数人的主张，但实际上却没有改变自己的个人看法，在单独回答问题时，他们又做出了正确的判断。因此，我们可以把真实从众和公共从众，视为屈服于群体压力的两种基本形式。

群体用以对个人施加这种压力的途径有哪些？多伊奇和杰勒德（Deutsch & Gerard）指出，从众压力大致可以分为两种类型：信息影响和规范影响。在群体向个人提供新知识、新论点或信息，从而成功地改变了他的看法或行为时，起作用的是信息影响力。米尔格拉姆"注视的人群"研究，是纯信息影响的一个绝妙的例子。规范影响与此极为不同：像阿希实验中发生的那样，个人并未得到群体提供的任何新知识，他只是因为希望为群体所承认和接纳而从众。正如我们下面将会看到的，群体要在自己的成员中建立起一致的舆论，会遇到大量的麻烦。

在一项关于群体活动的更自然逼真的研究中，沙赫特组织了若干议论各种时事问题的讨论小组。他背着参加者们在每组内"安插了"自己的两名助手，其中一位助手自始至终发表离经叛道的激进观点，另一位助手开始时也是这样不归顺，但是慢慢改变了自己的观点，转而赞成群体的意见。群体成员们花费了大量的时间和精力去影响这两个异己分子，以便使他们接受群体的主张。这种努力在其中一个异己分子表明改变立场（按沙赫特的"安排"而这样做的）之后而进一步增强了。最后局势变得明朗化了，由于另一个异己分子顽固地坚持他自己的立场，同他的交流便停止了，群体不再把他视为自己的成员，他在该群体内也不能再发挥任何重要影响作用。在某种意义上，我们可以把这种处理看成有效的群体自我保存方法。为了发挥社会组织的功能，一个群体必须实现舆论一致，为此不惜耗费巨大的精力。如果所有努力都失败了，固执己见的不驯服者便会受到全体成员的排斥和敌视，群体以此来维持自己的生存。

行为蔓延

像别人那样行动和思考，似乎是人类的一种基本倾向。然而，人们并不仅仅是屈从于群体的信息和规范压力；有时仅因为生存于群体之中，就足以使人改变态度。这种不自觉地屈从于群体影响的倾向，最先是由法国社会学家和心理学家勒庞（Le Bon）阐发的。他指出，情绪表露、侵犯和暴虐，能以像传染病流行一样的速度在人们中蔓延开来。社会感染不限于从众行为或侵犯行为。例如，许多文献记载了由社会感染"传播"的神秘疾病："患者"模仿别人的症状，而未明知这一点。

这种感染作用有时能造成危险的后果。例如，某位著名人物的自杀事件公布之后，自杀现象容易增加。社会感染在诸如新时尚、新政治观点或新行为风范的传播等众多群体现象中也起着重要作用。在各种情况下，宣传领导集团和领导者个人的爱好或观点，都会在低层自愿者中引起广泛的仿效。上述事例表明了具有"不自觉性"的社会影响过程，即人们出于内心意向而仿效他人，而不是任何有目的的力量迫使或说服他们这样去做。从众和社会感染效应在努力建设合作性社会生活的过程中发挥着重要作用。

服从

从众代表着群体向个人施加间接社会影响的主要形式。但社会影响还有多种更加直接且不乏魅力的作用形式。对直接命令或指示的服从，是我们接下来要考察的一个仅次于从众的社会影响类型。服从，或按人们所告诉我们的去做，乍听起来似乎使人感到不大愉快——它意味着放弃我们个人的行动自由，承认别人的指示是我们行动的支配力量。我们大多数人都乐于把自己看做自主的力量，不会简单地充当他人命令的追随者。服从在我们的生活中究竟起着多大的作用呢？

大多数西方文化都对个人的行动自由和责任给予很高评价，从而在某种程度上把服从视为不受欢迎的东西。然而，几乎所有社会组织和群体，至少都在某种程度上依赖着明确的服从关系所产生的效力。军队、警察和消防队，只是服从于其中起着核心作用的最典型的组织形式。其他几乎所有社会组织，如医院、公众服务部门、地方行政机关乃至大学，都拥有职能明确的权威机构。在这些社会组织中，下级明知并自愿（或者，有时确实是不自愿）地服从上级的指示，这是下级的本分和慷慨（有时的确又是吝啬）的奉献。

实验室中的服从

心理学实验本身是最经常被研究的、近乎盲目服从的例子。实验中的受试者几乎会接受实验者的任何命令或指令，并尽其最大力量付诸执行。要找到这种盲目服从的限度，的确是困难的。一些研究者试图创建一项荒唐的、无意义的、受试者会拒绝执行的任务。在一项值得注意的研究中，实验者发给受试者每人一厚沓印有数学题的试卷，要求他们：（1）解题；（2）解完每一张卷子上的试题后，就把它扔进废纸篓里，接着做下一张试卷。受试者们不但没有拒绝完成这些"工作"，而且将这种无效劳动持续了几个小时，一直到实验者命令他们停住为止。受试者的这种极端盲从也会产生很大的方法问题：既然受试者几乎会做出任何事情来"取悦"实验者，那就需要向他们隐瞒一项实验的真正目的，使他们无法"伪造"自认为实验者需求的结果。

在大多数这类事例中，服从仅限于严格规定的权威关系中，没有命令受试者从事非法的或不道德的活动。如果我们试着命令受试者侵犯一个无辜者，使其遭受严重痛苦甚至可能危及生命，那么会出现什么情况呢？我们自然希望他们会拒绝执行这样的命令。但是非常遗憾，米尔格拉姆的一项著名研究表明，情况不一定如此。

受试者在这个被称为"学习"的实验中，被指派去教另一个受试者（实际上是实验者的助手）学习一些词组。身上装有电极的"学习者"坐在毗邻的屋子里。受试者被告知，"学习者"每犯一次错误，他们就该给他施以一次电压越来越高的电击惩罚。为此，电击器上安装了一排15~450伏级别不等的按钮。电压高的按钮上标有"危险"和"极危险"的字样。然后，让受试者本人先尝试一下电击的滋味，为了让他们认识到自己可施惩罚的严重性，实验者故意说受试者尝到的相当痛苦的电击尚属"非常轻微"的级别。

在实验过程中，"学习者"不免犯了一些错误，受试者则按要求给予其疼痛和危险都不断增加的电击。不久，隔壁房间里传出了"学习者"不堪痛苦的哭喊、砸墙和乞求放他们出去的声音。最后，他们在高压电击下变得无声无息了。如果你是这个实验中的受试者，你会做什么呢？米尔格拉姆极为惊讶地发现，只有约12.5%的受试者拒绝施以显然能致人死命的电击，而大约65%的受试者却一直把电压加大到450伏。这真是一个出人意料的结局。这些受试者都是正常的、完全理智的美国人，没有反社会行为的记录，然而他们却乐于服从电击和伤害别人的命令。我们怎样解释这种行为呢？

哪些因素影响服从？

在几种影响服从的因素中，最重要的大概是受试者感到他们对自己的行为不负有个人责任，因为一切事情都是按实验者的指令进行的，而实验者毕竟又是名牌大学里颇有资历的教师。为了控制这种可能性，米尔格拉姆在远离大学的地方重做了这一实验，实验场所设在显然没有任何学术氛围的商业区内。但是结果却几乎完全一样。影响服从的第二个因素也许是受试者和"学习者"间的近距性。由于受试者只对"学习者"的痛苦有间接感受，这使他容易服从。

在进一步研究中，米尔格拉姆考虑了"学习者"和受试者之间近距性的变化。他们被安置在同一房间里，并要求受试者亲自将"学习者"的手按压在电极上。米尔格拉姆发现，由于受试者和受害者的距离接近了，服从便如所料，从65%减少到49%。这一研究发现在实际生活中具有重要的应用价值。当受害者距离很远时，施加严重伤害的举动显然就变得容易多了。在战争中，轰炸机驾驶员比亲临战斗的士兵更少感受到自己行为的后果。运筹帷幄的政治家和决策者们，有时对其决定造成的后果不大关心，自然也就可以理解了。

发布命令的实验者的近距性也是一个重要因素。当他远离受试者，通过内部通信手段或录音带而发布指令时，服从便再次减少到45%左右。但是在所有的情况中，坚信实验者对事件后果负有最终责任，是盲目服从的一个主要因素。由于在听到受害的"学习者"哭喊时，受试者并未目睹其受苦的惨状，对于到底发生了什么感到很困惑，而实验者又未明确要求中断实验，所以才能够保持服从。

你也许知道第二次世界大战后在纽伦堡审判纳粹战犯的情况，这些战犯都用同样的理由为自己的恐怖行为辩护：他们只是奉命行事，而将责任归咎于那些发布命令者。这种理由在多大程度上能被人们接受呢？在米尔格拉姆的实验中，受试者可以毫不费力地退出实验。的确，有证据表明德国士兵在纳粹统治期间采取过类似的行动。还有少量对拒绝参与向平民施暴的个人进行告发的记录。但是在大多数情况下，我们似乎都低估了自己的行动自由，心安理得地为我们执行命令的行为开脱责任。服从权威的倾向确实对人类行为发生着非常强烈的影响。

接近迫使服从！当发布命令的人在受试者近旁对，极易出现服从。

在没有明确命令的情况下，受试者会施以多大级别的危险电击呢？米尔格拉姆用同样的实验程序考察了这种可能性，但允许受试者自己决定每一阶段上最适当的电击级别。在这种情况下，不足5％的受试者做出了施以危险电击的选择。那么，我们能够说实验者直接、公认的权威是迫使受试者按其指令行动的主要因素吗？并非完全如此。事实上，仅仅来自受试者同伴的群体压力，就几乎可以和实验者的直接命令一样有效地影响受试者发出致命的电击。

米尔格拉姆后来进一步修改了实验程序，他要求若干由三人组成的受试小组自己决定最适宜的电击级别。他估计，有关最低电击强度的提议会被组内其他受试者不自觉地接受。实际上，每组受试者中都有他的两个助手，他们每次都建议增加电击的强度。在这些情况下，那个唯一"真正的"受试者，本来可以每次都保持使用最低的15伏电击，但这是以违背他人的意见为代价的。而实际上，大约70％的受试者顺从了群体压力而施以150伏的电击，另有约20％的受试者始终发送450伏的电击。由此看来，即使没有实验者的直接支持，仅仅来自两个人的群体压力就足以促使许多受试者从众。

别人的行动不一定必然影响你向坏的方面转化。当三人受试者小组中的两位成员（实验者的助手）在达到危险电击强度而拒绝继续实验时，90％以上的"真正的"的受试者也起来抵制实验者的命令，拒绝采用最大的电击级别。总的来看，这些发现为影响服从的有利因素提供了绝妙的说明。然而，我们不必去查看这些极端的事例，一般情况下，只要付出的代价不是太大，人们好像就会完全满足于按别人的请求去做。在一项研究中，一个身强力壮的男青年粗鲁地命令公共汽车上的陌生人把座位让给他，几乎没有人拒绝。群体中的互动往往具有这样的特点，即运用着一定程度的直接社会影响策略——以服从的形式，或者通过从众压力。

领导

服从某人，意味着承认那个人的权威和领导。当我们说某个人是一位好领导时，这究竟意味着什么呢？我们指的是那个人独特的个人品质、职位赋予的权力，还是他拥有影响人的独特才能呢？领导是社会生活一个非常重要的方面。在领导关系语境中的交际，对领导者和追随者来说都是一个极其复杂的问题。在经济领域中，领导也具有重大意义。大多数人类组织都在一定程度上依靠领导者来调动工作者的积极性，管理生产活动，以实现组织的目标。在这一部分，我们将简要地考察领导的某些特征。

最早且至今也最吸引人的领导理论，是强调领导者特殊的个人品质。纵观历史，确实有许多关于领导者凭借其独特个性而赢得他人忠诚和服从的实例。令人困惑的是，许多有益于领导的个人特性亦取决于环境：同情或无情、理智引导或煽动蛊惑、开放或保守、慷慨或自私，哪一种对领导者最有益呢？请完成活动14—1。

活动 14—1

领导的品质

列举5个你所熟悉的，并且你认为是好的"领导者"，将他们的名字写在一张纸上。然后，按你自己的见解，试考虑一下这5个人中每个人具有的使其成为好领导者的三种最重要的个人品质。把它们也写在一张纸上。在阅读这部分内容时，回过头来参考你写的东西，看看在你选出的品质中所体现的你自己的领导理论在多大程度上与社会心理学的研究成果一致。

在著名"领导人"中，存在着多种多样的个性构成。从丘吉尔和斯大林、甘地和毛泽东身上，反映出各种"领导者"具有的非常不同的个人性格。似乎不存在一种为这个小群体所共有的单一"领导"品质，历史学家们要从众多历史"伟人"中发掘出独一无二的领导品质几乎是不可能的。试图寻找领导者决定性品质的心理学家们，运气也不太好，尽管花了很大力气，他们也没有分离出普遍适用于区分领导者和非领导者特殊品质的一览表。

因此，我们不得不接受这样的结论，即最理想的领导者特性主要取决于该领导者所处的特定环境。在一定的条件下，几乎任何人都能成为"好"领导者。丘吉尔在和平年代并不是一位出色的政治家，但是战争爆发所创造的环境为他提供了施展才能的舞台。按照这种环境决定论的观点，在领导关系中发生的社会影响过程并非都采取同一种模式。一位领导者不仅在那里影响着群体，而且群体和时势也反过来筛选、造就和影响着合格的领导者。尤其在松散型群体中，一位潜在的领导者在他能够有效地影响他人之前，往往先要表现出从众，以便赢得一定的尊敬和地位。霍兰德（Hollander）称这个过程为特异行为资格（idiosyncracy credit）的积聚——通过从众来有效地获得尊重和地位，从而成为富有创新精神的非从众者。

不同的领导者往往具有极为不同的领导风格。在一项早期研究中，勒温、利皮特和怀特比较了民主的、专权的和放任的领导方式对群体行为和满足感产生的效力。他们发现，遇事同群众商量的民主型领导者，在这些实验组中取得的工作效率和满意度更高。但是，民主型领导者不一定会在其他文化背景和环境下取得同样的成就。

领导者的权力来源具有决定意义。弗伦奇和雷文（French & Raven）对领导者（及他人）可使用的各种社会权力进行了非常有影响力的分析。权力可以来自我们所具有的惩罚他人（强制权力）或奖赏他人（奖赏权力）的能力；可以来自我们的特殊技能、专长或知识（专家权力）；可以来自我们所居职位的权威性和合法性（合法权力）；还可以来源于我们思想或人格的魅力，他人在这种魅力的影响下模仿我们，向我们看齐（参照权力）。一位领导者拥有的权力种类显然会影响他有效地发挥领导作用的能力。在活动14—1中提到的领导者的权力种类，你具有哪些呢？

一些社会心理学家在具体说明呼唤特种领导者的环境特征方面向前迈进了一大步。弗雷德·菲德勒（Fred Fiedler）提出了所谓领导应变性模型。该模型假定，有效的领导是特定领导者的个人素质和环境特性的统一。根据菲德勒的观点，领导者们主要在任务取向与个人取向的维度上显出差别。有些领导者一心扑在完成任务上，甚至不惜损害良好的个人关系；另一些领导者则更加热衷于保持和谐的凝聚性气氛，其程度超过了对完成任务的关心。用一种简单的问卷法就可以对这些领导特性做出实证性评估。这种方法要求每一位领导者描述他们最不乐于与之共事的人、最不喜欢的合作者（最差同事）。结果，以任务为本的领导者与以社交为本的领导者相比，那些不称职的任务执行者被做出了更坏的评价。

对于领导者所处的环境，菲德勒是根据它的总体有利性来进行分析的。这取决于以下因素（其重要性依次递减）：（1）领导者和群体的现存关系的好坏；（2）任务的结构和明晰度；（3）领导者高于群体成员的权力。指挥性的、以任务为本的领导者，在极其有利和极其不利的情况下发挥作用最好，而非指挥性的、以社交（处好关系）为本的领导者，则在中等困难条件下表现最出色。

菲德勒等进行了大量实际研究，在诸如军队、生产部门等群体中检验这个理论的可靠性。然而，这个模型受到了批评，理由是：通过最差同事量表（LPC）来测量领导风格不可靠，并且除了菲德勒所考察的环境特性之外，其他特性也在决定最佳领导风格方面起着重要作用（例如，领导者的权力是否被公认具有合法性）。比如说，由上级任命的领导者，往往比由群体选举、公认的领导者更缺乏合法性和影响力。

> 有两种领导者。以人际关系为本的领导者，不太善于驾驭困难的领导环境。以任务为本的领导者，则能在非常困难的环境下（其精力集中于手头必须完成的任务上），或非常有利的情况下（人际关系一直很好，他们不必为此而分心）大显身手。这是菲德勒领导理论的主要结论。

正像菲德勒等都意识到的，有效的领导具有两种常常不能相容的职能：一要使群体成员幸福、满意且和睦；二要保障群体尽可能有效地实现目标任务。第一类领导者被称为人际情绪型领导者，第二类领导者被称为任务型领导者。这两种职能性工作，通常是由同一群体中的两个不同的个人来完成的。当一位"领导者"协调和实施任务作业时，另一位"领导者"则帮助群体成员来解决个人冲突，缓和紧张心理，以赢得全体组织成员的满意。现在，如果回过头去看看你在前面的活动中提出的5位领导者，你可以识别出谁是任务型领导，谁是社会情绪型领导，谁能兼而有效地行使这两种领导职能吗？

第十五章

群体中的交际

群体交际的"历程"

从"个体"到"群体"

群体的结构

交流的渠道

群体凝聚力和参照群体

群体决策和"集体思考"都是积极的吗？

"迷失"的自我

群体间的冲突与协作

群体更爱"冒险"

"入伙"要谨慎

我们全都从属于各个不同的社会群体，这些群体也许很小，也许很大；可以是永久性的，也可以是临时性的；可能包含着成员间的直接接触，也可能不包含着直接接触。你的家庭、工作单位、街坊邻里、俱乐部或学校，从某种意义上说，全是你身为其成员的"群体"。人们所属的群体大致可分为两类：具有经常性交往和个人涉入特点的小型亲密群体，以及通过更加正规的、非个人化的规则或契约来协调成员间关系的正式群体。

德国社会学家滕尼斯（Toennies）在其著作中，将这两种群体分别描述为社区（礼俗社会）和社团（法理社会）。社区是温暖的，包含着巨大的凝聚力、大量的从众和控制；而社团则是关联较小、更加正式和非个人化的群体。这两种类型的群体为其成员提供的交际环境是完全不同的。查尔斯·库利（Charles Cooley）用"初级群体"和"次属群体"来指称人类社会单位的这两种形式。

初级群体关系历史性的终结和消亡、非个人化的次属群体关系重要性日益增长，也许同社会交际对越来越多的人来说构成一个难题这一事实有很大关系。现代工业化社会的发展，正在使人们摆脱以村社生活为基础的社区束缚，使社会和地理流动成为可能，所以，初级群体关系衰落了。因此，作为我们社会交际主要舞台的次属群体的出现，完全是近代社会发展的结果。的确，大多数同我们有着亲密关系的人，并不和我们同属于一个单一的群体，而是分散在地理的和社会的不同角落。社会学家们将此称为个人关系的"网络"模型。尽管初级群体的重要性明显地下降了，但面对面群体中的交际活动依然以作为人们最复杂的、包含着社会性体验的交际形式而保留下来。

群体交际的"历程"

初级群体中直接交往的首要特点当属其过程的极端复杂性。甚至在只有三四个成员的群体中，观察者要记录其间发生的全部交际活动都已经相当困难，更不要说对它们进行恰当的分析和解释了（参见活动 15—1）。

活动 15—1

观察群体交际

你可以自己试着完成一个小观察项目，来认识群体交际过程的高度复杂性。在公共场所（街道、酒店等）选择一个有三四位成员的小群体，对该群体中发生的所有事件全神贯注地观察10分钟。不要忘记对言语和非言语信息应给予同等的注意（参见第九、第十章）。将观察结果记录在一张纸上，以便进一步分析。读本章后面的内容时再参考一下这些记录。

对群体交际进行准确观察和描述时所遇到的困难，已经困扰了社会心理学家们很长一段时间。在最基本的层面上，我们可以只记录每个群体成员花在一定活动上的时间比例，例如，讲话、倾听、坐立不安、眼望他处等等。甚至这样一种简单的方法，也能告诉我们许多关于群体的情况。例如，把大量时间花在讲话上，可能是一个群体成员在该群体中居于支配和领导地位的有效指示器。你能根据自己观察到的群体成员的讲话时间，识别出这样一个处于支配地位的人吗？当然，那些最健谈的人不一定最受欢迎。实际上，一些研究发现，稍逊于最健谈者的成员才是最受爱戴的！

当然，这种初级的交际测量尚未给我们提供非常详细的信息。除了了解一个人的谈话多少之外，我们还可以注意一下记录到的谈话内容，它是积极的还是消极的等等。这种分析的难点是要提前设计一个评定系统，以便我们对一个群体进行观察时知道该寻找什么。贝尔斯（Bales）设计了一种对交际进行持续观察的广泛使用的方法，称为"交际历程分析"（见表15—1）。他指出，群体的成功交往取决于两个因素：能否很好地解决面临的问题（任务功能），以及能否使成员们对群体保持满意（综合的或人际情绪功能）。

在他的评定系统中，12种交际"动作"可以划入四种类型：积极的人际情绪（表现出团结或一致）；试图解决有关任务（如提建议或意见）；询问有关任务（征求意见或方向）；消极的人际情绪（不同意或表现出对抗）。在一般情况下，至少要安排一个评价者来观察、评定某群体成员的行为。该方法已被应用于各种场合下的研究，并被认为是分析群体交际活动的可靠而有效的方法。

表 15—1

群体交际分析系统：贝尔斯的交际历程分析

- A 人际与情绪动作
  - 积极反应
    1. 表现出团结，抬高别人地位，给予帮助和奖赏
    2. 减轻紧张，开玩笑，大笑，表示满意
    3. 一致，表示无条件地接受、理解，一致赞同和遵从

- B 有关任务的动作
  - 试图解决
    4. 提供建议和指导，表明尊重别人的自主性
    5. 提供见解、评价和分析，表达情感和愿望
    6. 提供方针和信息，演示、说明和证明

- C 有关任务的动作
  - 询问

    a b c d e f

    7. 征询态度、信息、演示和证明
    8. 征询见解、评价、分析和意愿
    9. 征询建议、指导和可能的行动方案

- D 人际与情绪动作
  - 消极反应
    10. 不一致，显得被动和从众，拒绝帮助
    11. 显得紧张并乞求帮助，逃避现实
    12. 表现出敌意，贬低别人，自我辩护或表现自己

a＝态度问题
b＝评价问题
c＝控制问题
d＝决策问题
e＝紧张调控问题
f＝整合问题

从"个体"到"群体"

以前孤立的个人是如何成为"群体"的？研究表明，在自然形成的群体中，存在着非常标准化的交际模式过程。与一群陌生人熟识并从一群独立的个人形成一个新的社会单元、一个群体，这个过程对大多数人的交际技能有严格要求。塔克曼（Tuckman）和其他一些学者认为，一个群体通常也许要经历四个阶段才能牢固地建立起来。我们可以把这些阶段称为形成阶段（forming）、风暴阶段（storming）、规范阶段（norming）和履行阶段（performing）。

形成阶段主要是成员之间相互熟悉并熟悉群体面临的任务的过程。风暴阶段是一个关键阶段，在这个阶段上，各种冲突和个人差异逐渐显现出来，并开始了争夺一定角色和地位的角逐。规范阶段是这些冲突通过制定公认的群体规范而得到解决，个人态度和角色得到规定的时期。最后，履行阶段是指个人关系的稳定样式和任务职能已经确立，从而使群体在履行其正常职能的过程中稳定发展的时期。请回想一下你最近偶然加入一个新建群体的情况，你能划分出该群体形成的这四个阶段吗？

群体交际的这四个阶段还表明，即使是消极行为，如风暴阶段中表现出的敌意和竞争，对群体形成也起着促进作用。如果这些冲突在早期阶段没有表现出来并得到解决，群体就无法向更高的发展阶段迈进并有效地发挥其职能。这一群体形成过程的最终结局，便是成员共同享有一定规范的社会单位的出现。正如纽科姆所说，在社会心理学上，一个群体区别于其他群体的标志，就是该群体的成员在一些事情上持有共同的规范。具体角色的确定（比如，"领导者"、"滑稽家伙"、"计划方案的编制者"等等）和相对稳定的群体结构的建立，是一个群体今后取得成功的基本保证。

群体的结构

上述群体形成过程的一个不可避免的后果，是成员们开始占据群体内稳定的和相互间合理、可预测的位置。这些职位可以按其地位、所起的特殊作用、级别、派系或成员们从属的亚群体来加以描述。群体一旦建立起来，就可以根据现存的群体结构来预测其以后日常交际中发生的大部分事件。

撒开这种基于友谊选择的非正式群体结构不谈，更加正规化的群体（如工作小组、大学研究组等）结构，也许还由其他标准，如技能、才能、专长等决定。在诸如企业或事业组织中，其正规的结构甚至可以绘制、编排成一目了然的组织平面图。例如，在一个生产单位中，群体结构还可以取决于生产流程的要求或管理指挥链。在学术群体中，智慧、学历或言语能力，会对一个群体成员在群体结构中的职位产生影响。

在琼斯和扬格研究的一个由教师、职员和研究生组成的美国学术群体中，某一成员在该群体中的位置取决于三种特性：他的学术能力、社交能力和政治倾向（左翼—右翼）。在类似的研究中，我们考察了英国的一个学术团体，从中发现了非常相像的群体结构。这些研究说明，一个人在群体结构中的位置是由正式和非正式因素共同决定的：性格外向、待人友好、喜欢交际，也许就像智慧和才能等与群体任务相关的特性一样重要。

> 有些人之间比他们同别人之间更平等。一切群体都会发展自己的等级制度和结构，而这种制度和结构又决定着群体内的交际模式和交流渠道。地位高的成员交往更多，并处于交流结构的更中心。一个成员在群体中的身份和地位可由各种标志来展示，例如，穿戴、非言语表露或其他各种识别符号。

交流的渠道

稳定性群体结构建立的一个重要后果是交流渠道的开辟。在每一群体中，信息的分配都是不平等的：并非一切成员都要同时掌握所有的情况。正式或非正式群体结构中彼此距离较近的成员间的通信，比距离较远或孤立的成员要更容易、更频繁。

交流对大多数群体来说是真正的力量源泉：知道正在发生什么事情，了解自己能对群体做出什么贡献，对群体的活动产生什么影响，这是做到使全体成员满意的起码要求。社会心理学家们已广泛研究了开放程度不等的群体交流系统对群体行为和满足感所具有的影响。莱维特是这种研究的开创者之一。

在莱维特的研究中，一个5人群体接受了这样一项任务，他们每个人都拿到一套符号，然后让他们从中挑出一张5个人都有的符号来。这个问题需要通过全体成员的交流才能解决。莱维特对群体成员之间谁能向谁发送信息以及通过哪种物质载体发送信息做了规定，从而建立起开放与封闭程度不等的通信网络。

结果表明，全部信息不得不通过一位"领导者"来交流的高度集权化的网络，例如，图15—1中所说的轮形，在解决问题时一般是更加有效的，但会引起成员对群体的更大不满。相反，较为开放的权力扩散型交流系统，尽管有时候效率极低，却能使成员对群体相当满意。因此，个人对群体的满意程度，与该成员对交流渠道的接近程度直接相关。肖（Shaw）在一项有关的研究中，也对群体成员掌握的信息量施以控制，他为一些人提供了大量信息，而只向另一些人提供极少的信息。

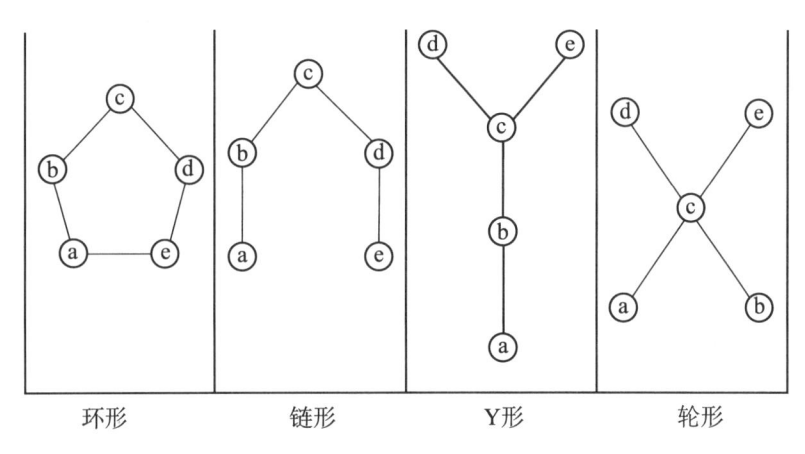

环形　　　　　链形　　　　　Y形　　　　　轮形

图 15—1　交流网络

这些包括5个成员的群体交流网络的集权化程度不同，轮形是最集权化的，而环形是最不集权化的。

在这种情况下，"环形"交流渠道是最有效率和最使人满意的，信息的传播扩散相当容易。一般来说，一个人接触信息的机会越多，他对该群体的感觉就越好，不论这些信息是由群体直接向其提供的，还是以接近交流信道的形式间接获得的。而且，拥有信息的人更可能担任领导角色，并被人们尊为领导者。所以，信息是群体互动的重要源泉，接触信息的机会在一定程度上取决于现存的群体结构。

一个群体的结构除了影响人们接触信息的机会外，对其他方面也有影响。群体往往要特意明确地表现成员之间的结构性差别，好像是为了显示和强化社会上到处可见的个人等级制度。办公室里办公桌的安排，学校、系、所分配给讲师、高级讲师和教授的办公室面积，宴会桌上的尊位座次，全都反映着群体结构和等级制度。萨默发现，群体领导者喜欢坐在长方形会议桌一端能够俯视全体出席者的位置（参见活动15—2）。

活动 15—2

群体中身份和地位的标志

想想你作为其成员的各种群体。选择五个形式上彼此不同的群体，例如，工作小组、大学班级、中学班级等正式群体，一群朋友、熟人或家庭等非正式群体。注意观察这五个群体各自的结构、个体成员的身份或地位是通过何种可见的符号（如穿戴、座位、通信方式或接触信息的权利）来显示的。这些都是我们不常注意到的差别。如果对所选择的群体观察一段时间，你一定会发现许多有关它们的地位结构、交际礼仪以及共享和分享权利的方式等不平常的情况。

群体凝聚力和参照群体

并不是所有的群体成员都同样热爱并奉献于他们的群体，也并不是每个群体都能满足其成员的需要和愿望。群体凝聚力可以被广义地界定为：群体成员信守共同规范、献身共同目标的程度，和他们彼此之间以及对自己的群体怀有好感的程度。良好的感情对群体行为具有重大影响。对参战士兵的研究一再表明，人们冒着生命危险英勇战斗，并不是由于他们信仰战争的最终目的，而是因为他们信赖自己目前的紧密团结、患难与共的战斗集体。处在极大压力和危险中的群体，却会给群体成员带来安全感和忠诚感。

人们好像更渴望参加很难加入且需要为其做出牺牲的群体，我们对这样的群体怀有崇高的敬仰，并随时准备为其履行义务。阿伦森和米尔斯在一项有趣的研究中发现，那些经过艰难的审查手续才被批准加入一个群体的受试者，比那些轻而易举地就被一个群体接纳的受试者更喜欢自己的群体。军队的凝聚力很强，大概是由于同样的原因在发挥作用。大家共同度过了紧张的新兵训练阶段，共同经历了战斗的考验，所以士兵们对自己所处群体的评价远远超过了平民。人们已开始有意识地将这种效应引入要求养成有很强集体精神和凝聚力的群体建设过程中。例如，美国海军陆战队等特种精锐部队的使人筋疲力尽的生存训练，就达到了预期的目的。这种训练可以使新兵增加而不是降低为这支部队服务的热情。

凝聚力也影响着群体内部的交际活动。有凝聚力的群体更无法忍受离经叛道的行为，而且会以更强的压力迫使人们从众。凝聚力和从众是一枚硬币的两面：群体所有成员的一致满意和好感，是以抑制我们的个人意愿和遵从群体规范为代价的。实际上，这种抑制或遵从的强加性，往往比你所想象的要少得多。一旦群体建立起来并使规范明确化，成员们就会比较自觉地使自己的行为符合那些要求，而不再将其视为强加的限制。在这种情况下，我们所属群体的价值和规范，就变成了我们自己的价值和规范，内化为我们本人的自我肯定感和认同感。有研究表明，加入一个群体，会使参加者的个人态度和价值观念迅速发生变化，从而遵守群体的规范（参见活动 15—3）。

> 难以加入的俱乐部！要成为群体的一员，这件事情越是艰难困苦，或需要费尽周折，幸运的加入者则越会对该群体表现出更多的忠诚，并奉献更大的力量。

活动 15—3

你是谁？

本活动中你的任务看似很简单：拿一张纸，在上面写下 20 句话，每句话都要回答这样一个问题："我是谁?"完成这个作业之前,不要读下面的内容。

这个包含着20个陈述句的测验程序,是象征互动论者常用的著名研究手段。但我们在这里对你的回答感兴趣的原因稍有不同。大多数人在完成20个陈述句测验,即定义自己的社会身份时,都不约而同地将自己同自己所隶属的群体紧紧地联系在一起。看来,我们在很大程度上都是通过我们所属的各种群体来定义自身的。

例如,根据你是白人、澳大利亚人、男人、大学毕业生、政府雇员、悉尼居民等属性来定义自己,基本上都是依凭群体而下的定义。这些属性规定出你的区别于非白人、女人、非大学毕业生、非澳大利亚人、非政府雇员的身份。我们为什么选择这些范畴,而不是其他范畴来定义自己呢?一般来说,自我定义是对我们认为好的、有价值的群体的反映,是对那些使我们区别于其他群体的群体关系的反映。你的20个答案中有多少是描述你的群体渊源的?读后面的内容时,你会对各种隶属群体在支撑一个人的社会身份方面所起的重要作用有更清楚的认识。

隶属于凝聚力很强的群体,还具有某些实践意义。一个人同群体保持一致的意识越强烈,他的个人行为越可能为群体活动所改造。库尔特·勒温(Kurt Lewin)在第二次世界大战期间和战后,根据当时特别需要按战时和战后的要求来影响人们行为的形势,提出了利用群体动力改变人们生活习惯的主张。例如,群体一致性原则被应用于各种广告和宣传活动的筹划中,以影响人们养成每日食物定量的习惯。应用这一原则的宣传活动还促进了柑橘汁的消费和代肉品的食用。勒温后来的大多数研究都是在群体动力学的基础上进行的,许多广告商至今仍在自觉或不自觉地使用这样的方法。

群体决策和"集体思考"都是积极的吗?

然而,群体凝聚力强并非永远是一个法宝。当一个群体面临着根据复杂的、有争议的信息而决策的任务时,意见相左的群体成员如果能自由地进行激烈辩论,那将是有益的。这种辩论通常是不易为凝聚力强的群体所容许的。贾尼斯创造了"集体思考"这个概念,用来描述高凝聚力的群体在一位精明强干的领导者的影响下,由于只考虑复杂问题的一个方面而造成自身与周围环境现实绝缘的局面。这种群体通常对其能力感到自信和乐观,该群体的成员们认为,没有什么比坚定不移地支持群体决定更重要。

集体思考可能会产生灾难性的决定。在这个问题上，人们经常引用的例子是肯尼迪总统和他最亲密的顾问们策划入侵古巴猪湾的决定，这个决定轻而易举地驳回了说明该任务难以实现的可靠证据。集体思考也可以发生于许多商业或非正式群体中。强大的群体凝聚力什么时候阻挠人们发表不同意见，什么时候就存在着做出不切实际之决定的危险。

当然，集体思考只是群体逊色表现的一种极端情况。既然凝聚力、从众乃至情绪依附性几乎是每一个群体都具有的基本特征，那么，由于这种规范压力而形成错误决定的危险就总是存在的。贾尼斯和曼恩在检查其观点的权威性时，研究了他们获得的有关群体决策过程中的大量证据，提出了几种改善这方面群体行为的"理性"解决策略。

这些策略包括对可供选择的决策结果进行理性分析的方法，比如，编制"平衡表格"揭示全部选择性方案的积极和消极方面。贾尼斯和曼恩指出，在长期建立的群体中，使做出的决策不时受到质疑，是很明智的做法。另一种方法是分角色演示决策实施的后果，即要求群体成员设想某一具体决定做出之后他们会如何行为。这有助于弄清一个决定可能带来的全部后果。局外人对群体决策的观察和评论为改善决策过程提供了另一种极有价值的信息来源。

"迷失"的自我

另一个引起人们普遍注意的群体隶属效应，是人们倾向于认为，他们对自己在群体活动中的行动所负的直接个人责任，比其独自行动时要少。从某种意义上说，群体会"掩盖"作为个体的我们。因此，在同他人合作的时候，我们也许会乐于从事某些如果在独自情况下便不愿意从事的行动。自19世纪以来，许多学者都对这种群体助长效应发生了兴趣。例如，勒庞和塔德等法国社会学家描述过暴民、乌合之众与正常人理性和道德相悖的行为。帮派成员的理性被群体的情绪主义"扫灭"了，他们的判断力也暂时失灵了。的确，置身于群体之中，往往可以使人产生一种处在群体之外时所缺乏的自信感。

除这些情绪影响之外，处在群体中还意味着我们完全变成了缺少差别和可辨个性的存在物。我们平时的个人身份感可以临时被一种群体身份感所取代，我们的行动不再受个人控制。人们作为个人的可识别性越小，就越可能产生这样一种"个性弱化"的体验。警察的制服和墨镜、三K党成员的头罩、摩托车团伙或足球迷的制式夹克与佩戴的标志，全都助长了个性弱化和群体身份感。

津巴多通过实验证明，由于使个人失去了作为个人的可辨认性，发生侵犯行为的可能性也增加了。他在实验中为女性受试者提供了电击另一位姑娘的机会。让其中一些受试者穿上又大又肥的实验室服，戴上大头罩，使她们成为无法辨认个人身份的人，另一组受试者不仅不施伪装，还被要求戴上名牌，使其更容易被别人辨认。结果，"个性弱化"组的受试者电击另一位姑娘的次数几乎为另一受试组成员的两倍。匿名好像可以解除人们在社会日常生活中行使个人行为的紧张感。隶属于群体，常常是实现这种匿名的手段之一。

"个性弱化"有时会诱发各种异常行为。有许多所谓"引诱自杀"的案例报告，即由一伙人激励和鼓动具有潜在自杀可能的人终止、结束其生命。利昂·曼恩（Leon Mann）调查了大量这类引诱自杀的事件。他发现有利于个性弱化的条件，例如一大群人、黑暗以及事件延迟发生，也与自杀诱惑有明显的联系。恰恰是在这些条件下，人们有了受群体气氛影响的机会，丧失了个人身份感和责任感，从而去做某些如果只有他们一个人时便会犹豫不决的事情：怂恿另一个人自杀（见活动15—4）。

活动 15—4

对群体行为的观察

人们在群体中的行为与其独处时不同吗？如果是这样，他们的行为真的缺乏理智而更感情用事吗？通过仔细观察群体活动，例如，示威游行或体育事件，你会对诸如此类的问题提出深刻见解。试注意这类群体从事各种各样行为的频度，以及作为反个人行为的集体举动的发生率（例如，颂扬和合作活动）。特别注意观察一下那些如果是由个人独自做出就不会为常人所接受的举动。你会很容易就能发现不为社会所赞许的行为实例。在没有群体提供的个性弱化之群性助长作用下，同样的人不会做出这些行为。

群体间的冲突与协作

作为某一群体的成员，我们只有在认识到自己所处的群体与其他群体有所不同且比其他类似群体更好时，才能产生肯定性自我评价和认同感。这是由活动15—3所证明了的观点。这样说，人们似乎有一种对自己的群体评价过高、对其他群体评价过低的强烈倾向。只要两个群体处在竞争中，人们对这两个群体间差别的知觉就会被夸大。在一项典型的实地研究中，谢里夫等考察了群体之间竞争和冲突的各种特点。他们的受试者是参加夏令营的儿童。当奖赏取决于竞赛群体的成绩时，便引起了儿童群体间的激烈竞争。在这种情况下，实验者试图用几种方法来消除竞争。其中最成功的方法是根据只能通过多个群体协作才能完成的工作成绩来施以集体奖赏（例如，请他们看一场电影）。

在现实社会中，抬高我们自己的群体、贬低其他群体的倾向，是产生偏见和歧视的重要根源。亨利·塔吉费尔和他的同行们通过一系列有趣的实验发现，甚至从属于一个关系相当表面化的临时群体，也会使许多人去歧视外部群体的成员。

在这个有代表性的实验中，实验者根据完全任意的标准（如掷骰子），把彼此不认识的受试者们编成一个群体。然后，请他们为两个人分配报酬（如钱），他们除了知道这两个人中一个是自己"群体"的成员，另一个是其他"群体"的成员外，其他情况便一无所知。令人惊奇的是，即使是这样一种几乎毫无意义的"群体隶属性"，居然也会使大多数人去歧视其他群体的人。人们往往采取最大限度地扩大本群体和其他群体成员间差别的策略，甚至不惜以本群体可获得的最大利益为代价。例如，如果要人们在两种方案之间进行选择，要么给本群体8元钱，给另一群体7元钱；要么给本群体6元钱，给另一群体2元钱。他们常常会选择第二种方案。

塔吉费尔指出，歧视其他群体是一种为全人类所具有的近乎无意识的心理活动特性。就好像我们被编写了相信自己群体好于其他类似群体的"程序"，这种支持"自己"群体的倾向可以解释许多种偏见和歧视。只需要知道我处于群体"a"中，你处于群体"b"中，就足以使我推断出群体"a"更具有优越性，并相应地从事其行为。我们这样做，是因为处于"优越"群体中使我们产生一种身份优越感。所以，人们好像天生就热衷于在自己的群体和其他群体之间制造尽可能大的差异。

群体更爱"冒险"

如上所述，在某些情况下，群体容易做出缺乏理智的决定。在一个凝聚力强的群体中，"群体思考"会使人们对可利用的证据做出带有偏见性的评价。但群体在我们的社会中常常是担负决策任务的机构。一项决策越重要，越可能委托给一个群体而不是单个人来完成。陪审团、审查组、内阁、委员会和公司董事会，全是根据群体在决策方面优于个人这一假定而运作的。群体作为决策机构而广泛起作用，与西方社会的民主意识形态有密切关系。人们不仅认为群体更具有代表性，而且还相信群体不大可能做出极端或不合理的决定。

然而，关于群体比个人要少走极端的假定并非总是正确的。许多证据表明，至少在某些情况下，群体也许会比其个体成员更加极端、更能冒险。有几项研究发现，在决定可接受的冒险程度时，群体比个人更倾向于选择风险大的方案：会产生一种"冒险性转移"效应。在这种典型实验中，个人被置于常见的困境之中，并问其在多大的风险程度上准备选择冒险性方案。例如，向一位职业稳定但收入较低的工程师提供一份在新公司有风险但收入较高的工作——如果成功的机会是十分之一、十分之二……他会在何种冒险程度上接受这份工作呢？之后，同是这些个人被分配到群体中，并要求他们再次通过同样问题的测验，但这一次要求他们作为一个群体而形成意见一致的共同决定。使人惊奇的是，在大多数问题上，群体抉择承受的冒险程度始终比个人要大。

我们该怎样解释这种奇怪的效应呢？群体真是通过"压制"极端观点和行为而做出谨慎、从众决定的吗？真是这样的话，为什么群体又诱导人们向冒险性转移了呢？一种可能的解释是，对群体决定所负的责任扩散了。既然没有任何一个人对冒险性决定负全部责任，那么每个人便倾向于更冒险一点。另一个可能的解释与领导才能有关，或许最"甘冒风险"而走极端的个别群体成员正是最有说服力的领导者，以致该群体逐渐接受了他们的激进主张。至少有一些研究说明，主张越激进的人，对自己的判断也越坚信。

不过，另有一种解释认为，在诸如我们所处的这样一个常把冒险视为具有肯定性价值的社会中，群体成员们也许都会争着去冒险，而这在他们作为个人进行决策时是不会发生的。莫斯科维奇和扎瓦洛尼（Moscovici & Zavalloni）还提供了一种解释：群体讨论产生的一种结果，是使个人越来越亲身涉入他们所讨论的问题。因此，他们对其主张的正确性以及自己实现那些主张的力量的自信都得到了增强，其结果是，他们不仅未放弃原来的激进立场，而且还赞成并忠实地奉行比原来更激进的主张。

对这种所谓的"冒险性转移"现象进行了若干年的研究之后，一些心理学家开始探究群体是否在其他非风险性决定上也更极端的问题。这些研究已获得了一些证明极端性转移普遍存在的证据：群体在诸如态度、价值、个人知觉判断和群体范型判断等问题上的决定，全都比个人在完全相同的问题上所作的判断更极端。在我们的一项研究中，受试者们观看了9个不同的人聚会的录像，先让受试者分别谈谈自己对这些人的印象，然后，再让他们于小组讨论时一起谈印象。我们又一次发现，群体的判断是更极端的。在进一步研究中，我们让受试者判定一个被抓住的作弊考生是否负有责任，他应受何种处罚。结果，群体做出的责任归因判断比个人的更加极端，而且倾向于施以更严厉的惩罚。

鉴于在日常生活中普遍使用群体决策，我们从这些研究成果中能得出什么结论呢？能说像陪审团或审查组这样的群体确实具有做出不合理的极端裁判的倾向性吗？幸运的是，这个问题不像乍看起来那样严重。群体成员之间展开完全自由的、无禁忌的和非正式的讨论，允许群体成员高度的个人参与，这对于群体极端性转移的发生来说是一个必要条件。一般来说，这并不是正式决策群体所采用的决策程序。正式群体的决策一般需遵循严格的程序规则，受时间限制，并服从正式领导者或会议主席的权威。在这些条件下，可能发生的就不是群体冒险性转移，而是与此相反的谨慎性转移了。

关于群体讨论能明显造成从众的研究认为，只有在非正式群体中，群体意见才可能比个人意见变得更加极端。这样说来，朋友、邻居、同事等群体的无拘无束的讨论，很可能是这些非正式群体的极端态度和意见产生的根源。而在官方决策群体中，这种自由的讨论就不大可能引出极端的意见。这的确是我们大多数人的共同体会。我们好像都愿意加入邻居或熟人群体的非正式讨论，而对正式群体的讨论就不那么热心了。总之，群体转移效应在私人气氛中比在正式的公务气氛中更可能产生出偏激主张，即初级群体比次属群体更可能提出极端的意见。

"入伙"要谨慎

群体中的交际是能在大家非常满意的情况下进行的，然而这需要经验。对于群体行为来说，最重要的事情莫过于不寻常的互动强度了。在两个人之间的个人关系中，要达到巨大的情感涉入和亲密阶段，也许需要数年时间。然而，即使在非常短命和表面性的群体中，也可能诱发强烈的情绪和关联。请想想球迷在足球场上看到自己的球队进球时，以及与一大群本来素不相识的人在酒吧交往时的行为方式吧。"处在"一个群体中并"充当"该群体的成员，是我们可能具有的最强烈、参与性最强的交际经验。所以，"速成"群体常常被用于达到治疗性或操作性目的，就不足为怪了。勒温是最先使用"训练性群体"（T群体）作为论坛，来发挥其改造个人和社会的作用的。在这种论坛的早期形式中，群体讨论只是用来培养成员新知觉和新态度的手段。

当今时代，以群体作为实现转变的手段已非常普遍。许多电台和电视台的周末节目经常由商业性的自我改善组织推动，使用群体压力的极端形式使人们"反省"自己个人和人际关系方面的缺点，以期带来改善。虽然大多数人都报告说，参加这种活动有所受益，但还没有什么可靠的证据说明从这种体验中获得了持续长久的有益改善。当然，群体体验是真的改造了人们，还是仅仅影响人们对自己做出了更加肯定的描述，是不容易判定的。这种强化性的群体培训可能还具有危险性，因为强迫从众和服从会给可能身心失调的个人造成压力，还会使他们失去自己认为正常的社会性支撑力量。有大量事实说明，不审慎的群体训练科目会加速人的心理崩溃。

谈到这种商业性交际自省群体，我们一定不能忘记这种自省体验的金钱方面。一个或许付出了几百美元来度过被人申斥和辱骂的周末的人，不可能承认那是浪费时间和金钱。正像阿伦森和米尔斯的研究所清楚地表明的，加入一个群体的入会价越高，其体验越值得怀疑，人们就越可能感到非要捍卫自己的加入权不可，越可能感到要牢牢地委身于那个群体。大概正是由于这个原因，这种群体节目的制作成本与人们为这种"服务"所付出的代价，往往是完全不成比例的。

瑜伽
每节课都会使你从束缚中获得解脱

什么东西在吸引着人们？许多次生群体以及交朋友小组也许并未使人们内心愉快，反而可能给人们带来很大威胁。人们参与这类活动的增多，往往是与痛苦体验的增多成正比的。

尽管人们持有这种保留态度，但训练性群体作为一种实现转变的手段还是起着非常重要的作用。按照精神疗法的观点，群体会谈的主要作用可能在于确定和强化适应性行为。在经营活动中，群体常常可以改善士气，传授新的技能，增加人们对公司的忠诚以及公司内部的凝聚力。许多其他的交际性群体可以为人们提供在别的地方得不到的刺激性、启迪性和娱乐性体验。在我看来，这种群体体验的代价越高，你就越可能正在陷入一种剥削性、商业性的训练计划，在这种训练中，心理学原则很可能已降到了次要位置。

第十六章

社会交际的物理环境

社会交际生态学

静态环境的影响有多大?

动态环境的影响有多大?

挤迫与私隐

人际交往是一种艺术

社交技能缺乏如何判断?

成为社交达人

我们已经论述了人际行为心理学的大部分内容：从人物知觉，到交流和个人关系的建立，再到社会影响和群体中的交际活动。在这一章，我们将考察几个严格来说并不属于社会交际心理学的范围，但又与其有密切关系的问题。首先一个问题是有关社会交际生态学方面的：一切交际都发生于某种物理环境之中，后者往往对人际行为具有决定性的影响。在本章前面部分，我们将考察环境和人际行为的关系。

接着，我们将考察交际活动研究中的一些方法论上的问题和难题。你在这里会有机会读到大量的研究实验，并亲自开展几个小活动以展示所使用的方法。现在，我们应该来看一下社会心理学家使用的研究方法了，正是这些方法使我们获得了关于人际行为的知识。在本章最后部分，我们还要讨论关于交际活动的研究在临床诊断和治疗交际困难方面的应用。社交技能训练（SST）是用于描述这种训练形式的一般概括性术语。我们将在结束本章和本书的内容之前，概述 SST 的一些假说和方法。

社会交际生态学

迄今为止，我们的大多数论述都集中在交际活动的心理的和文化的决定因素方面。不过，还有另一种常常为人们所忽视的因素对我们的交际活动发生着非常重要的影响，这就是交际活动借以发生的物理环境。一切人类交际都是由其所处的交际环境规定的。换言之，一切人类交际都发生于一定物理场所的限制之中。但是人们常常忘却物理环境对他们交往活动的影响。在前面几章，我们已经看到这种影响的一些实例。交际的物理背景对人们感受和解释社会行为的方式起着主要作用；并且像家具陈设和办公室布局等物理变项，可被视为占据这些空间之人的非言语传意的扩展。

我们对整体环境尤其是周围空间的反应，往往是无意识的和不自觉的。例如，男人和女人对空间安排有不同的偏爱，女人喜欢和朋友并肩而坐，男人则喜欢坐在别人对面。如果本应为伙伴享有的"有利"位置——例如，公共汽车上和图书馆里的位置——被陌生人所侵占，那么，不论男性还是女性，都会陷入不安。对图书馆中的男女学生所做的观察证实，他们在"构造"自己物理环境上表现出的不同，就是由这种偏爱决定的。男生用书籍、衣服和其他物品在他们对面的位置上建起屏障，防止别人侵占他们喜欢让伙伴坐的位置；女生则在她们旁边的位置上设起同样的屏障，有效地保护起自己偏爱的并肩的座位。以上只是举例说明环境和社会行为的紧密联系。下面我们将更加详尽地考察这种关系（参见活动16—1）。

活动 16—1

环境的作用

这个活动的目的非常简单：提高你的环境意识！不论你此刻正在哪里阅读这部分内容，请停下一会儿，注意观察你所处的物理环境的各个方面。如果你在室内，请扫视一下房间四周，看看它的形状、大小、颜色、光线、家具、地板等；如果在室外，注意一下你所处的场所、阳光，听一听周围的喧闹声，闻一闻附近的气味。它们对你有什么影响？你所处的环境对于你正在从事的活动（阅读）是最适宜的吗？是有助于你的活动呢，还是构成了干扰呢？你对这种环境有何感受？它使你感觉紧张还是轻松，愉快还是别扭，思维活跃还是昏昏欲睡？你能轻而易举地改变这种环境的哪些特征，哪些特征又是无法改变的呢？由于我们是在"既定的"环境中度过自己大部分生命时光的，所以常常以为周围的事物理所当然地就应该是这样，很少注意它们的特点和可能发生的变化。社会交际大概比人类的其他活动更容易受环境影响：我们所处的地点及周围发生的事情都深刻地影响着我们的社会行为。

静态环境的影响有多大？

罗杰·巴克是社会交际生态学研究的开创者之一。他发现，一定的行为场所（如餐馆、街角、电梯间、卧室、商店等）与一定的交际活动（如聚餐、谈话、买东西等）之间存在着独特联系，几乎可以说，行为场所规定了在其界限之内能够上演什么剧目。例如，在一个小镇上，列出所有行为场所的细目表，就可以告诉我们当地居民可能会享有何种行为。

建筑师尤其需要了解物理因素对社会行为所起的决定性作用。同一走廊或楼梯上开辟多少房间？有无公共区域可供消遣之用？可提供多大的隐居自由？所有这些环境因素，对于一个人能否在他的生存空间中安居乐业都有影响。菲斯汀格、沙赫特和巴克的研究，为住宅区的物理布局影响编织朋友网的可能方式提供了一个很好的说明。

人们常引用的一个从建筑学上看虽极为成功但从社会交际方面看却十分糟糕的住宅建设的例子就是美国匹兹堡市的普雷特—艾戈住宅区。尽管这个住宅区为居民们在物质上提供的舒适度堪称是第一流的，但它的设计却给居民之间的非正式社交接触，以及集体感和共同责任感的形成带来了极大困难。住宅区内没有供居民们聚会的地方，大多数来自最贫困社会阶层的人们不能互助解忧。最终不得不仅仅为了解决其不可克服的社交难题，而拆毁整个住宅区 40 多幢十一层的楼房。

其他一切人造空间能否满足人的交往需要的问题，尽管造成的后果可能不像上述住宅区那么严重，但重要性却是一样的。公寓、医院病房、学生宿舍、办公室和工厂等建筑的布局，都肯定会影响使用这些空间的人的社会生活。一定的空间和家具陈设方式可以促进社会交际，也可以起反作用。前者常被称为"社会向心"空间，它把人们聚拢到一起；后者被称为"社会离心"空间，促使人们彼此分开。许多公共场所，如候车室和休息厅，本来是促进交往的地方，但其布局方式却使随意的交谈都难以发生。

环境常常可以发挥更加微妙的作用，即影响我们的情绪、知觉和感情。施瓦茨指出，甚至人们占用时间极短的房间的特性（例如，狭小、光秃、沉闷、光线昏暗的实验室与舒适、光线充足的居室），对人们是否感到生活美满也具有十分明显的影响。待在不舒适房间里的受试者对日常生活的满意程度的评价，比置于舒适房间里的受试者的评价要低得多！同样，一个服务员坐在咖啡桌旁与站在柜台后边，或坐在靠门的桌子后面，使顾客感到的可亲近性和接待态度是截然不同的。在德国，公共服务机关的房门关得紧紧的。访问这样的机关时，先要客气地敲门后才能进入。访问者迫于这样一种物理环境，便会产生一种似乎自己非法侵入了办事员私人领地的感觉。两人之间的交际自然也会受到这种物理布局的强烈感染。

然而，环境和社会交际之间的关系绝不是一种直接的关系，最重要的是我们感知、认知和表象自己周围环境的方式。同一办公场所，在美国或欧洲官员及学者看来，可能对于从事庄严的工作来说是不合适的、压抑的；而在第三世界国家的人们看来，则可能是非常舒适的，并且是地位显要的象征。因此，我们对环境的满意程度取决于微妙的社会性比较过程：我们的环境与其他具有可比性的环境相比较而言是怎样的呢？我们对一种物理环境的愉悦或厌烦、满意或不满意的感觉，是根据现在可能得到什么环境、它与自己以前所处的环境相比如何、同我们身份相似的他人（我们的参照群体）享受着什么样的环境等而确定的。

第十六章 社会交际的物理环境

> 选择有利的环境与生活幸福密切相关！

我们并非完全客观地看待自己周围的环境。值得重视的所谓"认知图"研究表明，人们对自己物理环境的认识和内心表象反映的并不是环境本身的真实特性，而是他们自己的特殊行为模式、习惯和环境使用方式。活动16—2将为你洞悉影响人们形成自己居住环境认知图的各种因素提供一个机会。

活动 16—2

认知图

关于人们头脑中潜存着认知图的观点是很容易理解的。你可以邀几位熟知某城市或邻近地区环境的人，请他们描绘出反映那里环境的全部重要特征和标志的地图。你会发现，这些图之间存在着明显差别，这是由绘图人、绘图人在该地区从事的活动种类，以及他们在该地区所住的位置等因素决定的。大家对那里的主要标志的描绘可能有一定连贯性，但也会有许多空白点，即绘图者不知道或认为不重要的区域。菲利普·珀斯对旅游者的认知图做了仔细研究，他指出，旅游者对其游览城市所绘的认知图主要反映了他们的兴趣所在和活动范围，而不是该城市的真实特征。例如，住在英国牛津青年旅社、需要沿着某条具体路线才能到达市中心的游客，他们的认知图与住在其他地区的游客或当地居民是完全不同的。

动态环境的影响有多大？

我们的交际环境不仅仅是由砖块和泥灰构成的。噪声、光线、温度及其他迅速变化的"动态"环境因素，也起着同样重要的作用。噪声对人类行为的许多方面，包括交际活动，都发挥着微妙的、使人衰弱的作用。马修斯和卡农在一项有趣的研究中发现，由附近割草机发出的强烈噪声有效地阻止了大多数人自愿去帮助一位掉了一堆书的学生。在没有噪声时，帮忙的人达到了80%；但当噪声出现时，帮忙的人立即减少到10%~15%。

并非一切声音都是噪声。使人愉快的声音如音乐，可以对我们的交际活动产生积极影响。一些研究表明，背景音乐的性质可以显著影响一个人受喜爱的程度。在演奏悦耳的音乐（比如，摇摆舞曲）时，人们对同伴的喜爱度，要比没有音乐或演奏刺耳音乐（现代无调音乐）时强烈得多。

光线（或光线差）能产生同样大的影响。我们的大部分社会生活发生于光线充足的环境中，我们遵从的大多数规范、规则和角色，都是这种"光照"规范。光照消失时会发生什么情况呢？格根、格根和巴顿（Gergen，Gergen & Barton）进行了一项非常简单的研究：他们只要求受试者和几个不认识的人在漆黑的屋子里待上一段时间。结果，这些人的社交行为，完全不同于在另一间光线充足的屋子里经历同样实验的受试者的行为。暗室中的受试者们迅速地建立起高水平的亲密关系，他们很快就和看不见的伙伴谈论起重要问题来，90%以上的人还发生了一定形式的肉体接触，性本能暴露得淋漓尽致。

为什么黑暗本身会对社会交际产生如此大的影响呢？似乎是匿名和隐身帮助人们丢掉了自己在光照下的拘谨，使他们更准备寻求与人亲密的接触。虽然这种情境与各种个性弱化实验所创造的环境是相似的，但反应却极为不同，它不是增加了人们的侵犯性，而是助长了性爱与亲密性的表达。这些研究清楚地说明，貌似强大的社会规范和要求，仅仅通过关灯这样简单的措施，就能被如此轻而易举地捣毁！

另一种影响社会交际行为的环境因素是天气。天气太热或太潮湿，人们的情绪就可能变坏，对待陌生人的态度也会比在正常气候下差。有一些研究表明，诸如酷热等令人难受的天气，可以极大地助长侵犯和暴力行为。私刑和其他暴力行为往往发生在炎热的夏季。巴伦和拉姆斯伯格也的确发现，至少在美国，天气和骚乱之间是有一定联系的。暴力行为最可能发生在中等炎热气温下（27℃~32℃），而在极高

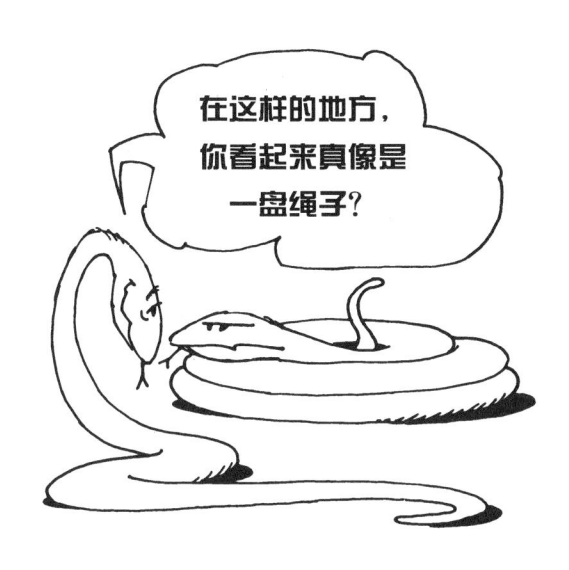

> 在这样的地方，你看起来真像是一盘绳子？

你——在这里？环境可以对我们察觉他人以及对其做出反应的方式产生重要影响。

气温下又减少了。这些学者认为，太高的气温迫使人们寻求缓解和逃避——事实上，在这种天气中即使施行暴力也很令人不快！

挤迫与私隐

影响社会交际的最重要的环境因素之一，是在一个有限空间内可发生接触的人的数量。空间近距性是决定我们未来个人关系的一个主要因素。然而，太多的人待在太小的空间里可能会造成心理上的挤迫感。人们在对挤迫的认识上存在着很大差异，这是由于他们进行对比的基础不同而造成的。一个从只有500名居民的小镇上来的人，也许认为悉尼拥挤不堪；访问过纽约的悉尼人，往往觉得那座城市已人满为患；到过香港的纽约人也会产生与此相同的观感。

人们对挤迫的反应轻至激起一般的兴奋，重至据说会引起病理变化。但是，由于生活在拥挤环境下的人们通常还受到收入低、受教育程度低和居住条件差等其他大量不利因素的困扰，所以不能证明其病态反应一定源于挤迫。当这些因素得到控制时，挤迫好像不会造成什么消极后果。对挤迫的强烈反应，在动物实验中更显而易见。在卡尔霍恩（Calhoun）的实验中，让48只老鼠在一定的空间内繁殖，并观察了随老鼠密度增加而出现的反应。杀害幼鼠、争斗增多、同性性行为、病态母性行为乃至生理变态，是他观察到的一些结果。

人类对于过多或过少社会接触的反应有很大弹性。反应的大小主要取决于主体需求。奥尔特曼（Altman）指出，人们所需求的社会接触总量，是因人、情境乃至一天当中的不同时间而上下波动的。人们利用包括对自己物理环境的操控在内的所谓"私隐调节机制"，使其社会接触保持在自己所需的水平上。有一次，我的一位同行把这样的通告挂在他的房门上，上面写着："请勿打扰，本人正处于研究的重大突破中。"尽管其言辞过于浮夸，但是不失为有效的私隐调控。

私隐实际上是一个相当复杂的概念。这个词至少在四种不同的意义上使用：选择回避他人的物理环境的隐居自由；自己与所挑选的人（家庭成员或情人）之间不受干扰的亲密自由；匿名自由；隐瞒自己有关情况的缄默自由。只有前两种私隐包含着对物理空间的调控，并受到挤迫的影响。像挤迫知觉一样，私隐知觉是极容易变化的。对100多年前居住条件的许多记录表明，那时候一个人要拥有自己的房间、独享自己的单人睡床，对于大多数人来说还是一种做梦都不敢想的奢侈。在许多农民文化中，一代又一代的家庭生活全都是在同一间房屋中延续的。因此，我们当今关于必要生活空间的观念是对最近的西方文化价值观而非人类固有需要的反映。

静态和动态的物理环境，在社会交际中都起着重要作用。这种关于人类与自己周围环境相互依存的观念，对那些负责创造我们的物理环境的人，例如建筑师和规划者来说，是尤其重要的。对环境与交际的关系给予更多的关注，对于我们提高自己的交际技能来说，也具有重要意义。我们可以在很大程度上选择、创造或改造自己的交际环境。这种"舞台技巧"及对交际场所特点的敏锐判断，是巧妙的社会交际的重要方面。

人际交往是一种艺术

我们已经看到，成功地与人们进行交际的能力包含着大量复杂的工作：对人的知觉、印象形成、归因、言语和非言语交流、印象整饰、个人关系的建立以及群体中的交际。这些各式各样的活动过程的共性是什么呢？我认为，我们最好是把社会交际想象为包含着自己从童年到青春期乃至成年所学到的种种相互联系的技能。具备这方面的技能和能力，是一切社会生活的必要条件。

当然，个人在社会生活某一领域的技能如何是有很大差异的。许多从事职业性社会交际的人，必须具备一些适合他们专业需要的额外技能。教师、医生、律师、护士和推销员，除必须巧妙地与他人进行一般性交往外，还应掌握他们各自领域的特殊交际要求。例如，对从事救助职业的人来说，能使人们心情舒畅并诱发其自我表露（使其"敞开心扉"），就是一种重要的技能。

把交际看做一种技能有许多益处。最大的益处是，它有助于打破人们彼此正常相处活动过程中的神秘性。"技能"这个术语意味着，每一个人都肯定在这样或那样的场合下学到了这些各种各样的能力，而那些在这方面比别人差的人，能在别人的协助下，通过额外的学习经历来进一步提高自己的交际技能。社交技能治疗（SST）一般就是指开设训练课程来教授这种交际技能。

社交技能缺乏如何判断？

缺乏社交技能自然不是什么值得大惊小怪的现象。我们都知道一些在对人知觉或与他人交流方面有困难的人，他们感到很难同别人建立起有价值的社会关系，或难以在大群体中成功地与他人交往。怎样界定和诊断社交技能缺乏呢？很遗憾，目前尚无确定究竟何为擅长社会交流的客观标准。不同文化、不同群体乃至不同个人，对于什么是令人满意的、巧妙的社交行为，在看法上是大相径庭的。在日常生活中，社交技能在很大程度上是一种主观现象。只有当个人对其社会交际和人际关系不满意时，我们才能说该个体存在社交技能欠缺。

当然，有些极其明显的社交不适症可以用实证方法来加以诊断。许多类型的心理障碍也和缺乏社交技能有关。因各种神经或精神疾病而住院治疗的人也常常表现出缺乏基本的社交技能。目前，对离院前的精神病患者安排一些社交技能的治疗主要是日常"生活技能"治疗，已越来越常见了。

研究者们普遍认为，社交技能欠缺具有行为的、认知的和感情的成分。不知如何完成各种含有技巧的社会性行为，例如，发送和接收非言语信号，也许是技能性欠缺的一种情况。然而，常常也有这样的情况，人们虽然掌握了行为技巧，但由于缺乏敏锐的感知和认知能力，而不能辨别一定的行为在何种语境或情境下表现出来才是恰当的。社交技能的欠缺还有感情方面的成因。经常地，人们在本来无害的社会情境中经受高水平的焦虑和兴奋后，会导致他们的交际行为严重受损。

社交技能欠缺的诊断可以采用几种可供选择的方法。有许多标准化心理量表可用来评定社会性焦虑和各种形式的社交不适症状。这种量表存在的共同问题是，评分也许不一定与个人的实际社交行为相符。第二种诊断方法依靠对行为的直接观察。例如，可以要求当事人参与种种交际活动，这些活动通常有一定的压力和要求，将他们在这些活动中的社交行为记录下来并加以分析。第三种补充性的诊断方法介于前两种方法之间，要求当事人在某种自述问卷上报告自己行为上存在的问题。最后，兴奋和焦虑的心理测量法也可用于社交技能欠缺的诊断。

人们对什么是不适当行为的认识在很大程度上还取决于周围的文化。在美国的许多具有高度流动性、性格外向、言语坦率和个人交际广泛等社会环境特性的行为场合中，敢于自我表露是一种特别重要的交际技能。在许多一般性社交技能入门训练中，都安排了敢于自我表露训练，以指导羞怯、孤僻和谦卑的人增强自立能力。而在与此不同的文化环境中，例如，在英国，社交技能训练的重点则放在人际敏感性训练方面，指导人们做一个有益于人的伙伴，以及掌握非言语信号的使用。

成为社交达人

当前最为人们普遍接受的社交技能理论，强调社会性学习原理在技能训练中的作用。也就是说，可以通过树立典型、模仿、社会性强化和转移学习等过程传授新的技能。典型和模仿仅指训导者或其他人（有时是录像）向受训者演示供其学习的行为，然后要求受训者模仿其刚刚观摩到的原型的操作演示。以赞许或鼓励为表现形式的社会性强化被用以奖赏正确的行为，如果训练是在群体中进行的，也可以使用社会性压力塑造受训者的行为。转移学习（transfer learning）是使当事人学会把在训练组获得的新技能转移到他的日常交际程序中去的过程。这常常是借助"课外作业"来实现的：告诉当事人在日常交际中、家庭中或小酒店里应用新学到的技能。

哪些种类的技能可以通过社交技能治疗来加以传授呢？一般说来，各种社交技能训练会有这几个方向：（1）传授一般的交际技能；（2）集体生活技能的治疗性传授，例如，精神病患者出院前的治疗；（3）为教师、护士等职业群体传授专门交际技能。在特罗尔等提出的训练方案中，传授的是听、说、表述和察觉情绪等交际技能，以及目光接触、体语和空间使用等非言语信号的发送和接收。

那些听起来有点不可思议（甚至像如何倾听这样非常基本）的技能，可能也需要认真加以训练。米勒等在一项研究中发现，人们在能否令人满意地倾听并使他人对自己"畅所欲言"方面，是存在很大差别的。在听别人说话时，表现出对其话题感兴趣、支持讲话者的见解、问恰当的问题、适量地运用目光接触，也许都是"技能性倾听"所包含的成分。这样的训练方案主要是根据本书论述的关于交际过程的实证研究而制定的。例如，为了教一个人在说话或倾听时怎样恰当地运用目光接触，治疗者就必须依据我们在第九章阐述过的非言语行为研究成果。

还有许多其他方法也可以用来推进社交技能治疗，它们当中有许多方法源于舞台表演技巧。一种常用来增强人际灵敏性的方法是替演他人的角色：可以要求当事人在一段时间里扮演同伴的角色，以便使其察觉别人对他们行为的看法。录像的方法常常也可以使当事人正视他们以前行为中不恰当的方面，从而创造一种自我监察感和客观的自我意识。这种方法也适于当事人察觉其他缺点时使用，例如，不适当的自我表露策略，或未给同伴足够的好处等等。

如果你对社交技能训练的详细情况感兴趣，可以阅读下列作者的著作，例如，特罗尔、戈尔茨坦或艾斯勒和弗雷德里克森。许多公共康复中心及心理学、精神病开业医生和诊所，都可以提供社交技能训练，而且常常也为那些仅在其生活的某些特殊领域遇到较小困难的人们服务。重要的一点是，关于社会交际的研究不仅是一项为研究而研究的科学事业，它在帮助人们更好地理解自己和他人的社会行为方面也具有明显的实践作用。

> 倾听的技巧。即使像倾听别人讲话这样明显"被动的"行动，也需要很多技巧。审慎地使用各种非言语信号，对于保持双方的交谈是必不可少的。在服务业供职的人尤其需要精通此道。

Interpersonal Behaviour: The Psychology of Social Interaction by Joseph P. Forgas

Copyright © 1985 Joseph P. Forgas

Simplified Chinese version © 2014 by China Renmin University Press

All rights reserved.

图书在版编目（CIP）数据

孤独的人是可耻的：人际交往的艺术/（澳）福加斯（Forgas, J. P.）著；张保生，李晖，樊传明译.—北京：中国人民大学出版社，2014.5
（明德书系·文化新知）
书名原文：Interpersonal behaviour: the psychology of social interaction
ISBN 978-7-300-19341-0

Ⅰ.①孤… Ⅱ.①福… ②张… ③李… ④樊… Ⅲ.①人际关系-通俗读物 Ⅳ.①C912.1-49

中国版本图书馆CIP数据核字（2014）第101666号

明德书系·文化新知
孤独的人是可耻的：人际交往的艺术
[澳] 约瑟夫·P·福加斯 著
张保生 李 晖 樊传明 译
Gudu de Ren shi Kechi de: Renji Jiaowang de Yishu

出版发行	中国人民大学出版社		
社　　址	北京中关村大街31号	邮政编码	100080
电　　话	010-62511242（总编室）		010-62511770（质管部）
	010-82501766（邮购部）		010-62514148（门市部）
	010-62515195（发行公司）		010-62515275（盗版举报）
网　　址	http://www.crup.com.cn		
	http://www.ttrnet.com（人大教研网）		
经　　销	新华书店		
印　　刷	涿州市星河印刷有限公司		
规　　格	190 mm×260 mm　16开本	版　次	2014年6月第1版
印　　张	15.25　插页3	印　次	2015年9月第2次印刷
字　　数	249 000	定　价	38.00元

版权所有　侵权必究　印装差错　负责调换